デフォーと
イングランド啓蒙

林　直樹 著

プリミエ・コレクションの創刊にあたって

「プリミエ」とは，初演を意味するフランス語の「première」に由来した「初めて主役を演じる」を意味する英語です。本コレクションのタイトルには，初々しい若い知性のデビュー作という意味が込められています。

いわゆる大学院重点化によって博士学位取得者を増強する計画が始まってから十数年になります。学界，産業界，政界，官界さらには国際機関等に博士学位取得者が歓迎される時代がやがて到来するという当初の見通しは，国内外の諸状況もあって未だ実現せず，そのため，長期の研鑽を積みながら厳しい日々を送っている若手研究者も少なくありません。

しかしながら，多くの優秀な人材を学界に迎えたことで学術研究は新しい活況を呈し，領域によっては，既存の研究には見られなかった溌剌とした視点や方法が，若い人々によってもたらされています。そうした優れた業績を広く公開することは，学界のみならず，歴史の転換点にある21世紀の社会全体にとっても，未来を拓く大きな資産になることは間違いありません。

このたび，京都大学では，常にフロンティアに挑戦することで我が国の教育・研究において誉れある幾多の成果をもたらしてきた百有余年の歴史の上に，若手研究者の優れた業績を世に出すための支援制度を設けることに致しました。本コレクションの各巻は，いずれもこの制度のもとに刊行されるモノグラフです。ここでデビューした研究者は，我が国のみならず，国際的な学界において，将来につながる学術研究のリーダーとして活躍が期待される人たちです。関係者，読者の方々ともども，このコレクションが健やかに成長していくことを見守っていきたいと祈念します。

第25代　京都大学総長　松本　紘

目次

はじめに　1

第1章　デフォー研究と初期近代ブリテン社会思想 …………… 13

Ⅰ　デフォー評価の変遷　13
Ⅱ　大塚久雄のデフォー研究　17
　1　デフォー『イングランド経済の構図』と局地的市場圏　17
　2　ヴェーバー『プロテスタンティズムの倫理と資本主義の精神』19
　3　スミスの「見えざる手」　23
Ⅲ　消費社会のヴィジョン　27
　1　ヒュームの連続的影響説　27
　2　商業革命という視座　32
Ⅳ　デフォーの商業論　39
　1　高賃金論　39
　2　イングランド製品の質的優位とその国際競争力　42
　3　小林昇の評価　45
　4　『完全なるイングランド商人』の改作　49
Ⅴ　歴史内在的方法　58

第2章　デフォーと非国教徒学院 ……………………………… 65

Ⅰ　はじめに　65
Ⅱ　非国教徒学院の誕生　66
　1　伝統的教育制度の改革　66
　2　ホッブズの大学批判とスミス　71
　3　非国教徒学院の設立と展開　75
Ⅲ　デフォーとモートン　82

1　「長老派信徒」デフォー　82
　　　2　モートンの非国教徒学院　86
　　　3　ウェズリの学院批判　91
　　　4　モートン『一論』　98
　Ⅳ　デフォー『企業論』における商業と女性　106
　　　1　デフォーとフランクリン　106
　　　2　商業論　109
　　　3　英語教育論と軍事教育論　114
　　　4　女性教育論　115
　Ⅴ　結び　120

第3章　デフォーの社会思想（1698年-1701年）　123

　Ⅰ　はじめに　123
　Ⅱ　財政金融革命　129
　　　1　土地税と公信用　131
　　　2　交易委員会　139
　　　3　貨幣改鋳論争　142
　　　4　財務府証券と国立土地銀行　146
　Ⅲ　常備軍論争　147
　Ⅳ　ケント州請願　152
　　　1　下院と上院の対立　152
　　　2　ケント州請願事件　156
　　　3　デフォーの『権利』　160
　Ⅴ　結び　164

第4章　デフォーの社会思想（1702年-04年）　165

　Ⅰ　筆禍事件　165
　　　1　高教会派トーリの勢力伸張　165
　　　2　サシェヴェレルとレズリ　169

3　『最も手間のかからない非国教徒対策』　173
　　　4　デフォーの便宜的国教会遵奉批判　176
　　　5　筆禍　181
　II　商業の原理　185
　　　1　デフォーと穏健派トーリ政権　185
　　　2　高教会派の後退と付加動議　188
　　　3　マックワースの救貧法案　191
　　　4　『施しは慈善にあらず』　196
　　　5　『レヴュー』における救貧法案批判　205
　　　6　プロテスタントと商業　216
　III　結び　219

第5章　デフォーと合邦のレトリック　223

　I　はじめに　223
　　　1　本章の目的　223
　　　2　デフォーとフレッチャー　224
　II　『合邦史』の成立　233
　III　『合邦史』の諸論説　239
　IV　ダリエン計画をめぐって　242
　V　グレンコー事件と王位継承問題　249
　VI　ウスター号事件が語るもの　252
　VII　外国人法の撤廃と「見えざる手」　256
　VIII　結び　259

結びにかえて　261

　I　国王観　261
　II　蔵書　262
　III　三位一体主義　264

あとがき　271
参考文献　275
関連地図　287
関連年表　288
事項索引　297
人名索引　304

図表一覧
　王政復古期に設立された非国教徒学院　77
　下院総選挙後の議席配分　153
　18世紀初頭における非国教徒の推計数　167
　イングランド南部における消費財価格水準の変動　197

凡例

1 国名の表記として，本書では「イギリス」の使用を避けた。England のみを指す場合は基本的に「イングランド」とし，イングランドのみならず，ウェールズ，スコットランド，アイルランド，さらに植民地を含む領域を呼称する場合には「ブリテン」ないし「大ブリテン」の語を用いた。ただし，16世紀にイングランドと合邦したウェールズについては，17世紀から18世紀にかけての同時代的用法において，必ずしもこれをイングランドと区別していない場合がある。
2 1751年まで，ブリテンはユリウス暦（旧暦）を採用していた。そのため，本書で扱う時期においては，グレゴリウス暦（新暦）を早くから採用したフランスなど大陸諸国との間で日付に差が生じていた。1699年までは10日分，1700年以降は11日分，ブリテンの暦は新暦よりも遅れていたのである。それのみではない。イングランドでは1751年まで年初を1月1日ではなく3月25日とするのが正式であった（スコットランドでは1600年から1月1日が年初）。例えば，新暦上の1712年1月12日は，当時のイングランドの表記では1711年1月1日となる。本書ではすべて1月1日を年初とし，かつ，何らかの出来事の日付を記すときには，基本的にその出来事が生じた地域の暦法に依拠した。
3 外国語文献からの引用に際して，邦訳があるものについてはそれらを参照させていただいたが，主に本文中の他の箇所との間の用語上の統一性を確保するという観点から，訳文を変更した箇所もある。その旨を逐一お断りしてはいない点，ご了承願いたい。
4 17世紀から18世紀にかけて用いられた trade という語は，書き手と文脈によって差はあるが，一般に生産と流通の両部面のみならず消費部面をさえ含意するものであり，単なる外国貿易の意にとどまらない。本書では基本的にこの語を「商業」とし，場合に応じて「交易」ないし「貿易」と訳すが，そこには上述のような意味が含まれうる点に留意されたい。
5 同様に commerce の語義もひと通りでない。本書では基本的に「通商」と訳すが，一部に「経済」や「商業」の訳語を当てている。

はじめに

　もしわれわれが，与えられた光を使って何の方法も講じておらず，諸事物の観念を何ひとつ形成していなかったとすれば，世界は数多くの有用な知識に関して，なお暗黒のなかに取り残されていたに違いない。それらの光がまだ実証されるにいたっていないのは確かである。しかし，その基礎が様々な変化を被りがちなような，そして全体として事実の真の理解の問題よりはむしろ観察の問題であるような種類の事柄については，特にそうに違いない。
　　　　　　　　　　　　　ダニエル・デフォー『イングランド経済の構図』

　ユーラシア大陸の西端，ドーヴァー海峡の向こうに位置する島国のことを，日本では「イギリス」と呼ぶが，これは元来，近世におけるオランダ語やポルトガル語経由の転訛によるものという。この島国の現在における正式名称は，United Kingdom of Great Britain and Northern Ireland すなわち「大ブリテンおよび北アイルランド連合王国」である。首都ロンドンに住まう国王を共通の元首としない，緩やかな国家連合体としての「コモンウェルス（Commonwealth of Nations）」を束ねる紐帯ないし中心国として，世界に散らばる多数の国や地域に影響を及ぼしているが，地理的には，大ブリテン島全域とアイルランド島北部，および多数の付属諸島からなるところの，小規模な国である。大ブリテン島内には，イングランド，ウェールズ，スコットランドの諸地域が存在する。首都であり最大都市であるロンドンはイングランド南東部に位置し，その中央を貫くテムズ川によって北海まで航路が通じる。
　「連合王国」という名称の由来を知りたければ，国旗「ユニオン・ジャック（Union Jack）」の成立史を振り返ってみればよい。ユニオン・ジャックは，白地に赤の十字が描かれた旧イングランド旗（St George），青地に白の斜め十字が描かれた旧スコットランド旗（St Andrew），そして白地に赤の斜め十字が描かれた旧アイルランド旗（St Patrick）の，3種の十

字旗を組み合わせたものである。このことが暗示するのは，かつて国として各々独立していたそれら3つの地域とウェールズが，幾度かの合邦（union）を経てひとつの政治体に統合されていった歴史そのものである。13世紀にイングランド王エドワード1世の征服軍に屈したウェールズは，1536年，ウェールズ系の血を引くテューダー朝のもとでイングランドと合邦する。スコットランドは，1603年，エリザベス1世を最後に途絶えたテューダー朝を同国王家のステュアート朝が継承するかたちでイングランドと「同君連合」を形成したのち，1707年の完全合邦によって首都エディンバラに置かれていた議会を失ったが，このときに「大ブリテン」連合王国の名称が登場した。やがてアイルランドも合邦を選ぶ。15世紀末の時点ですでに立法権を事実上喪失していた同国は，以来，住民の過半を占めるカトリック教徒に対する弾圧をしばしば被りながら久しくイングランドの「プロテスタント支配」を受けていたが，1801年，ついに完全なる合同のときを迎える。それと同時に形づくられたのが，ウェールズ旗以外の3つの旗を重ねることで各地域間の連合を象徴的に描いたとされる，ユニオン・ジャックである。そして現在にいたるまで，この旗が連合王国旗として継承されてきた。

　したがって連合王国旗は，19世紀半ばのヴィクトリア黄金時代を迎えたこの国が，産業革命の先駆的展開と世界規模の植民地拡大による巨大な経済力に支えられ，7つの海の支配者たる「大英帝国」の栄光に酔っていた間も，その後，「世界の工場」さらに貿易と金融のハブとしての地位に陰りが見え始めるなかで，20世紀に入り加速した自治獲得すなわち帝国解体の流れに直面して様々な試行錯誤を余儀なくされていた間も，つねにこの国とともにあった。繰り返された合邦のその先に生まれ出た帝国は，カナダやオーストラリアといった有力植民地に自治権を保障したウェストミンスター憲章（1931年）によって連邦国家に姿を変え，第2次世界大戦後はインド共和国の独立などを経て，先述の「コモンウェルス」へと移行するにいたる。コモンウェルスは独立国の連合であり，世界に版図を広げた昔日の帝国の面影など，かすかにとどめる程度に過ぎない。連合王国のコア

を形成してきたと言える地域においても，北部アルスター地方を除く「自由国」の設置を経て大戦後に独立したアイルランド共和国はもちろんのこと，20世紀末には消滅からおよそ3世紀の歳月を経てスコットランド議会が復活するなどしており，連合のありかたにさらなる変化を迫るような事態がまさに進行しつつある。そう遠くない将来，連合王国旗が新たな色と形を見せる日が訪れるかもしれず，その日というのは，近代というひとつの時代の基礎を築き上げたに等しいこの国がたどってきた歴史の道筋が，思想史という枠組のなかにおけるそれをもちろん含めて，真に問い返される日になるのかもしれない。

　本書が扱うのは，このブリテンという国が18世紀半ばの対フランス七年戦争に勝利してカナダやアメリカ東部のいっそう広大な植民地に足を踏み入れる以前の，そして同世紀後半以降の産業革命に着手する以前の，いまだ文字通りの小国という自己意識を抱えながらそこからの脱皮を模索しつつあった過渡期における，この国の人々のものの見方の潮流すなわち社会思想の歴史であり，とりわけイングランドで展開されたそれを対象とする。17世紀後半から18世紀前半にかけて，イングランドという地域を重心のひとつとするブリテンは，そこに暮らす人々の思想と行動がヨーロッパ政治経済の動向を左右するほどに大きな影響力を有するところの，いわゆる大国へと変貌を遂げた。こうした変化がなにゆえ生じたかという問いを伏在させつつ，この時期の思想の流れを様々な出来事の継起に関連づけながら跡づけ，叙述しようというのが，本書の意図である。したがって本書はあくまでも歴史書である。

　さらに敷衍すれば，本書は，事実として何がなされたかを明らかにすることに第一義的な価値を置いており，何がなされえたかを構想することには二義的な価値しか置いていない。何らかの出来事があった場合に，その出来事に対して誰がどのように関わることでその出来事が出来事として構成されたか，事象自体の構造解析をまず目的とし，その作業のなかで，あくまで副次的に，事情の許す範囲で誰が何をなしえたか，その思想の可能性についての評価を試みる。同じことを人物の側から表現するなら，彼な

いし彼女が「何を」述べたかという発話の内容そのものの評価よりも，彼ないし彼女が「何のために」そう述べようとしたかという，当該人物の視野の領域内における状況認識とそれに相伴った問題意識をまず問うことが，本書においては重要視される。彼ないし彼女が同時代の社会環境を抜きにしていわば時空を超え出た場合に述べうることを推察するのは本書の仕事ではないし，同じく，彼ないし彼女が（本人が念頭に置いていたか否かを問わず）いかなる言説史的伝統に立脚していたかを言語構造の範疇において推断するのも本書の仕事ではない。これらの推察や推断にそれ固有の価値がないとは言わないが，それらの方法は現代のわれわれが見ているものと過去の人々が見ていたものとの差異を著しく平板でいわば一次元的に量化（比較）可能なものにしてしまう危険性をはらむ。もしすべての時代の思想が互換可能だとしたら，あるいは，先後に伴う階梯差のみで説明できるとしたら，もはや歴史を学び続ける意義はなくなるだろう。そして，現在という波頭の高みに自惚れながら将来設計に邁進するわれわれは，それがやがては下る海上のひと波に過ぎないことにいつまでも気がつかず，いずれ現実から痛烈な一撃を見舞われることになろう。果たしてそれでよいのか。

　本書が歴史書であることにこだわるのは，過去という時空間における人々の思想と彼らの実際的行動との相互連関の描写そのものに価値を見出しているからである。その価値は，展示ケースに入れて小綺麗に飾られた遺物に対する好古賞玩趣味に属するものでは決してない。そうではなく，過去を現代とは異質なものとして一度突き放したうえでその踏査に向かう姿勢に伴うのである。すなわち，過去を過去として，現代のありかたから峻別したうえでそれをできるかぎり忠実に再現しようという試みを通じ，現代のパラダイムに依拠していては汲み取ることもできず，そもそも存在自体を認識することさえきわめて困難な，新たな（実際には忘却された）人間的営為への手がかりを見出せるかもしれない，という期待からくる。これは期待であって確証ではないが，濾過膜でこした純水を使って実験するだけでは本来の水の性質がわからないように，緻密なふるいを用いて原典

はじめに

の束から選り分けた言説のみを用いた考察は，繊細にはなりえても現実のありかたからは程遠く，したがってそれは歴史という名の建造物を彩る装飾のひとつとはなりえても，その土台や屋台骨とはなりえない。

　もちろんわれわれはみな，何かしらの濾過膜やふるいをつねに用いて対象の諸側面を抽象化せざるをえないのであって，その作業の経緯を意識的にであれ無意識的にであれ前提にして立論を行っている。その意味では，ここで述べている歴史把握の方法と他のそれとの相違は決して絶対的なものではない。ただ，過去の思想の可能性ないし射程，つまり「何がなされえたか」あるいは「現代の文脈に置き換えてみれば何がなされうるか」という観点からの評価を第一義とする姿勢に付随する立論は，一定の収穫物がもたらされることを初めから織り込み済みの，論点先取的な前提条件をそなえた形式のものとなりがちであり，このような場合には，収穫（それ自体がきわめて限定的な文脈のなかにおいてのみ価値を持つ）として望ましいものとそれ以外のもの，という限局され二分法化された視座においてしか歴史を眺められなくなりがちである。逆に，そうした評価をまずは脇に置いて歴史そのものの描写を試みる姿勢をとるならば，もちろんそこにおいてすら，上述のごとく一定のフィルターを介した何らかの理想条件を仮設しないわけにはいかないけれども，相対的には，対象自体の多面的な姿にいっそう接近しうるのであって，前者の姿勢では視界にすら入らないような，あるいは視界に入ってもその意味を把握しえないような，様々なかたちの情報に触れることができる。そしてむしろこの後者の姿勢からこそ，当初は思いもよらぬ，しかし（前者からしても）非常に価値ある成果が現れがちなように思われるのである。

　17世紀後半から18世紀前半を通じて，すでに述べたようにイングランドは大国への道を駆け足気味で歩んでいくことになるのであり，その歩みとともに着工され，これ以後のより長大な期間のなかで竣工を迎えるにいたったと言えるのが，われわれが近代と呼ぶところの巨大な歴史的建造物である。多義的な「近代」概念を一概に規定するのは必ずしも適切ではないかもしれないが，あえて割り切った表現を用いるならば，身体の自由，

精神の自由，経済活動の自由といった私的自由を権利として保障することを基盤とし，その私的領域のうえに（逆説的なようだが）史上例のないほど集約化された公権力が目に見えぬ薄衣のように覆いかぶさるという構造を持つ時代，これが近代であると考えられる。ここでは20世紀までを視野に収めてこう述べていることはすぐに了解いただけるだろう。ところで，われわれが近代という語を耳にする際にまず思い浮かべるのは，私的領域の先導によって生じた技術革新，工業化，そして農業経営の大規模化と人口増加に特徴づけられる産業革命が可能にした，莫大な物質的富の蓄積であろうか。あるいは，その富を踏み台にしつつ，さらなる富の増大を目指して繰り広げられた公的祭典としての帝国化と，その帰結としての世界規模の戦争であろうか。はたまた，それらの背景に存した認識論的大転回と呼びうるところの，人間なるものの神からの解放であろうか。これらはステレオタイプな近代把握に過ぎない。だが，直ちに修正を要するほどの致命的な誤謬がそれらに含まれているとも思われない。近代という時代を回顧するとき，概ねこのような方向性を有する趨勢的変化が生じたことは否定すべくもないだろう。

　よって本書は，このような近代把握のうえに基本的に立脚する。つまり，一定の傾向性のもとに様々な帰結をもたらすにいたった歴史的変化の過程としての「近代」を，あらかじめ抽象的描像として措定する。そして，そのような描像に照らして「初期近代」に区分しうる17世紀から18世紀，とりわけその中央の100年間においてイングランドを中心に生じた出来事の連鎖を，そこにおける思想の流れと織り交ぜながら追いかけることにより，いわゆる最先進国として「近代化」に最初に着手したこの国が，いかなるかたちでその過程に入り込むにいたったか，そのプロセスをめぐるひとつの解釈を提示する。

　この時代のイングランドはきわめて変化に富んでいる。イングランド教会の監督主義（牧師による会衆の監督指導）かスコットランド教会の長老主義（牧師と会衆代表たる長老との合議）かをめぐって生じた主教戦争を引き金に勃発したピューリタン革命，共和政のもとでの航海法制定と重商主義体

制の整備，クロムウェル（Oliver Cromwell, 1599-1658）軍事独裁の崩壊に伴う王政復古とイングランド国教会体制（監督制）の確立すなわち非国教会派の誕生，財政再建策が招いた行政府肥大化とそれへの警戒から生じた「コート」「カントリ」論争，次期国王ジェイムズ（2世）の親カトリック路線をめぐる対立軸としての「ウィッグ」「トーリ」の形成，オランダ人国王ウィリアム3世の即位で親プロテスタント路線を決めた名誉革命と，議会主導を強めた権利章典，5年の平時を挟み25年にわたった前例のない規模の対カトリック戦争としての対フランス戦争，巨額の戦費捻出の必要からくる財政金融革命，それに伴う債券市場の膨張と初期バブルの現出，ウォルポール（Robert Walpole, 1676-1745）の平和による繁栄とその後の植民地戦争，相次ぐ勝利と大国としての自負。こうした出来事の連鎖からは，信仰によるところの激しい対立が世俗利害の対立を強く巻き込みつつ，やがて利害が信仰の前景に現れてくるという転倒を伴いながら，この国の社会，経済，政治のありかたを変えていった様が読み取れよう。

　なお，ピューリタンとはジュネーヴの宗教改革者カルヴァン（Jean Calvin, 1509-64）の教えに従って聖書中心の純粋な信仰を求めた人々であり，彼らからすれば，エリザベス1世のもとで制定された「39か条の信仰箇条」に基づき設立されたプロテスタント教会としてのイングランド国教会はカトリック寄りで，受け入れがたい要素を含み，改革すべき対象であった。彼らの多くは王政復古後も国教会体制の外で信仰を守り続けるが，国教会内の高教会派（High Church）からは特に敵視された。同派はカトリック教会と国教会との連続性を重んじ，エリザベスの後継国王ジェイムズ1世の孫娘ソフィアが嫁した大陸のハノーヴァー家によるステュアート王家の継承，すなわち「プロテスタント王位継承」にも反発した。名誉革命ののちフランスに亡命宮廷を構えたもうひとつのステュアート家への親しみが，同家の正統性を強調する「ジャコバイト」と高教会派とを接近させたのである。スコットランドでは，カルヴァン主義により近い長老主義を採用するスコットランド教会が長く国教会の地位を保っており，すでに触れたようにアイルランド人の大半はカトリックの信仰を持っていた。し

がってイングランドを中心に連合した「ブリテン」社会の存続可能性に対するひとつの重大な試金石となったのは，信仰上の不和に際していかなる調整方法をとりうるかという点であった。

　1660年代にはロンドンを立て続けにペストと大火が襲う。前者の場合には少なくとも数万人が命を落とし，市民は大挙して首都から疎開した。多くの人々が抗いようのない自然の猛威を前に戦慄したに違いないけれども，しかし少なからぬ人々にとってもはや自然は無秩序で把握のできない不確実な対象ではなかった。この時代には，ベーコン（Francis Bacon, 1561–1626）以来の自然学の方法，すなわち実験と観察による情報収集と最終的な一歩の飛躍による総合としての帰納法が受容され，王立協会（Royal Society）を中心に自然学の探究と普及が進んだ。自然学は蓋然的知識を与えるものに過ぎないが，それは不確実であることとは全く異なると，そして自然と向き合い観察を行うことにより，各人で知識の真実性を自由に確かめうると唱えられた。望遠鏡や顕微鏡といった光学装置の使用も徐々に普及して人々の視界を大きく押し広げ，自然の驚異を新たに認識させた。いわゆる科学革命である。その頂点として現れたニュートン（Isaac Newton, 1642–1727）の諸著作が，総合的自然認識のための法則を導出する。

　また，複雑な人間関係の束としての社会をめぐる思想が姿を現したのも，この頃のことである。17世紀半ば，ホッブズ（Thomas Hobbes, 1588–1679）は能力において非常に似通った諸個人を想定したうえで，自然の状態では各人がすべてのものに対して自然権を有するが，資源は有限であるためにそのままでは各人の各人に対する戦争状態と化すため，自然の法はそれを避けることを人間に教えたと述べた。よって各人は相互契約を通じて国家を設立し，自己の権利を絶対不可侵の国家に譲渡する見返りに自己の安全を確保するというのが，政治体設立をめぐるホッブズの説である。同じ頃，ハリントン（James Harrington, 1611–77）は土地均分法，官職輪番制，世襲貴族の否定によって特徴づけられる理想の共和国案を公にし，古代ギリシア都市国家以来の共和主義思想がイングランドにおいても健在なことを示した。続いてロック（John Locke, 1632–1704）が現れ，直接的にはフィ

ルマー（Robert Filmer, c.1588–1653）の家父長制絶対主義の教説（王権神授説）を論駁するために書かれた『統治二論』*Two Treatises of Government*（1690年）のなかで，各人は自然状態においても自然法に依拠した正義執行権を持つこと，自然法の効力は信頼できるもので，ホッブズ的な万人の戦争状態は現実的と言えないこと，各人の労働の注入と混合により，もともと自然界に存在した共有物は各人の私的所有物と化すこと，しかし貨幣が発明されて腐敗による蓄蔵制限が撤廃されると，物財の無尽蔵の獲得が可能となり，土地の囲い込みを通じた所有の不平等が拡大して争いの種になること，そしてこれを受けて，所有権に制限を加えるための共同社会（国家）が設立されることを説いた。各人は自らの生命，自由，財産の保護を国家に信託し，反面で国家に服従するから，国家が信託に反する行動をとった場合に抵抗権を行使することは当然認められるとしたロックは，各人の安全確保が国家設立のそもそもの理由なのだから，国家が各人の安全を脅かすような行動をとる場合にのみ例外的に抵抗が認められる，としたホッブズの説をさらに拡張したと言える。『統治二論』は名誉革命とともに出版され，人間の生得観念を否定したその経験論哲学と合わせて，身体の自由，精神の自由，経済活動の自由をはじめとする個人の私的自由を保障し，教会や国家という公的領域の大攻勢から私的領域を防護するためのフレームワークを提供することになった。

またペティ（William Petty, 1623–87）は，自然体と政治体を類似の組織と見なし，自然学の方法を社会における諸量の計測に応用することを試みた。これが著名な「政治算術（Political Arithmetick）」であり，国力の増強のためには政治算術という名のメスを使って国を解剖する，つまり国に関する様々な統計データを集計することが必要だと彼は考えたのである。このようなペティの方法は，名誉革命とともに開始された長期にわたる大陸戦争からくる財政負担に持ちこたえねばならない政府部局によって採用され，明朗な収支会計処理と，それと表裏一体と言える比類ないほど集権化された財政制度とをそなえた「財政軍事国家」イングランドの鍛造に，いくらか寄与することになったであろう。

このようにして，名誉革命後のイングランドはすでに述べた「近代」の端緒となる条件をそなえていくのであり，その後における税制改革や信用制度の定着を通じて公的領域がまさに私的領域に広く浸透しつつ，しかしそれと決定的に対立することなく折り合いをつけていくのである。私的領域は貿易の伸長と国内における工業化の進展によってますます深みを増し，信仰の言葉によって語られていたことは利害の言葉によって語り直されることにもなろう。ここで注意すべきなのは，以上のような「近代」把握を本書における前提にしたからといって，それを同時代人の意識そのもののうちにまで読み込むわけではもちろんない，ということである。彼らは「近代」を知らない。われわれにとっての近代は彼らにとっての現代であり，現代とは試行錯誤の過程に他ならない。彼らは彼らから見た過去と現代だけを知っている。したがって例えば，神からの解放ないし世俗化，「脱魔術化」がわれわれから見た近代の趨勢であったとしても，同時代人の意識のうえでは神からの遠心であるとともに向心でもあるような，何かしらの運動だったということはありうる。

　つまり，伝統的信仰を棄却していくという彼らの姿勢の意味を，彼ら自身の思想に照らして歴史内在的に評価することを試みるなら，それはわれわれから見るかぎりにおいてそう見えるような神からの一方的な離心運動としてだけではなく，新たな信仰の地盤を踏み固めることで神に向けて回帰しようという，すなわち新たな自然認識の方法を考究するなかであらためてその存在証明を試みようという，彼らの敬虔なる意図の現れとしても見えてくるのではないか，ということである。このような視界の広がりを通じて，近代における趨勢的変化の帰結として生じたとすでに理解されているところの様々な対象自体を見失ったり，全く新奇な対象の出現を目の当たりにしたりすることはきわめて稀であろう。しかし，これまでも眼前に置かれてよく見知ってきたつもりであった対象に異なる角度から光が当てられることによって，それまで暗闇となっていた対象のある面を新たに目にすることができるようになり，また対象そのものの形状についても，より高次の認識を持つことが可能となるであろう。われわれは歴史そのも

はじめに

のの描写を志向することにより，近代という時代の趨勢をめぐる概括的把握のうえに立ってなお，近代に直接のルーツを持つと言える諸観念や諸価値の，これまで目にすることのできなかった側面について，新たな知見を蓄えていくことができる。これがひとつの，ただしきわめて重要な歴史の効用であろう。

したがって本書は，17世紀後半から18世紀前半にかけてのイングランドという時空間に焦点を合わせ，そこに暮らした人々の思想と行動を彼ら自身の意図に即してできるだけ忠実に追いかけながら，当該時空間をひとつの多面体として構成することを目指すものである。もっとも，多面体はどこまでも多面体であり，複雑な様相をとりながら，接近して細かく見れば見るほどにあたかも無限の表面積を持つ立体であるかのような広がりを見せかねない。また，当時の人々自身の意図をなるべく再現する，と一言で述べることはできても，それを実際に試みるための方法はあたかも無数に存在するかのごとくであり，それは決して容易なわざではない。そこで，当時のイングランドで著され出版された書物として，同時代において（現代においてもそうだが）最もよく知られたもののひとつとなった『ヨークの船乗りロビンソン・クルーソーの生涯と奇妙奇天烈な冒険』 *The Life and Strange Surprizing Adventures of Robinson Crusoe, of York, Mariner*（1719年）の著者，デフォー（Daniel Defoe, c.1660–1731）の抱いた思想を柱とし，当該時空間のあり様をめぐる大まかな見通しを得ることにした。読書という営みが，読者のうちにありつつもいまだ明瞭に言語化されえない潜在的思考を呼び起こし，これを顕在化させることのできるものであること，そして，多数の人々に読まれる書物，また（喜びであれ怒りであれ）情熱とともに語り合われる書物とは，そのような思考喚起性に照らして特に優れたものに他ならないことを認めるなら，当時のイングランドにおいて非常に広範な読者層を得たとされる『ロビンソン・クルーソー』は，当該時空間における社会思想のありかたの少なくとも重要な一面を，高い蓋然性をもって表現しているものと評価することができる。そのことは同時に，この『ロビンソン・クルーソー』というテクストを構成したデフォーという個人が，

同時代のイングランド社会をある面について代表していることを示唆してもいよう。

　本書では『ロビンソン・クルーソー』自体の検討は行わないが，このテクストがまとめ上げられる以前の時期，つまりこのテクストに流れ込むことになる様々なアイデアが形成されつつあった時期に主として焦点を当ててデフォーにおける意識の流れを追い，彼の意識に映じた社会環境のありかたを手がかりとしながら，いわば彼の目を借りて，17世紀半ばから18世紀半ばにかけてのイングランドという時空間のなかで展開された様々な人間的営為を統一的に把握することを目指す。冒頭に掲げたデフォーの言葉は，実のところ，本書がまさに同時代イングランドを歴史的に叙述していく際にとろうとする姿勢を代弁している。本書『デフォーとイングランド啓蒙』は，初期近代イングランドに端を発して現代にまで影響を及ぼしえているような大文字の歴史概念としての「啓蒙」を，成果として，帰結として取り出そうとするものではない。逆に，たとえ小さな蝋燭の光であったとしても，それが光であるかぎりにおいて，それが光だと信じられるかぎりにおいて，それを片手に一歩ずつ，歴史という必ずしも定まらない大地のうえを進んでゆく過程にこそ，価値を見出そうとしている。動かぬ彫像としての「啓蒙」に対して，小文字の啓蒙，一般名詞の啓蒙が意味するのは，人間の可能性を信頼する姿勢そのものであろう。この信頼をもってわれわれは，人間自体に内在したきわめて傲慢で怠惰な傾向，すなわち，あたかも人間という存在を知り尽くした神の目を持つかのようにして知的探究のありかたを制限し，可能性の境界をあらかじめ画定しておこうとしがちな傾向に，対抗することができる。自己のうちにも他者のうちにも見られがちな硬直した態度をつねに乗り越えてゆこうとする，そうした勇敢な実践を導き出しうるものだからこそ，われわれはそれを，一人ひとりのうちに潜む暗黒に対して投げかけられた光と呼ぶ。つまり，ここでの啓蒙とは，ステレオタイプとして現れがちなイングランドというわれわれの使い古された概念に対して照射されるべき光を，したがってわれわれ自身のありかたに対する光を意味しているのである。

第1章
デフォー研究と初期近代ブリテン社会思想

I ─デフォー評価の変遷

　2008年にケンブリッジ大学出版局から上梓された『ダニエル・デフォーへの手引』*The Cambridge Companion to Daniel Defoe* の序文を，編者のジョン・リチェティは次のように締め括っている。「当時のポープ［Alexander Pope, 1688–1744］，スウィフト［Jonathan Swift, 1667–1745］その他のエリート著述家たちがそうである以上に，デフォーは彼の時代の精神を代表する存在である。すなわち，彼の見解は前向きで新しい思想に対して開かれており，穏健な18世紀イングランド的意味において啓蒙されていて，また適度に実際的であり，敬虔ではあるが狂信的でも排他的でもない。当時の他の著述家たちが享受していた大学教育を受けず，支配階層とのつながりや恩顧関係も持たない商人階層に生まれた，一人の敬虔な非国教徒としてのデフォーは，それゆえにこそ，知性と意欲だけに頼って著作中に時代の全体像を示すことのできた，一個のアウトサイダーであった。もちろんその像に偏向はあったが，狙いは包括的で創意に富み，発言は洞察的だった。つまり彼は，おそらく最初の，真の近代的著述家なのである」(Richetti 2008: 3)。

　デフォーが初期近代イングランドないし大ブリテンにおける重要人物の一人であったことは間違いない。しかし，彼の果たした役割に対する評言

は，英雄との称賛から売文家，諜報員との軽蔑にいたるまで，極端に揺れ動いてきた。毀誉褒貶相半ばしてきたのである。18世紀初頭，「名前は忘れたが」「さらし台にかけられたあの男」は「実に容易ならぬ，説法好きの，独断的な悪党だ」と述べてデフォーをこき下ろしたのは，彼の同時代人スウィフトである（Swift 1708: 2）。他方，同世紀の後半には，スコットランド出身の古物収集家にして著述家のチャーマーズ（George Chalmers, 1742–1825）が「政治と経済に関する論考」についてデフォーを称え，「自由（liberty）を愛する者たち」とともに「商業（trade）の友たち」はみな，それらの論考が「忘却から救い出されるのを目にしたがっている」に違いない，と述べた（Chalmers 1786: xxiv）。これに対し，19世紀半ばに活躍したウィッグ史家のマコーリ（Thomas Babington Macaulay, Baron Macaulay, 1800–59）は，「政治著述家としてのデフォーは多数のなかの一人であるに過ぎず」，「あらゆる側のあらゆる問題を取り上げようとした，無節操な雇われ作家だったように思われる」と日記に書き残している（Trevelyan 1923: 669–70）。デフォーは「金で雇われて言えと言われたことを言った，イングランドの諜報員だった」とさらに手厳しいのは，現代の歴史家P. W. J. ライリである（Riley 1978: 244）。

　マコーリやライリによるような痛罵はなお止んではいないが，近年，デフォーは称揚されるか，少なくとも好意的な評価を受ける傾向にある。『マキァヴェリアン・モーメント』の著者J. G. A. ポーコックは，その著『徳・商業・歴史』のなかで，「財産所有者の支配するウィッグ体制の最初の偉大な理論家を研究したければ，ロック［John Locke, 1632–1704］ではなくデフォーを研究することになろう」と主張する（Pocock 1985: 67／訳125）。「デフォーのジャーナリズムに埋め込まれた歴史的洞察は論争家の水準を超えており」，彼はハリントンとヒューム（David Hume, 1711–76）とをつなぐ「ブリテンにおける最重要の歴史思想家の一人と考えられる」旨を強調するのは，キャサリン・クラークである（Clark 2007: 4）。そして冒頭に挙げたリチェティによれば，初期近代という「時代の精神を代表する存在」こそが，デフォーに他ならない。

人的，物的両面におけるコミュニケーション手段の発達によって相互依存の度合いを深める社会が絶対主義国家に対峙し，やがて前者が後者に対して優位を獲得していく時代を仮に近代と規定し，デフォーの果たした役割をそのうちに求めようとすれば，社会の側からの要求に国家を従わせようと努めた人物として，後者はもはや自律的存在たりえず，いまや主役と化した社会の操縦に徹することによってのみその存立意義を示しうるとした思想家の一人として，デフォーの名を挙げることもできるだろう。その場合，彼の思想は積極的自由（権力への参与）よりも消極的自由（権力からの自由）へと傾斜し，官僚制の導入ならびに推進のモーメントを内包することになるだろう。だが，これは実に図式的な理解である。利己心を原動力とする個人の行動を権利として保障しようという，このような近代的自由論のチャンピオンの姿をデフォーのなかに見出そうとする傾向は，前記のチャーマーズがデフォーの政治経済論を「自由」に結びつけて以来の伝統を有し，決して目新しいものではない。水田洋が，近代の「明るい展望」を描いたのがデフォーで，その逆，すなわち「古きよき日への郷愁」を示したのがスウィフトだと述べていることに象徴されるように（水田 2006: 90-91），デフォーはむしろつねに近代人として捉えられがちだったのであり，それゆえにこそ，彼を大いに称揚する者もいれば，逆に痛烈に罵倒する者もいたのである。

　かつての日本では，天川潤次郎の「デフォーは世界経済事情についての稀に見る博識家であり，資本主義のヴィジョンに対して極めて鋭い洞察力を持っていた」（天川 1966: 3）との言葉からもうかがい知ることができるように，デフォーを近代資本主義草創期における重要な政治経済思想家として捉え，その思想の内実を汲みとろうとする一定の研究動向が見られた。先鞭をつけたのは，デフォーからスミス（Adam Smith, 1723-90）へは「見まごうべくもなく一本の筋金が貫串して」おり，「経済学者としてもアダム・スミス以前のもっともすぐれた一人」がデフォーではないかと語った，大塚久雄である（大塚 1966: 58/1977: 24）。大河内暁男による経済史研究や，政治経済論を中心的に論じた山口（1960/1966），山下（1968），小林

(1976) がこれに続き，特に前掲の天川 (1966) はすぐれて網羅的な研究を大成した。だがそれ以後，日本の社会科学全般にわたって，デフォーに対する関心は著しく後退を見せたように思われる。

　翻って西欧の研究事情に目を向けてみよう。デフォーの政治経済思想を総合的に論じた代表的研究には，Novak（[1962] 1976）ならびに Earle (1977) がある。より専門化した観点からのデフォー研究をそこに含めるならば，ここ20年強の期間に絞っても，「モラリスト」デフォー像に反駁する Dijkstra (1987)，国王観を大胆に捉える Schonhorn (1991)，信用論を問題にする Sherman (1996)，ベーコン主義の影響を強調する Vickers (1996)，そして従来，デフォーの思想があまりにも脱魔術化ないし世俗化の方向に引きつけて解釈されてきたことを批判する Clark (2007) など，デフォーを主題に据えた研究書単体のみで多数に上る。

　さらに，こうした研究の基盤になるものとして特に大切であり，西欧のデフォー研究そのものを特徴づけているとさえ言いうるのは，いわゆる「デフォーの時代」(G. M. トレヴェリアン) から現代までの約3世紀間に，良質な伝記的研究が豊かに書き著されてきたという事実である。端緒の Chalmers (1786/1790) は詳細な Wilson（[1830] 1973）に引き継がれた。「現代にいたるまでのデフォー研究に革新的影響を及ぼし続けた」(Peterson 1987, 186) とされるリー (William Lee) の『デフォー伝』*Daniel Defoe: His Life, and Recently Discovered Writings* (1869年) がそれに続く。Sutherland (1938)，Moore (1958)，Backscheider (1989)，Novak (2001)，Richetti (2005)，Furbank and Owens (2006) といった現代の標準的伝記類は各々緻密かつ示唆に富んでおり，その他，対象が生涯の初期に限られてはいるが，Bastian (1981) も背景知識を深めるうえで貴重である。ここでは Biography の訳語に「伝記」を当てたとはいえ，これらはいわゆる偉人伝でもなければ，単なる人生史でもない。史実を精確に記述するのみならず，デフォーによる膨大な著作の直接的考察をも欠かさない点で，これらの伝記的研究群は本来的意味におけるモノグラフと呼ぶにふさわしい。

　西欧における近年の研究のいくつかに共通しているのは，デフォーの前

近代的ないしは非近代的側面に着目しようとする傾向である。そうした研究は，王政復古とほぼ同時に生誕したデフォー思想の内奥に，名誉革命体制と一般に呼びならわされる国制，いわゆる近代的国制とは異質な要素がいかほど含まれていたかについて，多くを示唆しており，それはまた，ポストモダンの時代に生きるわれわれの眼前にステレオタイプとして現れがちな近代という時代そのものの形成過程が，実際には相当に複雑な過程であったことをも示唆している。これは，往々にして近代人の代名詞にされてきた『ロビンソン・クルーソー』の著者もまた，積極的自由と消極的自由の，古代の自由 (freedom) と近代の自由 (liberty) の，あるいは（それらと厳密な対応関係を持つわけではないが）カントリ・イデオロギーとコート・イデオロギーの間の相克ないし緊張関係を抱懐していたという事実を，ポーコックの問題提起を受けて以降，少なからぬ研究者が認識し始めている証左であろう。

II―大塚久雄のデフォー研究

1　デフォー『イングランド経済の構図』と局地的市場圏

　ここで，「アダム・スミス以前のもっともすぐれた一人」という，大塚によるデフォー評の意味するところを掘り下げておきたい。大塚はデフォー思想のうちに，アダム・スミスが展開したヴィジョンに連なりうる理念型としての市場経済像の萌芽を見出していた。彼がしばしば言及するのは，デフォー晩年の著作『イングランド経済の構図』 *A Plan of the English Commerce* （1728年）に見られる新都市建設計画である。デフォー経済思想の集大成と評しうる，この『イングランド経済の構図』（以下『構図』）は，日本における「アダム・スミスの会」が監修する「初期イギリス経済学古典選集」の一冊として，1975年，山下幸夫と天川潤次郎の尽力によって邦訳された。

　デフォーの提示した新都市建設計画は，円形をなす広大な土地の分割と

自営農の定着を起点として，円中央の非農業区画にやがて工業部門が育ち，産業都市が形づくられていく姿を描き出すものであった。50人の農業者がそれぞれ200エーカーから300エーカー（1平方キロメートル前後）の土地を20年間に限って地代なしで提供され，各々の土地を囲い込んだうえで，持ち込んだ資材によって土地の耕作と改良を開始する。するとまず，非農業区画に肉屋が移住して商売を始め，続いてパン屋が，さらには道具の修理工が，鍛冶屋が，鉄商人が，そしてその他日用品の製造業者ないし商人が拠点を構えていく。拠点の建設のために大工とそのもとで働く人夫が集住し，レンガやタイルの製造業者もやって来るだろう。かくして生活必需品の供給は整う。やがて酒場と宿屋ができ，前者の数は時の経過とともに増え続け，後者の一部はより洗練されたものに改装されていくだろう。この規模まで都市が成長すると，非農業区画の中心部に教会と墓地が建設され，さらに都市の評判が周辺地域に広まって，多くの家族が移住を始める。需要が増加しそうだとみてとった食料雑貨商は下調べのうえでこの都市を訪れ，まずは簡易店舗を設けて次第に商売の手を広げる。同様に薬屋が現れ，続いて絹織物商や装飾器具商，帽子商が登場して，慣習上求められる生活様式を保つのに要する，あらゆるものの供給がなされるようになっていく。市場（いちば）が建てられて商いはますます盛んになり，人口が増えて都市はいよいよ騒がしくなり，法律家が活躍の場を得るとともに司法行政職が設けられ，事故に備えて外科医も拠点を構える。女性たちが家庭で紡ぐ糸は都市内の織布工に供給され，織物の幾種かが自給されるようになる。各家庭では多くの召使も雇用される。最初に50人の自営農から始まったこの新都市は，こうしてついに1000人以上の人口を有するにいたるであろうと，デフォーは述べた（Defoe 1728: 20–27／訳35–41）。

　大塚はこのデフォーの描写から，農業余剰を基礎に，種々の工業部門が「一定の順序と比例にしたがって」つまり農業部門とのバランスを保ちながら漸次的に成長し，自ずと分業の網の目を水平的に広げかつ垂直的に深化させていく様を看取する。具体的には，旧来の都市圏から離れた農村地域において，豊かな農業余剰を基礎に農村工業に従事する人口が増え，こ

れらの農村がいわば内発的に成長しつつその周囲に新しい市場圏を形成し、あるものは都市化し、やがて旧都市商業圏を駆逐していったと彼は説く。そして、自らの経済史学におけるこの「局地的市場圏」の形成、およびそれらの自然的拡張と統合のモデルに近似した現実を、18世紀当時のイングランドにおいて（反例はいくつか挙げられるにしても、少なくとも「一般的傾向」として）目の当たりにしていた人物、そのような広くかつ深い分業圏に支えられた「内部成長型」国民経済が有する、オランダのごとき「中継貿易型」経済に比しての強靭さを喝破した代表的人物として、デフォーに着目したのである（大塚 1969: 182-206など）。

確かに、あくまで主権（国民）国家を基本的な経済単位と位置づけるかぎりにおいて、農工商の各産業部門が農業を土台に重層的、複合的に組みあわさった産業構造は、海運業と特定の再輸出品加工産業だけを有するような単調かつ一面的な産業構造と比較して、安定性、持続性の面でいっそう望ましいと言えるかもしれない。後者は国家間レベルの大規模な経済変動に対する脆弱性をはらむと考えられるからである。また大塚は、中小の独立自営者から構成される「中産的生産者層」ないし中流階層を重要な担い手として擁する「内部成長型」経済は、国民の政治的自立とも密接な関連を持つと見なしていた。この自立ないし「独立」という表現に、経済活動をただ継続的かつ安定的に遂行していくための制度的基盤（法秩序など）を確保するという以上の積極性が付与されていることは明らかであって、ゆえに、これを「自律」という語に置き換えてもよいであろう。

2　ヴェーバー『プロテスタンティズムの倫理と資本主義の精神』

大塚が構築した経済史学の背景として重要なのは、マルクス（Karl Heinrich Marx, 1818-83）とともにヴェーバー（Max Weber, 1864-1920）の思想であろう。特に、後者の『プロテスタンティズムの倫理と資本主義の精神』（1904-05年）に見られる近代資本主義成立史の逆説的把握に対する共鳴が、大塚自身の思想的バックボーンをなしているものと思われる。周知のヴェーバー説をここで繰り返す余裕はないが、簡潔に要約することが許されるのな

ら，次のように記すことができるだろう。

　ヴェーバーは主として17世紀から18世紀にかけてのブリテンやアメリカ植民地の言説を考証し，近代資本主義はピューリタニズム（カルヴィニズム）と親和性があると結論した。神によって選ばれ救われる人間と滅びを余儀なくされる人間とが予め定められているとしたカルヴァンの（二重）予定説は，神の意志を知りえない人間を不安に陥れ，自らの無力を痛感させる。だが，そのことが必ずしも受動的態度を導かなかったとするのがヴェーバーの逆説である。むしろピューリタンは，聖書の言葉を信じ，この世における神の栄光を増すことを直接に意図しながら，自らの世俗的職業活動にひたすら邁進することを通じて社会に対して能動的に働きかけ，勤労と節約を推し進め，隣人愛の実践を目指して互いに必要としあうものを供給し，互恵的なかたちで社会の富を増していこうとした。これをヴェーバーは「世俗内的禁欲」の倫理と呼び，この倫理が，あるいは，より総合的な生活態度ないし行動様式を示す「エートス」が結果的に資本蓄積をもたらし，合理的産業経営を生み出し，資本主義勃興の原動力になったのだとする。しかしながら，ピューリタンにとっての資本蓄積は社会貢献の成果であり，富の獲得自体は副次的帰結であって，彼ら自身の意図はあくまで，自らが選ばれし者であるという救いの確証を世俗内的禁欲の行動原理のなかから引き出そうとするところにあったと，ヴェーバーは説くのである。

　彼のこの学説は，致富自体の目的化を認めない初期の禁欲倫理すなわち「資本主義の精神」をやがて喪失し，利殖と営利を至上命題とする魂のない形骸，あるいは外部強制力と化した，と彼がみるところの20世紀の資本主義に向けられた，鋭い批判としての意味を担わされていた。ヴェーバーは言う。

　　世俗の外物はかつて歴史にその比を見ないほど強力になって，ついには逃れえない力を人間の上に振るうようになってしまったのだ。今日では，禁欲の精神は——最終的にか否か，誰が知ろう——この鉄の檻から抜け出してし

まった。ともかく勝利をとげた資本主義は、機械の基礎の上に立って以来、この支柱をもう必要としない。禁欲をはからずも後継した啓蒙主義の薔薇色の雰囲気でさえ、今日ではまったく失せ果てたらしく、「天職義務」の思想はかつての宗教的信仰の亡霊として、われわれの生活の中を徘徊している（ヴェーバー 1989: 365）。

　もはや禁欲のエートスは消えた。しかし、そのエートスによってつくりだされた資本主義のシステムは生みの親とともに消え去ることなく、厳然と存在し続ける。それはもはや精神を必要とせず、ただ富の増殖を外部から人間に強制するだけの自動機械のごときもの、まさに「鉄の檻」である。人間は自らが生み出したはずのものによって逆に支配を受け、時折出現する信仰の「亡霊」を懐かしみながらも、日々、目的合理的に利殖を追求することを強いられるか、あるいは、システムの最初の設立者、すなわちピューリタンたちの主体的意図を完全に忘却しきって、利殖や営利こそが徹頭徹尾人間の目的であり、またそれ以外に目的はないと信じ込まされる。これでは、人間は何か本質的なものを失ってしまったと言わざるをえないのではないか。このように訴えかけてくるヴェーバーの叙述は、人間の自己疎外をめぐる問題意識に強く裏打ちされていると言えるだろう。換言すれば、自己の自然的欲望ないし欲求をその内なる意志をもって自ら律しうる存在こそが本来の人間たりうるのだという価値判断が、この叙述を支えているように思われる。

　同書（1920年版）を邦訳した大塚は、その「訳者解説」において、貨幣欲や消費欲といった「自己の貪欲をある程度まで抑制できるようになっているということこそが、産業経営的資本主義が成立するための不可欠な前提条件をなしている」と、ヴェーバーは指摘したのだと述べる（394）。ここでの「産業経営的資本主義」とは、できるだけ多量の資本をできるだけ短時間のうちに投下することによって、あるいは（それと同時に）できるだけ節約的に単位当たり資本を使用することによって、財の生産をより効率的に、すなわち、より低コストかつ迅速かつ多量に行おうとするところ

の，もっぱら生産部面に視野を限定した目的合理的経営姿勢を指し示すものと評してよいだろう。この姿勢に伴うのは目先の消費欲求の「抑制」であり，とりわけ奢侈に対する圧殺とも言えるほどの厳しい制限であったが，反面，生産の合理化に寄与するかぎりでの財の使用は従前の時代に決して見られなかったほど大々的な規模かつ程度において社会的に承認されることになった。これがピューリタニズムの禁欲精神がもたらした意図せざる帰結であったというのが，ヴェーバーの主張であり，かつ大塚の主張でもあろう。すでに言及した大塚の「中産的生産者層」は，個別具体的人間というよりも抽象的な「人間類型」として提起されたものだが，しかし歴史的実体として把握されており，その多くを占めていたのはピューリタンだったと見なされている。ピューリタニズムのエートスこそが，大塚の内部成長型国民経済モデルの基盤をなすものなのである。

　自らの欲求を自らによって律する個々人がある地域に集まれば，特定の産業に専業化ないし特化することなく，デフォーが描いたような自給自足型の内部深化経済を生み出すのではないか。そして，17世紀から18世紀にかけてのイングランドでは，実例として，そうした型の経済がピューリタニズムのエートスに支えられて数多く形成されたのではないか。かたや日本では，地域全体が外部の需要に合わせてただちに専業化する傾向が目立つが，それはなぜか。これが大塚の問題提起であった。彼は「地域の専業化へ向かう行動様式のほうが……はるかに生来の人間の性質に，つまり普遍的な人間性の現実に合致している」と見，これを「人情」と呼ぶ。そして人情は，交易がそもそも共同体の間で営まれ始めたことに由来する，おそらくは最も一般的なエートスに他ならないことを認める（大塚 1979: 82-84）。原初の共同体間に存在した「いわば社会的真空地帯」のなかから，大塚が近代の産業資本と対照させて「前期的資本」と名づけるところのいわゆる古来の商いが生まれ出，その後も成長を続けてきたことは確かなのである（大塚 2000: 59）。しかしながら，人情というこの「普遍的な人間性」に立脚するのではなく，（あえて）人情を克服しうるほどに自律的な人間の実像を歴史のうちに探し求めようとしたのが，大塚による経済史学

だったと言えよう。

3　スミスの「見えざる手」

では，先のデフォーの叙述がいかにしてアダム・スミスへとつながるのだろうか。この点の十全な検討は筆者の現在の力量を越えるため，以下の叙述はあくまで素描的かつ雑感的なものにとどめたい。

スミスが『国富論』で示したところの，産業諸部門に対する自然的投資順序とヨーロッパ史上における人為的投資順序との対比は，周知のものであろう。スミスによれば，資本投下先の利潤率がほぼ同等と見込まれるかぎりにおいて，投資先選択の主要決定因子となるのは危険度，リスクであった。投資先として最も安全な産業は，最も目の行き届きやすいと言える農業であり，工業，商業（貿易）の順に投資のリスクは高まり，安全性の最も低位な部門が，国際情勢という如何ともしがたい事情に大きく左右されがちな中継貿易に他ならない。したがって，政府の規制等，人為による特定産業の保護がなければ各産業部門の利潤率はほぼ均等化すると考えられることから，事物の自然のなりゆきに従って農業を起点に工業，国内商業，通常貿易（消費を目的とした他国産品輸入と自国産品の輸出）の順に投資が進み，中継貿易への資本投下は最後尾に回ることになる[1]。

だが，実際のヨーロッパ史を振り返ってみるならば，諸々の制度的要因，とりわけ金銀貨幣を富と取り違えたことからくる貿易差額説に立脚した，誤謬としての重商主義思想の普及とその政策体系化によって，投資順序は完全に逆転させられてきた。貨幣を国内にもたらすと信じられた外国貿易こそが至上と見なされ，逆に農業は最も軽んじられたのである。政府による保護と規制の対象と化した商業部門の利潤率が不自然に上昇し，同部門に投資金が流れ込む一方で，工業部門は国外市場の動向に従属するものとして，つまり国外需要にマッチした製品の供給を担う輸出産業として専ら編成されることになった。

---

[1] ここでの「商業」の原語は trade であるが，それは専ら流通部面のみを指している点に留意されたい。

言葉だけが独り歩きを繰り返し続ける例として筆頭に挙げられるべきスミスの「見えざる手（an invisible hand）」が本来，属するのは，この自然的投資順序について語られている文脈である。すなわち，投下すべき資本を有する各個人は，自分自身の資本の有効な使用法について為政者や立法者以上に的確な判断を下しうるという前提に立ったうえで，スミスは，経済活動に対する政府の指揮監督を廃した「自然的自由の制度」のもとでは各個人が自らの期待利潤を最大化しようとの意図をもってそれぞれ知恵を働かせる結果，自然的投資順序に即した資本投下が実現し，公益が最も効率よく増進されるという自らの論理を，「見えざる手」の一語によって表現したのだと言える。

　　［各個人が］外国の産業よりも国内の産業を維持するのは，ただ自分自身の安全を思ってのことである。そして，生産物が最大の価値を持つように産業を運営するのは，自分自身の利得のためなのである。だがこうすることによって，かれは，他の多くの場合と同じく，この場合にも，見えざる手に導かれて，自分では意図してもいなかった一目的を促進することになる（Smith 1789, II: 181／訳（II）120）。

ここでの「自分では意図してもいなかった一目的」すなわち公益は，（専ら有形かつ耐久性のある）付加価値を生産しうる労働としての「生産的労働」がよりいっそう多数，雇用されることを意味している。スミスによれば，単位資本当たりの生産的労働雇用量は農業，工業，商業の順に低下していくが，とりわけ中継貿易は他国産品の運送を業とするものに他ならないため，運送費を除き，国内における生産的労働の雇用に全く寄与するところがない。

　よって，生産的労働の雇用，したがって公益増進の点で最も効率的な産業であるところの農業に対して，原初に十分な資本が投下されることで，豊かな農業余剰を基礎にした工業の十全な成長が可能となり，分業の進展とそれによる生産性の向上を伴いながら，農工両部門は，国内商業網によ

る媒介をはさみつつ，いわば相互促進的に発展を続けていくことが可能となる。もっとも，例えばイシュトファン・ホントが繰り返し強調するように，スミスの示した「自然的自由の制度」はあくまで理念型に過ぎない。スミスはそれが完全なかたちで実現するとは考えていなかった。もちろん，現実の改良に向けた手段としての変革は必要だったが，その使い手が変化をそれ自体として追求するようになれば，つまり使い手のほうが逆に変化に呑まれてしまえば，当初の意図と期待は無残にも裏切られる結果となるだろう。「他者に対する心からの気遣いとして始まった」はずの変革が「狂信と体系の追求へと容易に転化し，国制と現存の制度的秩序を根柢的に再構築する以外の改良の可能性を許さなくなる」(Hont 2005: 379／訳 279) ような事態は往々にして起こりえたし，そうした場合，本来ならば改良のためのごく小さな努力によって除かれたはずの不都合と困苦の数々は，多大な犠牲を払ったうえでもなお，ほとんど手つかずのまま残されてしまいがちである。自らの理想とする制度設計のみに囚われ，周囲の諸事情を見渡す余裕を失って急進的な変革をひたすら推し進めようとした結果，すべてを無に帰さしめるような人々のことを，『道徳感情論』のスミスは「体系の人」と呼び，彼らの立場と自らのそれとを峻別した。体系の人というのは「自分の理想的な統治計画の想像上の美しさに魅惑されるため，そのどの部分からの最小の偏差も我慢できないことがしばしばである」(Smith 1790, II: 110／訳（下）144)。だが，『国富論』曰く，人間の社会は「完全な自由と完全な正義という厳格な養生法に従って，初めて繁栄する」というほどに脆弱ではない。現実には「経済政策（political oeconomy）が多少不公平で抑圧的であっても，すべての人が絶えず自分自身の境遇をよりよくしようとするという，そういう自然の努力があることが，経済政策の悪しき結果を多くの点で予防しうるのであり，それが政治体（political body）の保存原理となっている」(Smith 1789, III: 21／訳（II）491)。

　さて，前述の農工，ないし農工商分業論の延長線上に位置すると考えられるスミスの自由貿易論が，果たして国民国家という「政治体」の枠組を越え出た国際分業関係の構築に向けた将来展望を明確に示していたのか，

あるいは，一国という経済単位の内部における農工商各部門間の理想的なバランスの保存をあくまで前提としていたのかについては，議論の分かれるところであろう。大塚久雄はこれを後者の方向に引きつけて解釈したと思われる。かくして彼は，国内市場主導型，「内部成長型」国民経済のヴィジョンをスミスから汲みとったのであり，さらにはその源泉をデフォーに見出したのだと言えるだろう。

　　イングランドにおける交易の基金はすべてそれ自身の内部で調達しうる。それはわれわれにある種特有のことであって，つまりわれわれの通商のすべてがわれわれ自身に由来するのである。他の国々ではこうはいかない。オランダ人の交易はすべて外来のものである。それは単なる売買，搬入と搬出からなっており，最初に輸入するもの以外，彼らはほとんど何も輸出しない……。オランダは売るために買い，イングランドは売るために植え，耕し，羊毛を刈り，そして織る。手工業品がわれわれのものであるというだけではなく，手工業品の原料のほぼすべてがわれわれのものなのである（Defoe 1728: 75–76／訳81）。

『構図』のなかで，デフォーは上掲のようにイングランドとオランダの経済構造を対照し，前者を讃えていた。
　こうしたヴィジョンに裏打ちされたデフォー思想の評価は，しかしながら，以後の日本で影響力を失っていったように感じられる。それはなぜだろうか。この問いに対するひとつの回答を模索するため，以下ではデイヴィッド・ヒュームの思想を視野に収め，彼の言説にデフォーのそれを引きつけながら，あくまで素描的にではあるが，引き続き考察を試みたい。

III──消費社会のヴィジョン

1　ヒュームの連続的影響説

　論説「商業について」*Of Commerce* に明らかなように，ヒュームはその経済論の基礎にスミスと同様の農工分業論を据えた。

> すべての国家の大衆は農業者（husbandmen）と手工業者（manufacturers）に分けられるであろう。前者は土地の耕作に従事し，後者は前者から供給される原料を加工して，人間の生活に必要か，またはその装飾用の，すべての財貨（commodities）に仕上げる。人間は，狩猟と漁労で主に暮らす未開状態を離れるや否や，すぐにこの二階層に分かれるに違いない。もっとも，初めは農業の諸技芸が社会の最大多数の部分を雇用する。時間と経験がこれらの技芸を大いに改良するから，土地は，直接の耕作に従事する人々ないし必要性の高い手工業品を耕作者に供給する人々以上の，はるかに多くの人々を容易に養うようになるであろう（Hume 1987: 256／訳 6）。

　ヒュームは，人々が専ら狩猟ないし漁労に従事する社会段階を未開とし，その次の発展段階において農工分業が開始されると述べている。農業と手工業の間で社会的分業が開始された当初は，前者が当該社会において最も多くの人口を雇用するが，時の経過と経験の蓄積とによって技芸が改良されていくと，農業生産性の上昇によって人口の絶対数が増加していくとともに後者に雇用される人口の割合も増大する。やがて総人口は，農業者と手工業者が相互に需要する必需品の生産に携わる人口を，大きく上回ることになるだろう。そしてこの「余剰の人手」が「奢侈の技芸」に従事することで，国富はさらに増していくのである（256／訳 6）。この叙述のみからは，一国における農工分業の進展と奢侈産業の成長が，あくまで内発的な自然的過程に属するかのように読み取れる。

また彼の「貿易の嫉妬について」*Of the Jealousy of Trade* によれば，オランダ人のように「広い土地に恵まれず，その土地特有の商品も全く持たず，ただ他国民の仲介人，代理人，運搬人となることによってのみ繁栄している」，つまり専ら商業や外国貿易からの収入に依存している国民と比較するならば，多様な国内産業を有する国民のほうがよりいっそう安定した生計の道を手にしている。つまりはより自律的な経済構造を有していると表現することもできよう。「国民のすべてが雇用されるような，ただひとつの巨大な手工業を享受する国民よりも，多様な手工業を持つ国民のほうがつねにいっそう幸福である。こうした国民の状態には不安定さが比較的少ない。彼らは，個々の通商部門がどれも絶えずさらされるはずのもろもろの変革や不確実性を，さほど感じなくて済むだろう」(330／訳314)。

しかしながら，これらのことをもって安易にヒュームをスミスと重ねあわせることは避けるべきである。ヒュームは先の「商業について」のなかで，スミスの自然的投資順序論においては最後列に置かれるべき外国貿易が「奢侈」の導入と不可分に結合し，国民の生活様式に洗練をもたらす一大契機となった史実を重んじる。

> 歴史に照らせば，ほとんどの国民の場合，外国貿易が国内手工業のいかなる洗練にも先行し，国内の奢侈を生み出してきたことがわかるだろう。いつも進歩が遅く，珍しくもない国産の財貨を改良するより，すぐに使え，われわれにとって全く目新しい外国の財貨を使いたいという誘惑のほうが強い。国内において余剰であって価格がつかないものを，土壌や気候がその財貨［の生産］に適さない外国へ輸出する利益もまた大きい。このようにして人々は奢侈の快楽と通商の便益とを知るようになり，彼らの繊細な嗜好と勤労は，一度目覚めると，外国貿易と同じく，国内の商取引のあらゆる部門において彼らにさらなる改良を行わせる。おそらくこのことが，外国人との通商から生じる主要な利点である（263-64／訳15）。

外国から輸入される奢侈品は，それに類する財への国内需要を広く喚起す

ることで新たな国産品の開発や改良を促し，国内産業全般に多大な刺激を与える。同時に外国貿易は国外へと市場を押し広げ，農産品か手工業品かを問わず，国内において需要の乏しい財にさえ販路を見つけ出し，産業を活気づける。よって外国貿易が一国の生産部面に与える正の効果は，輸出入関連部門にとどまることなく，あらゆる産業部門に波及するであろう。商業ないし産業活動は必需品以外の財の生産と消費とをはるかに多くそのうちに含むようになり，その国は奢侈によって豊かになるだろう。

　さらにヒュームは，論説「奢侈について」*Of Luxury*（のちに「技芸の洗練について」と改題）のなかで，奢侈が勤労の促進と技芸の洗練を伴いつつ時代をより「社交的」にし，そうした時代においては「勤労」と「知識」と「人間性」が「分解できない鎖で結合されている」（271／訳24-25）と述べたうえで，こう結論づけてさえいるのである。

>　奢侈は，度を越せば多くの害悪の源となるが，一般的には，怠惰（sloth）や無為（idleness）よりはましである。怠惰や無為は奢侈の後を襲いがちであるし，それらは私人と公共のいずれにとってもより有害である。怠惰が支配する場合には，卑しい，文化のない暮らし方が諸個人の間に支配的となり，社交もなければ享楽もなくなる（280／訳36）。

人々を結びつけ，社会をより活気あるものにするのは「奢侈」である。奢侈は多様な財の生産を促進し，社会を文化的なものに変える。奢侈が怠惰や無為と同時に生じることはなく，後二者に専ら結びつくのは社会の停滞である。社会の停滞状態においては奢侈ではなく浪費が，つまり，技芸の洗練を伴わない蛮行によるところの，余剰の単なる消尽が見られるのみであろう。

　続いて「貨幣について」*Of Money* を見てみよう。冒頭でヒュームは，「適切に言えば，貨幣は通商の対象のひとつではなく，財貨相互の交換を容易にするために人々が承認した道具に過ぎない」とし，ジョン・ロックの，金銀は食料品や衣類，乗物に比べてほとんど役に立たないから，その

価値は「人々の同意からのみ得られる」(Locke 1713: 218／訳350) とする学説にある程度接近しながらも，しかしその直後に，貨幣は「商業の車輪のどれでもない。それはその車輪の動きをより滑らか，かつ容易にする油なのである」と述べ，貨幣の持つ潤滑油としての積極的機能を浮かび上がらせることによって，単なる貨幣ヴェールの観点から脱却した (Hume 1987: 281／訳37)。そして，のちに連続的影響説と呼ばれるようになるところの，貨幣量増加が（完全雇用以後の）国内物価上昇に帰結するまでのタイム・ラグの間にもたらす勤労刺激効果（雇用増大と労働生産性上昇）に対する着目を示す。

> 財貨の高価格は，金銀の増加の必然的結果であるけれども，しかしこの増加に続いて直ちに生じるものではなく，貨幣が国家の全体に流通し，その影響がすべての地位の人々に及ぶまでには，いくらかの時間が必要である。最初は何らの変化も感じられないが，まずひとつの財貨から他の財貨へと次第に価格が上昇していき，ついにはすべての財貨の価格がこの王国にある貴金属の新しい量にちょうど比例する点に到達する。私の意見では，金銀の量の増加が勤労にとって有利なのは，貨幣獲得と諸価格上昇との間のこの合間，ないし中間状態においてだけである (286／訳42-43)。

ヒュームが述べたのは次のことである。不完全雇用の状況に置かれている経済を想定すれば，そこに外国貿易を通じて外部から貨幣が流入した場合，賃金は不変のまま，まず雇用が増大し，やがて完全雇用水準に近づくと賃金が上昇を始めるが，上昇開始後しばらくは，労働者は以前に比べて多少改善した雇用条件が可能とする消費の増大に喜びを見出し，さらには将来のいっそうの境遇改善に期待を膨らませて，より勤勉に働くようになる。ヒューム曰く「貨幣は労働の価格を増大させるよりも前に，まずあらゆる個人の精励に火をつけるに違いない」(287／訳44)。

> 働き手が稀少になれば，手工業者［＝雇用主］はより高い賃金を支払うが，

初めは労働の増大を要求する。そして職人はこの要求に進んで従う。というのは，職人はいまやよりよく飲食することができるので，それが追加的な骨折りや苦労を償うからである。職人は自分の貨幣を市場に持って行き，そこではすべてが以前と変わらない価格であることを知り，家族のために，より多くの量の，より上等の種類のものを持ち帰る。農業者や園芸家は，自分たちの財貨が売り尽くされたことを知って，より多くを栽培するためにてきぱきと働く。同時に彼らは，商工業者（tradesmen）からより良質の織物をより多く入手できるようになる。織物の価格は以前と変わらず，商工業者の勤労のみが新しい利得分［＝消費増大分］の刺激を受けているからだ（287／訳43–44）。

　勤勉さの向上は労働供給量の増大か，あるいは単位時間当たりの労働の質の向上となって現れ，それによって市場に対する財の供給が増えるか，または（それと同時に）個々の財の質が高まるかする。貨幣流入の影響はただちに全体に及ぶわけではなく，貿易商人を起点に，まずはそれと取引関係にある手工業者や農業者を経由して順々に，連続的に，時間をかけて全体へと波及していくからこそ，生産部面に対する正の効果が先行し，消費量の増大に伴って生じる価格の上昇圧力は一定期間打ち消される。その後は，先の引用中に述べられていた通り「まずひとつの財貨から他の財貨へと次第に価格が上昇してい」く，すなわち財貨間の相対価格の変化を生じつつ，徐々に平均的ないし一般的な物価水準もまた上昇していき，ついには「すべての財貨の価格がこの王国にある貴金属の新しい量にちょうど比例する点に到達する」のである。

　したがって，経済は貨幣獲得から物価上昇までの「中間状態」に限って，生産，流通，消費の全部面で活性化するのであり，これを景気の上昇局面と呼ぶこともできるだろう。経済分析を試みるうえで貨幣に一定の主体的役割を，つまり単なる交換手段ではなく潤滑油としての積極的性格を付与したヒュームは，『一般理論』の J. M. ケインズに言わせれば「片足半を古典派の世界に置いていた」（Keynes 1961: 343／訳（下）128），換言す

れば4分の1は重商主義者だった[2]。そしてこのことがむしろ，ヒュームの強みなのである。

つまり，自然的投資順序論に基づくスミスの経済成長モデルが，外国貿易という営みを，農工の社会的分業を礎石とする分業一般の進展に従って自ずと重層的に組み上がった国内商業網の最上部にその補完的役割を果たすものとして連結するのに対して，ヒュームのモデルは，農工分業に支えられた国内市場に軸足を置きつつも，外国貿易起点の経済成長を決して後景に退かせることはなかった。輸出主導の国内産業投資活性化に対する彼の理解は，国外市場の存在が国内市場の展開に対して持つ経済効果をより柔軟に認めていると考えられる点で，現代のわれわれの観点からすれば，実体経済の動因として機能する諸ファクター間の相互関係をいっそう明確に把握していたと見ることができるだろう。

2　商業革命という視座

貨幣を「この世の偉大な離間者 (Divider)」と呼んだのはスウィフトであるが (Swift 1724: 13／訳164)，貨幣をいかなる経路からいかなるかたちで得るかにかかわらず，すなわち，それを外国貿易から得るか否か，それを貴金属のかたちで手にするか否かにかかわらず，貨幣自体の性質をいかに捉えるかという点も，非常に重要である。その魅力に幻惑され，それを専ら富と見なして私的な保蔵の対象とする傾向が支配的になれば，貨幣はまさにこの世の「離間者」ないし分断者としての役割を果たすことになるだろ

---

[2] ヒュームの貨幣数量説ならびに連続的影響説の思想的背景については，坂本 (1995) 第II部第4章を参照のこと。なお，ヒュームの説に直接的影響を与えたのは，アイルランド生まれのフランスの銀行家カンティロン (Richard Cantillon, c.1680–1734？) であった可能性が示唆されている。F. A. ハイエクは，カンティロン著『商業試論』(1755年パリ刊) の草稿がその公刊前から広く流布していた事実に着目し，1752年に『政治論集』 Politcal Discourses 所収の一論説として「貨幣について」を発表したヒュームは，その草稿をあらかじめ読んでいたに違いない，なぜなら，ヒュームの言葉はカンティロンのそれに「非常によく似ている」からだ，と述べた。ヒュームの連続的影響説はカンティロンの影響下に形成されたと見たのである (Hayek 1935: 9／訳149)。だが，このハイエクの見解を裏づける直接間接の証拠はない (坂本 1995: 256)。

う。貨幣を貯め込むために策を弄する者は他者の嫉妬を受け，貧しき者の憎悪さえその身に受けることになるだろう。これに対し，貨幣自体の魅惑的性質を否定しようがしまいが，あるいはむしろそれを前提にしたうえでなお，貨幣のうちにこの世の結合者としてのもうひとつの性質を見出し，その性質を積極的に活用していくという方向性がありうることもまた，確かである。貨幣を社会の安定にとって有意義な紐帯として，社会の結合者として，いわば公共化することができれば，人々の分断とそれによる社会の行き詰まり，ないし破綻は容易に生じないはずである。

　ヒュームは，そしてのちに詳述するようにデフォーは，この後者の方向性に社会の存続可能性を賭けていたように思われる。貨幣が社会をめぐりゆく過程における賃金の漸次的な上昇を通じて勤労が刺激され，同時に消費が増大していくとするヒュームのモデルは，それが外国貿易からの貨幣流入を前提にしているという制約があるにもかかわらず，しかしこれをより一般化し，国内貨幣量の増大と国内消費性向の上昇を起点とした貨幣の漸次的な浸透に随伴する経済効果について述べたものとして解釈することに，さしたる困難はないのではなかろうか。このように解釈すれば，ヒュームのヴィジョンは，次に見る高賃金の経済論と呼ばれたデフォーの経済モデルをより精緻化し，洗練したものに他ならないと理解することもできるだろう。

　ここで再び「奢侈」に言及すべきである。技芸の洗練とほぼ同義であるところの奢侈がもたらす望ましい効果については，勤労の活性化のみならず社交の円滑化にいたるまで，ヒュームによってその様々な側面が述べられたが，ではそもそも，奢侈は何ゆえに生じるのか。この問いに対する答えもまた，ヒュームの手ですでに与えられている。論説「貨幣について」からの先の引用を見返してほしい。賃金の実質的な上昇を経験した職人は，それによってまず何をなそうとしたであろうか。彼は，あるいは彼女は，より多くの，かつより上等な消費を行おうとしたのである。そしてまた，可能であれば消費をさらに向上させていきたいという思いが，彼または彼女をよりいっそうの勤労へと誘うのである。つまり，より多量かつ良

質な消費への欲求こそが奢侈の母であり，勤労の父である。

とはいえ，消費向上への欲求が社会に広くみられるようになったのは，決して大昔のことではない。かつて大きな影響力をふるった重商主義の学説は，スミスが指摘したごとく富を金銀貨幣と同一視するという性格を有していたとともに，もうひとつ，低賃金論という特徴をそなえていた。労働賃金は低いほうが望ましいと長く考えられてきたし，その考えには十分な根拠があったのである。川北稔が指摘するように，低賃金論がその後に現実妥当性を失って高賃金論に代位されていく背景を考察する際に見逃してはならないのが，伝統を離れて工業化の軌道に入りつつある国ないし社会においては，労働者大衆の側の意識ないし心性に根本的とも言える構造転換が生じているという点である。仮に「伝統的な生活の様式と水準が維持できさえすれば，むしろ閑暇を志向する」ような傾向性を彼らが帯びていたとすれば，賃金の上昇に応じて逆に労働供給量が減少するという「反転労働供給曲線」が成立し（川北 1983: 352），彼らを勤勉に保つには必要最低限度の賃金水準こそが望ましいとする論理的帰結が生じるからである。したがって，奢侈，すなわち消費のいっそうの充実による生活様式の洗練が労働者大衆によって志向されるようになり，「新たな，一段上の消費水準を求めて，より多くの労働を売る方向へ人びとの行動様式が決定的に移行した」からこそ，低賃金の経済論から高賃金の経済論へのシフトが妥当なものになったのだと考えられる（372）。

17世紀から18世紀にかけて，特にイングランドは植民地貿易や外国貿易を大きく伸長させた。西インド貿易を通じて砂糖，煙草，リンネンなどを，また東インド貿易を通じて茶や綿織物などを大量に入手したのである。再輸出用の輸入を見過ごせないことには注意が必要としても，それらの財に対する国内消費量は着実に増大したのであって，奢侈品に対する需要が少数の上流層に限られることなく，社会の広範囲に及んだことは，その後，輸入代替的産業ないし輸入品加工業が国内に簇生した事実からうかがい知ることができる。1702年以来，10年以上にわたって続けられた対フランス戦争であるところの「スペイン継承戦争」の終結を目指すトーリ政権に

よって，1713年，ようやく締結された対フランス講和条約（ユトレヒト条約）が，勝利者としてのブリテンにスペイン領植民地に対するアフリカ人奴隷の独占供給権，すなわち「アシエント」をもたらし，これがその2年前に設立されたばかりの南海会社に与えられて，本国，アフリカ，西インド諸島およびアメリカ大陸を結ぶ大西洋三角貿易の形成を強く後押しした事実は，よく知られていよう。奴隷貿易は悲劇以外の何ものでもなかったが，あえて一般的に見るならば，貿易の拡大は商取引の対象に組み込まれる余剰の量を増大させ，より多くの商人により多くの富裕化の機会を与えることになったのである。デフォーの「文芸作品のほとんどは，ノン・ジェントルマンが植民地を踏み台にして，ジェントルマンに成り上ろうとする苦難の物語である」と少々突き放した言い方をしたのは前述の川北だが（川北 1983: 288），デフォー自身はともかくとしても，当時商取引に携わっていた人々の視界の少なからぬ部分を占めていた対象が，貿易，特に植民地とのそれであったことは，疑いのないところであろう。彼らは貿易を通じて短時日で莫大な富を上げる好機を狙い，ひとたびその機会をものにしえたならば，土地を買い取るなどして，あるいはその富を（一定の不労所得をもたらすという点で土地とほぼ同等の）利付証券に投資するなどして，「ジェントルマン」の必要条件をひとつでも多く満たそうとした。なお，デフォー経済思想を大塚久雄のように内部成長型の国内市場形成に引きつけて解釈しようとする姿勢を批判し，これを専ら植民地貿易との関連で捉え直そうとした研究として，近年では熊谷（2002）などが現れている。

　貿易の対象領域と量的規模の飛躍的拡大によって，農業，工業を問わず国内産業全般が刺激され，国内市場もより大きくなり，このことが，やがて18世紀半ばから顕著になる人口増加（その前提条件はいわゆる「第二次囲い込み」と新農法の普及による「農業革命」がもたらした農業生産性の上昇である）を柱としながら進んでいった（当時の他国と比較するかぎりにおいての）急速な都市化と工業化，すなわち産業革命を準備した，というヴィジョンは，この時代のイングランドないしブリテン経済を眺めるうえで現在では欠かすことのできないものとされている。貿易を起点にした消費の拡大と国内

産業の成長という，このプロト工業化時代における趨勢的な変化を「商業革命」と呼ぶのである。港から都市へ，都市から地方へと情報は伝播し，また都市から地方へ，あるいは社会の上層から中下層へと，資力の程度に制約されてではあるが生活様式の模倣の連鎖が生まれ，数々の奢侈品が都市から遠く離れた農村にも運ばれてゆく。その過程で流行という社会現象が見られるようになる。奢侈品と引き換えに都市へ，港へ，そして国外市場へと渡ったのは，各地方に新たに育ちつつあった国内手工業（農村工業）の各種製品や，農産品であった。

　商業革命の初期に東方から持ち込まれたもののひとつに，コーヒーがある。17世紀半ばにはオックスフォードにイングランド初のコーヒーハウスが誕生し，すぐにロンドンにも最初の店が現れた。その当時すでに50万人弱の人口を抱えていたこのイングランドの首都では，コーヒーハウスが単に奢侈品ないし嗜好品としてのコーヒーを味わう場にとどまらず，人々の交流と情報交換のための空間，東インド会社や王立アフリカ会社などの社員による商談の席や投機家による密談の場，そして保険業発祥の地となり，さらには政治クラブの拠点や郵便局の代替施設としても活用され，店数は急増し，各店は国内外の新聞や雑誌，評論誌，物価等の情報紙などを取りそろえるなど様々な客層に応じたサービスを提供しながら，客の獲得を競いあった。コーヒーハウスの営業はこののち地方にも広がり，より多数の人々に社交空間を提供すると同時に，都市から地方へと最新の動向を知らせる一種の情報センターの機能を果たしたのである。公式の記録に残されている数字として，1739年のロンドンにおいては，宿屋（Inn）の207，居酒屋（Tavern）の447に対し，551のコーヒーハウスが営業していたとされる。もっとも，ビール店は5975店舗，ブランデー店にいたっては8659店舗も存在した（Lillywhite 1963: 23）。

　所属階層や身分による入場規制などないに等しいコーヒーハウスに象徴される，ほぼすべての人間に開かれたかたちの社交空間の拡大は，同時併行的に進行した都市化とともに，消費の増大という現象そのものと密接な関係にある。個人が自己という存在を意識する際に見知らぬ他者の視線を

介在させる機会が，このような空間のなかで暮らす人々にとっては日常的なものとなるからである。自己をよく知る者たちとではなく，自己といわば一期一会の縁を結ぶに過ぎない者たちの集合体と日々当たり前のごとく触れあうようになった個人は，自己のありかたを外に対して積極的に表示する必要に迫られる。たとえ所属階層が上位の人間であったとしても，そのことが知られぬかぎりにおいて集合体のなかに埋もれるだけであろう。自己意識は他者から期待すべき評価が得られぬ状況に耐えられはしない。ここにおいて，消費行動を通じた自己顕示という現象が広範に発生することになる。消費水準の向上は，他者との同調を目指してこれを模倣しようとする欲求のみから生じるのではなく，より多くの，あるいはより質の優れた財やサービスを消費しうることを対外的に表示することで，他者の目を介して自己のありかたや地位を確認するとともに他者との差別化を図ろうとする，個人の自負心によってもまた，強く欲求される。前者が水平方向への消費の広がりを説明するとすれば，後者は垂直方向への消費の広がりないし深まりを説明すると言えるだろう。ジェントルマンは消費行動を通じて，自らがジェントルマンと呼ばれるにふさわしい上位者であることを示すのである。

　互いに名を知らぬ不特定多数の人間によって構成される社会という，新しい空間ないし場において，階層序列は消費の序列に対応し，消費序列は富ないし貨幣の獲得能力に依存する。土地財産に立脚するジェントルマンを中心とした旧来型の統治制度は，商業革命のなかで生じたこの新しい序列形成の仕組みを柔軟に受け入れて自らを漸次的に変化させていくことで，いわばそのエートスを失うことなく活気ある人間関係の束として存続することが可能となるだろう。植民地を踏み台にすることも辞さない階層上昇志向という先の川北の問題提起を背後に置きつつ，デフォー経済思想を「ジェントルマン論」の観点から論理整合的に把握しようとしたと思われる鈴木康治は，デフォーの描く新しい社会の構図においては「富という経済力の優位性を基準とする階層区分が諸個人の社会的地位を支配」しており，自らの経済力を継続的に優位に保つだけの資質のある者が「正真の

ジェントルマン」と見なされうること，したがって「消費様式の差異によって成立する統治性の構図，すなわち，消費の階序というひとつの文化的な制度」が提示されていることを指摘するが，卓見であろう（鈴木 2011: 94-95）。垂直方向における秩序形成と，自己顕示を水面下の動機に据えた消費行動との深いつながりを問うといった姿勢は，ピューリタンにおける自己内対話のうちに個人の行動原理を求めようとした大塚にはまず見られなかったものである。

　以上から明らかなように，デフォーとその時代の思想を把握しようとする際には，ピューリタニズムにおける禁欲主義といういわば外在的倫理の影響，あるいは，そうした倫理が実践のなかで慣習化したものとしてのエートスの影響を論じるだけではきわめて不十分である。消費欲求が人間本性の基底に存在することを前提としたうえで，それがいかにして抑制されるかということと同時に，それがいかにして解放されるかということにも，目を向ける必要がある。ヒュームが述べるように過度の奢侈は害悪であるが，適度に解放された消費欲求は勤労の動機になり，技芸に改良をもたらす契機にもなるだろう。また人々は，貿易の拡大を起点とする商業革命を経験し，都市化と情報伝達の迅速化に伴う新しい社会のありかたに直面しながら，消費欲求を解放するなかで他者の視線を取り込みつつ自己意識を保ち，社会における自らの位置を確認しようとした。大塚が強調した「自律」は，自己内対話，すなわち自己による自己評価の性格を帯びているが，むしろ，不特定多数の他者の意識が自己意識と交叉する場としての間主観性の領域が大きな意味を持っている（持ち始めた）ことを認め，そのうえで，個々人における自律がいかなる意味で可能なのか（可能だったのか）を考察するべきであっただろう。合わせて，消費行動を通じた社会秩序の形成という側面を見落としてはならない。それは水平的な秩序と並んで垂直的な秩序をつくり出すのである。社会の安定を支える「社交」は消費と密接に結びついており，消費には（信用を含めて）貨幣的な裏づけが必要であるから，貨幣は社会的紐帯としての役割を確実に担っている。したがって，どれだけの量の貨幣がどれだけの頻度で，またどのような経

路を通って循環するかということも，非常に重要な点となろう。

Ⅳ─デフォーの商業論

1　高賃金論

　ここからは，デフォー自身の商業論ないし経済モデルに見られる諸特徴を俯瞰してみたい。

　経済学説史上名高いデフォーの高賃金論は，J. A. シュンペーターがデフォーの「個展（one-man show）」と評したことでも知られる経済評論誌『マーケイター，すなわち通商の再生』*Mercator: or, commerce retrieved* の第143号（1714年4月22日付）において，最初にその姿を明確にしたと言える。先述の対フランス講和条約に付帯する通商航海条約（相互の最恵国待遇を約する第8条，および低率関税を定める第9条）の是非をめぐり，1713年から14年にかけて戦わされた経済論争はユトレヒト通商条約論争と呼ばれ，学説史上周知のものである。結局は政権側が敗れた。委細については天川（1966）第6章を特に参照されたい。

　オックスフォード伯爵（1st Earl of Oxford）ことハーリ（Robert Harley, 1661–1724）首班のトーリ政権が推し進める対フランス自由貿易政策に強く異を唱えたのは野党ウィッグであり，キング（Charles King, fl.1713–21），ジー（Joshua Gee, 1667–1730），マーティン（Henry Martyn, 1665–1721）ら，当時のウィッグ系経済論客の手で，対フランス保護貿易を主張する評論誌『ブリティッシュ・マーチャント，すなわち通商の保護』*The British Merchant: or, commerce preserved*（1721年にキング編の3巻本の体裁で再版）が発行された。これに対する政権側の反論雑誌が，デフォーの編集する『マーケイター』であった。『経済分析の歴史』のなかで，シュンペーターは『マーケイター』の高賃金論ではなく自由貿易論に着目する。当時大きな影響力を有していた重商主義体系に対して先駆的な批判を試みたこの評論誌はあたかも個人展覧会のごときものだったが，その個展の主は「『ロビンソン・クルー

ソー』の名声を有するダニエル・デフォーで，彼は最も有能多作の著述家であった」とシュンペーターは評する。もっとも，自由貿易論の歴史のなかで「高い地位を占めている」この『マーケイター』の議論さえ，シュンペーターによれば，なお「経済ジャーナリズムの領域にとどまっていた」(Schumpeter 1954: 370–72／訳781–82, 784–85)。ただし，デフォーによる『マーケイター』の単独編集が行われたのは1714年3月23日付の第130号から同年7月20日付の第181号（最終号）までであるから，必ずしもこれを「個展」とばかり評することは適当でない。第1号は1713年5月26日付で，以後，週3回のペースで発行が継続された。

『マーケイター』第143号においてデフォーが明らかにしようとしたものは，イングランドの手工業品が他国のそれに比較して優位を占めていることの理由であった。

> わが国の手工業品をその周知の水準のままに良質（Goodness）に保ち続けることは，われわれの交易上の利益であり，それによってわれわれは，現在と同じく，つねに世界を凌ぐことができるだろう。かたや一度でも質を落とせば，われわれは手工業から名誉を奪い，交易を衰退させることになる……。一般的に言って，わが国民はフランス人よりも，あるいは他のどの国の労働貧民よりも，よりよい暮らしをしていることは間違いない。それどころか，世界のどの国の貧民がなしている，あるいはなしうる作業よりも多くの作業をわが国民が行っていることもまた，間違いない……。わが国民はなぜよりよい食事をしているのか。それは，彼らがより多くの作業を行っているからだ。ではなぜ，彼らは他国民よりも多くの作業をするのか。それは，彼らがよりよい食事をしているからだ……。わが国民の賃金を下げることは，彼らにより悪い暮らしをさせることであり，彼らにより悪い暮らしをさせることは，彼らの労働を減らすことである。同様に，わが国の貧民の作業に対する賃金を引き下げることは，わが国の手工業を破壊するための手近な方法である。イングランド製毛織物の名声はその本物の良質さによって支えられており，それによって全世界を凌駕している……。貧民の賃金価格を下げること

は結果的に彼らの財（Goods）の価値を低下させることになるが，それは，与えられる賃金が減れば行う作業は悪くなるというのが，交易上の永遠の真実だろうからである（Defoe 1713–14: 290）。

さらにデフォーは，『構図』においても次のように力説している。

> 前に私は，交易を欠いている国民は気落ちして悲しげに見えると述べたのだが，それとは逆に，好奇心に富む旅人をして世界中を歩かせてみれば，商工業諸国民（trading manufacturing Nations）が全く違った様相を呈しているのを見るだろう。彼らの労働はたとえつらく激しくとも，楽しそうに行われている。彼らの間には全体として陽気さと活力がうかがえる。彼らの表情は楽しげで，働いている彼らは，遊んでいる他人よりもいっそう楽しそうだ。彼らの手が敏捷なように，彼らの心も温かい。彼らにはすべて活気があり，生命に満ちている。そして，そのことが彼らの顔にうかがえる。もしくは彼らの労働に，それはよりよく現れている。彼らは他国の同一階層の貧民よりもよりよい生活をしているので，そのため彼らはより激しく仕事をする……。労働は利得（Gain）を生み，利得は労働に力を与える……。彼らが激しく働けば働くほど，それだけ彼らは他の国民よりもその仕事についてより多くを得るのであって，このことが彼らの労働に活気を与えている。これが交易のもたらす直接の効果である。それは，商工業諸国の貧民が交易の少ない他の国々の貧民よりもよい条件で雇われており，彼らの仕事についてよりよい賃金を得ていることによるのである（Defoe 1728: 35–36／訳47）。

以上のデフォーの言葉が，高賃金に支えられた労働の喜びが労働生産性を向上させるとする，スミス『国富論』の次の言葉に継承されていく側面を有していることは否定できない。すなわち

> 労働の賃金は勤労の刺激剤であって，勤労というものは，他の人間のすべての資質と同じように，それが受ける刺激に比例して向上するものである。生

活資料が豊富であると労働者の体力は増進する。また自分の境遇を改善し，自分の晩年が安楽と豊富のうちに過ごせるだろうという楽しい希望があれば，それは労働者を活気づけて，その力を最大限に発揮させるようになる。そういうわけで，賃金が高いところは低いところよりも，例えば，イングランドはスコットランドよりも，大都市の周辺は農村地方よりも，職人がいっそう活動的で，勤勉で，しかもきびきびしているのを，われわれはつねに見出すであろう（Smith 1789, I: 124／訳（I）138）。

だがそれと同時に，デフォーが，ヒュームの説くような奢侈の社会的効果を重視し，ここで「貧民」と呼ばれている一般労働者の奢侈的消費を肯定する方向性を示している点にも，留意せねばならない。

2　イングランド製品の質的優位とその国際競争力

この点でまず参照すべきは，『構図』と並ぶデフォー晩年の経済書『完全なるイングランド商人』 *The Complete English Tradesman* （以下『商人』）であろう。このなかでデフォーは，製品の「質」と（実質）賃金の高低の関係性に触れた先の『マーケイター』の叙述をさらに発展させつつ，次のように述べていく。

> イングランドにおけるブロードクロスの製造がフランスにおけるそれに凌駕されると主張する人々は，フランスが自国製の織物をスミルナやアレッポにおいてイングランド製よりも安く販売しているため，イングランドはトルコ貿易を失うことになるであろうと説く。安さ（Cheapness）はつねに消費を生むが，フランス製の織物はより安い。したがってフランス製がすべて売れてしまうまでイングランド製の織物を売ることはできないはずだ，と言うのである。しかし経験はその逆を立証する（Defoe 1727, pt. 1: 122–23）。

「経験はその逆を立証する」とはつまり，消費者がフランス製よりもイングランド製を選択することを意味している。それはなぜか。フランス製の

織物とイングランド製のそれとを比較してみれば，両者の「質」的優劣は明らかであるとデフォーは言う。フランス製織物は確かに「上品な感じで，見栄えもよく，染色も見事であり」それゆえ「あらゆる点で優れているように見える」ので，最初はフランス製が選好されるだろう。しかし実際に着用してみればイングランド製の優秀さがわかる。なぜなら「イングランド製の織物はフランス製のものよりも 1 梱につき20, 30ポンドから40ポンド重く，着用すれば両者は比較にならない」し，また「フランス製はラシャのようにざらざらして目が粗いのに対して，イングランド製はビロードのようになめらかでかつしっかりしている」からである。フランス製はやがてぼろきれになるが，きめ細やかなイングランド製は長持ちする。こうして後者は「信用（Credit）」を獲得し，逆に前者はそれを失って市場から姿を消す（123–24）。つまり，質の優越に基づいてイングランド製品はフランス製品を駆逐するのである。

　デフォーは「すべての財の評価（Rate）は質の良し悪しによって計られる」とし，低価格はより悪質であることの反映と見る。より悪質ならばより低価格となるのは当然であり，フランスの手工業品が安いということにはならない。同様に，より良質ならばより高価格となるのは当然であるから，イングランド製品が高いということにはならない。「高いこと（dear）と高価格であること（high-priced），または，安いこと（cheap）と低価格であること（low-priced）の間には大きな相違がある」（124）から，「ダイアモンドが安く，古びた鉄の塊が高いこともありうる」（145）。すなわち，質に見合った価格以上の値が付けられているものは「高い」のであり，逆にそれ以下の値が付けられているものは「安い」のである。デフォーはさらにこう述べる。「フランスやオランダはより安値で売ろうと努めているので，確かに価格上はイングランドの手工業品に対抗しえているが，しかし財の質のうえで，あるいは内在価値（intrinsick Value）の面でイングランドと肩を並べられる国は全く存在しない。よってイングランドの手工業品との張りあい（rivalling and imitating）が何になるというのか。彼らが質のうえで劣るのならば，価格のうえで互角であっても何にもならない」と

(145)。フランスやオランダの価格が仮にイングランドの価格を下回るとしても，質と釣りあう価格を上回っているかぎりにおいて，それらはなお「高い」のである。まして他国製品とイングランド製品の価格が同等であるのなら，消費者は必ず後者を買い求めるであろう。

よって，低価格の他国製品がイングランド製品を駆逐するといった主張は斥けられねばならない。イングランド製品の価格がその質に見合う水準に設定されているかぎりにおいて，それは決して「高い」とは見なされず，したがって需要を喪失することなどありえないからである。財の「内在価値」と市場価格との差異をめぐる認識の萌芽を，ここに見出すことができよう。いずれにせよ，消費者がより「安い」財を手に入れようとするのは確かであるが，イングランド製品を「低価格化」することが「われわれにとってつねに交易上の利益になるとは限らない。実質（Substance）が豊富であれば，高価格であるにもかかわらず安いかもしれず，［内在］価値のうえで劣っていれば，低価格であるにもかかわらず高いかもしれない」からである (144)。

では，イングランド製品に質的優位をもたらす要因は何か。それは既述のように，高賃金がもたらす労働生産性の向上効果であろう。ただしデフォーは，生産性の向上を財の生産量増大と明示的に結びつけることはせず，これを専ら，財，特に手工業品の質的洗練に結びつけて捉えている。とはいえ，この把握から，「賃金率（Rate of the Wages）を低めることは国外市場において手工業品を安くする最良の方法ではない」という結論が導出される (144)。加えて彼は，「賃金の高さ（Height of Wages）によってあらゆるものの評価は支えられる。賃金の高さによって最初に維持されるのは食料品の価格である。食料品価格によって地代は保たれ，地代によって貴族やジェントリの領地，すべての土地利害（landed Interest）が支えられ，この国の公共資本（public Stock）が保たれ」，さらにその「改良」もなされていくと述べて (125)，労働分配率を高水準に保つことが商業という営みの安定に不可欠なばかりか，商業のさらなる成長の起動力となりうることを指摘した。つまり経済の生産部面にとどまらずその消費部面について掘り下

げを行ったのである。そして「とりわけ国内商業（Home Trade）においては」「多くの人手を介すれば介するほど，商業が行われている，あるいは営まれている地域にもたらされる公益は大きくなる」とする「商業の格率」を掲げ，賃金などの「商業上の必要経費を縮減することは，市場において財をいくらか安くするにしても，あちこちの手工業者にとってつねに真の利益になるとは限らない」と述べていることからして (109)，デフォーは高雇用水準に基づく国内消費規模の維持ないし増進という視角さえ有していたと見ることができるだろう。

3　小林昇の評価

『商人』のある箇所では，「賃金の高さによってあらゆるものの評価は支えられる」ことからの帰結として，「貧民の賃金率を下げるものはすべて，公共資本を傷つける」と述べられていたが (143)，次に『構図』を見よう。そこでは，社会の下層を構成する人々による消費行動が持つ意義についての明快な解説が試みられている。

「商業は平和の友である」が，それは「商業が，パンのために人々を争わせるのではなく，パンのために人々を仕事に就かせるから」なのであり，「兵士を集めるのは貧困と欠乏だ」，と前置きしたうえで，デフォーは次のように説く。

> イングランドで商業を営んでいる中流（middling sort）の人々が豊かなのと同様，彼らのもとで労働し，手工業に携わっている人々も，他のいかなる国の同一階層の人々よりも限りなく豊かである。より豊かであるに応じて，彼らはよりよい生活をし，よりよい食事をし，またよりよくその身を装い，より多くの貨幣を支払う……。自由な国々では，少なくとも，人々は自らの境遇を明かすことをいとわず，よい状態にあるときにはよい状態にあるように振舞うことを恐れないものなのである（Defoe 1728: 99／訳100–01）。

自由で豊かな国々であれば，人々は嫉妬を恐れず自らの良好な境遇ないし

生活ぶりを公のものとしがちである,という主張もまた意義深いものであるが,この一節において,社会の下層による消費が前面に押し出されてきている点が,ここではいっそう大切な意味を帯びてくる。下層とはすなわち,地主や大商人(merchant)といった上流階層の下に位置する人々を広く指し示しているのであって,そこには,勤労する「中流」の人々とともに,彼らに雇用される「貧民」が包含されている。さらに引用を続けよう。

　　より下層の人々(一般的には,彼らの間に,私がいま語っているところの富が宿っているのだが,それは彼らの数が著しく多いためである)を見ると,イングランドにおける彼らは,明らかに,他の諸国の間で商業上同等の地位にある人々とは異なる生活様式(manner)に従ってその暮らしを支えている……。これら2つの,手工業者と小売業者(Shopkeepers)という階層に依拠して私は仮説を打ち立て,これを公に訴えかけようとしているのである。その仮説というのは,彼らがその労働ないし商業上の勤労によって生み出した利得や,彼らの信じがたい数のために,われわれ自身の産品に対する,またこの地に輸入された外国産品に対する国内消費は著しく巨大となっており,かつ,われわれの商業は,私がこれから示すように,かくも驚くべき大きさにまで達している,というものである……。彼らはよく食べ,よく飲む。彼らの食事,(すなわち)牛肉や羊肉,ベーコンなど獣肉の食事は,彼らの境遇に比すればちょっとした悪事,否,浪費(Profusion)ですらある。彼らの飲み物について言えば,時折少し多すぎる量のことを気にしなければ,それは一般に強いビールなのであって,そうでなければ,普段の食事のための良質の食卓用ビールである。その他のものでは,彼らの家や住居がかなりよく家具類を備えており,少なくとも有用かつ必要な調度品が十分に詰め込まれている。われわれが,貧民,日雇い職人,苦役人と呼ぶ人々ですらそうなのであり,彼らは暖かいところで休み,豊かに暮らし,激しく働き,そして欠乏を知らない(知る必要もない)(100-01／訳102-03)。

当時の倫理からすれば「浪費」ないし悪徳とさえ言われかねないほどに，自営業者たる中流層すなわち「手工業者」や「小売業者」，そしてさらに下層の「貧民，日雇い職人，苦役人」は快活に自国産品や他国産品を消費しており，そうした消費行動に従って形づくられた彼らの「生活様式」は，他国における同階層のそれに比して，際立って奢侈的であった。この観察から，イングランドにおいては他国に先駆けて新しい社会的生活のありかたが出現しつつあったのだと評価することもできる。

　デフォーの言葉になお耳を傾けよう。彼は読者に向けて，人口の大多数を占める下層の労働者が果たす消費者としての役割の重みを訴える。

> あなたがたの消費の大半を引き受けているのは，これらの人々である。あなたがたの市場が土曜の夜遅くまで開かれているのは，これらの人々のためなのである。というのは，彼らはたいてい，1週間分の賃金を夜遅くに受け取るからである。これらの人々のおかげで酒場の数は保たれ，数多くの醸造業者が財をなし，かくも巨額の消費税収がもたらされる。これらの人々のおかげをもって莫大な量の小麦粉（Meal）や麦芽が消費される。つまりこれらの人々がわが国の全通商の生命なのであり，すべては彼らの数の多さのおかげである。彼らの数は数百や数千ではなく，数十万でもなく，数百万である。彼らの数の多さによってこそ，商業の車輪（Wheels of Trade）のすべてが回り始め，陸海の製品と産物が仕上げられ，加工され，海外の市場に適するように作り上げられる。得るものの巨大さによって彼らは支えられており，彼らの数の巨大さによって国の全土が支えられている。その賃金によって彼らは豊かに暮らすことができ，そして，彼らのぜいたくで（expensive）気前のよい（generous）自由な生活法によって，国内消費は，わが国の産品だけでなく外国の産品についても，このような大きさにまで引き上げられたのである（102／訳103-04）。

1720年代のイングランドには530万ないし550万の人口が存在したとされるから（Mitchell 1988やWrigley 2004を参照），「数百万」という表現はあなが

ち誇張とも言えない。彼らの「ぜいたくで気前のよい」消費はイングランドにおける「商業の車輪」を前向きに回転させていく起動力であり，しかも，その莫大な消費は彼らの賃金によって支えられていた。もし賃金が低下すればこの車輪は逆回転を始めることだろう。よって「あらゆる運動のそもそも最初の発条」は賃金ないし利得に他ならず，「利得の多少に応じて王国全体の富と力が上下する」とさえ，デフォーは主張している（102-03／訳104）。

小林昇はかつて，以上のデフォーの議論を踏まえたうえで，労働人口に占める「生産的労働者」の比率の上昇がもたらす「有効需要」創出効果について，スミス以上に的確な理解を示しえたのがデフォーであるとした。小林によれば，一般労働者大衆による消費に支えられた「国内市場の意義と構造」をめぐるデフォーの認識は，国外市場からの富すなわち金銀貨幣の獲得に固執して輸出品の低価格化に専心し国内における低賃金労働の経済合理性を自明視する，かの重商主義的言説に対して，かなり早期的なアンチ・テーゼとしての機能を果たした。ゆえにそれは「最も重要な学史的意義を持つ」ものだったのである（小林 1976: 81）。

これまで見てきたように，スミス『国富論』のモデルにおいてさほど明瞭とは思われない労働のそもそもの動機について，ヒュームやデフォーのモデルは明快な説明を与える。彼らが労働の動機として認めたのは「利得」であり，その利得によって可能となる消費であった。実質賃金の上昇によって，より多量かつ内実においてより洗練された消費が可能となるからこそ，労働に従事する人々はいっそう懸命に働き，労働生産性を向上させ，さらに労働供給量を増やすのである。ただし，勤労そのものに対して労働者が抱く喜びについては，『構図』に見られた次の言葉，「働いている彼らは，遊んでいる他人よりもいっそう楽しそうだ」，に現れているように，素朴なかたちではあるがデフォーも気づいていたし，ヒュームにいたっては，「勤労と諸技芸が栄えている時代には，人びとは絶えず職業に従事し，自らの労働の果実である快楽とともに，職業自体も自らの報酬として享受する。精神は新しい活力を獲得し，その威力と能力を増大する。

そして実直な勤労に精を出すことによって，精神の自然な欲望を満足させるとともに，安楽と無為によって養われるときに通常生じる不自然な欲望の増大を妨げもするのである」（「奢侈について」）として，人間本性に対する踏み込んだ分析を展開している（Hume 1987: 270／訳23）。しかし，最も強調されているのは紛れもなく労働の対価としての利得であり，賃金であり，その獲得を介して果たされるべき消費欲求の充足であると言えよう。

4 『完全なるイングランド商人』の改作

デフォー著『商人』は，同時期に公刊された『構図』とともに，社会における中下層の人々に見られる「よく食べ，よく飲む」生活様式が莫大な消費需要を生み出すことによって勤労を刺激し，商業を活性化させると論じた。社会的規模の奢侈が商業的繁栄を支えるとするこの見解は，オランダ出身の医師にして哲学者であったマンデヴィル（Bernard Mandeville, 1670–1733）の奢侈論と大部分重なりあうものである。しかしながら，デフォー没後の1738年に出版された『商人』第4版の編者を務めた匿名の人物は，この点を快く思わなかったらしい。そして同版は致命的とも言える重大な改変を被ったのである。

『商人』はそもそも，第1巻が1725年に，第2巻が1727年に公刊され，翌1728年（扉には1727年と記載）に両冊のセットが第2版として刊行されるという経緯で，その完全なる姿を顕わにした。デフォーの没した翌年に当たる1732年に公刊された第3版は第2版のリプリントであり，内容に変更は見られない[3]。だが，第4版の匿名の編者は，デフォーの手で書かれた緒言（Preface）の後ろに新たに加筆し，デフォーの叙述は「あまりに冗長で婉曲的」なため「贅肉（luxuriances）を削り落とす」必要があると思われ（Defoe 1738, I: x–xi），また「その当時流行していた教義，すなわち［マンデヴィルの］私悪は公益（private Vices were publick Benefits）を彼が吸収した」た

---

[3] Moore（1971: 198–99）と山下（1968: 99）を参照。なお，第1巻は翌1726年に再版され，さらに追補を付した第1巻の第2版が同年に出版されており，少々紛らわしい。

めに,「彼本来の問題意識 (his own true sense of the matter)」と相容れなくなっている叙述が見られるように思われることから,改作に踏み切ったと記した (xiii)。実際,この編者の手でオリジナルの『商人』本文に対する削除や加筆が行われたばかりか,著作の構成そのものにも多大な変更が加えられている。

　この編者は,デフォーがマンデヴィル著『蜂の寓話』*The Fable of the Bees, or Private Vices, Public Benefits*（1723年増補版）に影響されて自らを見失ったのだと考えた。この書物のなかで,強欲や欺瞞や自負や羨望や虚栄や放蕩や奢侈が,要するに悪徳があるからこそ勤労は沸き起こり,数百万の貧民が雇用され,蜂の巣に擬えられたその国や社会は商業的に栄えるのだ,つまり私悪は転じて公益となるのだ,と述べてたマンデヴィルは,人間が本性的に利己心（自負心）を持つと想定し,一般に悪徳とされている個人の利己的行為の数々が,実は社会全体の繁栄につながっていると考えた。利己心は虚栄心を伴うが,虚栄心があるからこそ奢侈的消費が生まれ,必需品だけでなく便宜品や奢侈品の生産のために数多くの雇用が創出されて,経済的な豊かさは増すのである。これは意図せざる結果の論理として,スミスの「見えざる手」につながっていくと言われるが,ケインズが着目したごとく,それは同時に,貯蓄すなわち節倹が個々人にとって持つ効果と社会全体にとって持つ効果とが同一だとする見解に疑義を呈している点で,合成の誤謬に通じる認識であるとも言える。

　なお,マンデヴィルは1729年に『蜂の寓話』の続編を発表した。この物語は大陸旅行を終えてブリテンに帰国したホラティウス (Horatio) とクレオメネス (Cleomenes) という2人の架空の紳士による対話体で進行するのだが,クレオメネスがマンデヴィルの代弁者であるとすれば,ホラティウスは,高邁な慈悲心と高潔な公共精神に基づく有徳の倫理体系を説いた第3代シャフツベリ伯爵 (Anthony Ashley Cooper, 3rd Earl of Shaftesbury, 1671–1713) の横顔を想起させる人物である。クレオメネスはホラティウスに問う。人類がこれまでに達成してきた業績の数々を再度達成し直すために「仮に同じ労働がもう一度行われるとすれば,次のうちいずれの資質が,いずれの

本性の助けが，それらを達成するのに最も適当な手段だと思うか。野心も栄誉欲もない，君が求めた真の愛情の本能だろうか，それとも，その愛情の外見をまとい，それに見せかけて作用する，自負心 (Pride) と利己性 (Self-ishness) の頑丈な原理だろうか」(Mandeville 1729: 302／訳274)。クレオメネスことマンデヴィルが望む返答は，無論，後者である。人間とは自己と自己に属するものに至上の価値を見出したがる存在だとしたマンデヴィルは，自己保存の欲求を「自愛心 (Self-love)」と「利己心 (Self-liking)」の2つに分けた。自愛心は「最初に大気からの侵害［＝風水害など］に備えて生存に必要なすべてのものをかき集めさせ，自己や幼い者たちを安全に保つためのあらゆることを行わせる」欲求ないし情念であり，利己心は「物腰，外見，声音によって，他者を評価する以上に自己を評価している旨を誇示する機会を探し求めさせる」情念である (138／訳144)。利己心は自負心と同一か，少なくともその起源であり，これを優越欲と呼ぶことも可能であろう。自愛心は生命の保持と直接に結びついた身体的かつ物質的な，よって実体的な欲求であるが，これに対し，利己心は他者が自己に投げかける視線を取り込まずには描き出せない自己イメージに寄りかかった，いわば非実体的な欲求であった。マンデヴィルは後者を前者以上に重視した。ポーコック曰く「根柢においてマンデヴィルが主張したのは，経済と政治の現実の世界は私的な自我 (ego) によって支えられる無数の空想の世界に依存しているということだった。そして彼が同時代の人々を当惑させたのは，彼らが貪欲で自分勝手な存在だと告げたためというよりも，むしろ，彼らが非現実的な存在であって，社会が存続するかぎりにおいてそのような存在であり続けなければならない，と告げたためである」(Pocock 2003: 465–66／訳402)。

　当時の倫理観や人間観を正面から揺さぶったために激しい非難の嵐を招いた『蜂の寓話』に毒されたかに見えるデフォーを「彼自身と和解させる」ためであるとして，『商人』第4版の編者は取捨選択したデフォー自身の言葉を自らの用意した筋書のうえに再配置するかたちで新たな章を構成し[4]，そのなかに奢侈禁止法 (sumptuary law) による奢侈品の使用規制を

肯定する叙述を挿入した。

> 放蕩で行き過ぎた振舞いのことごとくについて，われわれは，最大かつ最強の諸帝国においてこれまでつねに同じ原因から生じてきた破滅的な結果がわれわれ自身にもたらされると懸念せねばならない程度にまで，確実に到達している。ペルシア，ギリシア，ローマなどの最大かつ最強の諸帝国は奢侈によって解体したのだ（Defoe 1738, II: 325）。

> あえて言わせていただくが，結局のところ悪は商業に存しているというよりも人々の精神に存しているのであるから，不平は適切な奢侈禁止法によって除かれるであろう。少なくとも部分的には，それは一部の人々が考えているよりもずっと容易であろうし，商業に対する損害も比較的少ないであろう。なぜなら，商業は上流階級の気質やそれの模倣物と大いに結びついているからであり，そうした気質が適切に管理され，規制されれば，当然のことながら商業は他の方向に進むことになるだろうからである（330）。

しかしこれらは，『商人』第 2 巻（初版）に見られるデフォー自身の言葉に明らかに抵触するものである。この点を以下で確認しておこう。

　同書でデフォーは言う。「ますます盛んな自負心（Pride）」が人々に「新たな生活の流儀」を命じている，つまり人々が消費水準の向上を通じて上位階層への道をひたすら歩もうとしているがゆえに，奢侈が目下のところ大いに広まっていると。「最も貧しい市民が富裕者のように暮らそうと励んでいる一方で，富裕者はジェントリのように，ジェントリは貴族のように暮らそうと励み，さらに貴族は互いによりいっそう輝こうと励むのだから，奢侈的と目されるあらゆる商売が増大することに何の不思議があろうか」（Defoe 1727, pt. 2: 167）。彼は過去半世紀のロンドン消費生活の歩みを振り返り，反物商の総数が1660年代のおよそ 6，7 倍に増え，いわゆる大

---

4) 第50章。その他，第11章，第16章，第24章は，編者自身が指摘するように章全体が新たに書き加えられたものである。

第 1 章　デフォー研究と初期近代ブリテン社会思想　　　　　　　　　　53

店が姿を消すと同時に小規模店舗が急速に増加していったこと，女性向け装飾品業者（Women Merchants）や馬車製造業者，かつら業者の数がおびただしく増大したことなどを指摘する。男性用かつらなどは「50年前のイングランドではわずかに知られるのみで，80年前は全く知られていなかった」(167)。「80年前」とはちょうどピューリタン革命の頃に当たる。激増した反物商が，まるで「巣を出た蜂」のように，大挙してロンドン市内のある地区から別の地区へと客足の変化を追って拠点を移していく様は，「海で，魚の群れがいつもの場所から離れるとき，漁師が魚のあとを追うのであって魚が漁師を追うのではないのと同じようなもの」であった（163–64）。これは流行と呼ぶべき現象の一側面である。高価な他国製リネンを好んで身につけ，しかもそれを半日で着替えるという「ジェントルマンたち」の浮ついた振舞いを目にしたデフォーは，「彼らの身体は祖先たちよりも汚れているので，たくさん着る必要があるのだろう」と皮肉った(168)。

　こうした「派手で浪費的な雰囲気」(166)のなかで奢侈的消費の対象となる酒類の量がいかに莫大になっているかを論じた彼は，「この時代の虚栄，華美，奢侈に雇われる各交易がみな」「いまやわが国の通商の実に突出した部門となっている」として，次のように続ける。

> われわれがもし，衣服（Habits），着物（Clothes），装飾品やぜいたくな慣習品（Customs）を規制するためとして，奢侈禁止法と呼ばれるものを定めれば，それはわが国の商業に対してなしうる最大の侵害のひとつと化し，数千の家族を没落させることになるだろう（Defoe 1727, pt. 2: 99–100）。

デフォーは具体的な職業とそこに従事する人々の姿を思い浮かべながら，奢侈を禁じるという一見もっともな倫理的措置が，実際にはいかに破滅的な結果を商業上にもたらすかを力説する。

　例えば，かつらの着用を禁じる議会制定法が通過するとしてみよう。かつら

着用のこの無節制さは，フランスを除くどの国もこれまで到達したことがないほどのものである。だが，そうした法が成立すれば，いったいどれほどのかつら商人とかつら職人とその従者が零落し，雇用に事欠き，破滅することであろうか。他の物品についても同様のことが言えるだろう。ボタンかレースに刺繍するなどの方法で銀や金を身につけることを禁じる類似の法が成立するとすればどうか。（合邦前の）スコットランドでは実際に禁じられていたし，先の［スペイン継承］戦争中にはフランスでも厳しく禁じられていた。だがそうなれば，どれほどの数の銀糸ないし金糸加工業者，刺繍業者，レース製造業者，レース販売業者が雇用を失い，店をたたみ，破滅することだろうか。他の雇用についても同様のことが言えるだろう（100）。

奢侈禁止法はまさに「公共の災禍」に他ならない。ボビンレース（Bone-lace）の着用が禁じられ，また禁止に耐えうるほどに「われわれの自負心が引き下げられる」としたら，ボビンレースという手工業品で生計を立てている「幾千もの貧しい人々」の雇用に，いったいどれほどの「打撃」が加えられることだろうか。路頭に迷った数多の人々が物乞いに走る情景を同法によって演出することが，果たして倫理的な行いなのか。

> ボビンレース同様，ご婦人がたのドレスを構成する他の多くの部分は，いかに不必要なのだとしても，そしていかに自負心と奢侈の帰結に過ぎないのだとしても，しかし慣習上，わが国の通商にとって不可欠のものと化しているのであり，それによって人民の奢侈は商業上の美徳と化しているのである (the Luxury of the People is become a vertue ［sic］ in Trade)（100–01）。

必需品生産のための肉体労働や手工業以外の職業に従事している人口を数え上げてみれば，この国の商業が「必需品によって支えられているのか，それとも非必需品によって支えられているのか」という疑問に決着がつくだろう。そして，「悪徳の矯正がこの国を破滅させないかどうか」についても答えが判明することだろう（101）。

悪徳がこの国に根を張り，「商業と引き換えでなければ，おびただしい数の人々の没落と引き換えでなければそれを取り除けない」という見通しは，確かにつらく憂鬱なものである (101)。「これはひどい物語だ……。この国民の繁栄がこの国民の道徳 (Morals) の崩壊のうえに築かれ，彼らのやりすぎが彼らの福祉 (welfare) の充溢となり」，つまりは，節制，中庸，自負心の抑制を説くことが彼らに破滅を勧めることになるというのは。そうした「美徳は本当に，文字通りの消沈基金 (SINKING FUND) となるだろう。なぜなら，言うなればそれはわれわれにとって最も大切な多くの基金の価値を減らすからである」(105)。デフォーがここで「消沈基金」と述べているのは，1717年にウォルポールの創案によって設けられた国債元本償還用の積立金としての「減債基金」に美徳を擬えてのことである。デフォーが『商人』を公にしたのは，そのウォルポールが首相を務める1720年代のブリテンにおいてであった。

　すでに見た『構図』でも述べられていたように，奢侈は飲食を中心に中下層のより貧しい人々の間にも広まっている。奢侈禁止法は奢侈品に対する上流層の需要を損なうことで奢侈産業に雇用される人々を苦しめるがゆえの「災禍」というだけでなく，大衆消費の減少を通じて商業に痛撃を与えるがゆえの「公共の災禍」なのである。「飲食が必需品だけに，かつ必要な量に減らされれば，われわれは商業に関して最もみじめな国民となるはず」だ。当初は道徳の矯正のために導入された節制は，やがて欠くべからざるものとなるだろう。商業の没落が貨幣を不足させ，強制的に切り詰めなければ生活が立ち行かなくなるからである (107–08)。高潔なる美徳の実践こそが，めぐりめぐって，社会に暮らす大多数の人々を零落させるだろう。この推論がいかに倫理的に人を悩ませようとも，いかにそれが「ひどい物語」であろうとも，彼がむしろ社会を眺める姿勢において誠実であろうとすればするほどに，眼前に展開する蓋然性がきわめて高い事柄に対して言及せずにはいられなかった。心のうちに葛藤を抱えながらもデフォーが見通した商業社会の現実は，以下の引用中に特に生き生きと表現されている。

商業はわれわれの罪悪によって増し，人民はその放縦と奢侈によって，その華美と自負によって互いに支えあう。大食と大酒はこの国の維持を手助けする。人民は人民によって豊かに成長し，彼らは相互に支えあう。仕立屋，服地屋，反物商，馬車製造人など，そして彼らの召使は，みな酒屋に足しげく通う。主人たちは居酒屋（Taverns）へ，召使たちは酒場（Ale-Houses）へ。かくしてワイン商や酒類販売人は富み栄え，より豊かになる。さらに余裕のある者たちは，美しい着物，美しい住宅，美しい家具を手に入れるに違いない。夫が豊かになるにつれて妻は派手好きになり，彼らは美しい着物や上品な財を買い求めるために，服地屋，反物商，仕立屋，室内装飾業者らのもとを訪れる。かくして服地屋，反物商，仕立屋もまた豊かになり，貨幣が貨幣を生み（Money begets Money），商業は循環し，貨幣の潮流は商業とともにめぐりゆく。一方の手が他方の手を洗い，両手が顔を洗う（118）。

末尾の一句は古代ギリシアの喜劇作家エピカルモス（Epicharmus）におそらく由来しており，その意は互恵性である。

「デフォーは様々な時期にわたってこの作品を書いたが，われわれは一度に全体を手にしたので，それをよりよく秩序立てることができ，また削除されるべき余分を適切に埋め合わされるべき様々な欠陥とともによりよく見きわめることができた」と緒言で胸を張った第4版の編者は（Defoe 1738, I: xv），自らの観点からして筋が一貫するように，つまり，数年の間隔をおいて全2巻が出揃ったデフォーの原著における「余分」や「欠陥」を除去するなり，デフォーの叙述を再構成して「秩序立てる」なりして，ひとつの体系を作り上げようとした。そのなかで強調されたのが，前述のように奢侈禁止法の必要である。この改作の試みについては好意的評価も存在する。「デフォーは，何らかの種類の規制を，奢侈の行き過ぎを抑制する唯一の手段と見なしていた」と見るM. E. ノヴァクによれば（Novak 1976: 138），『商人』の「1738年版の編者が，デフォーはマンデヴィルに過度の影響を受けている，と感じていたことは注目に値する」（169）。確かにデフォーは，『商人』の「結論」において，奢侈的消費の抑制が一定程

度なされたとしても商業そのものの破壊にはいたらない旨の主張を展開している が，それはひとつには，「われわれの商業の奨励のためにはわれわれの悪徳を奨励せねばならない」といった論理的に飛躍した放縦容認論と自らの議論とを区別するためであったに過ぎず（Defoe 1727, pt. 2: 172），また，イングランド製品を軽蔑して他国製品を専ら消費するという，彼に言わせれば自国商業にとって真に破壊的な傾向が，ロンドンを中心とする「派手で浪費的な雰囲気」に乗じた一部の商人の動向に起因して生じていることを批判するためであったに過ぎない。つまり，われわれがデフォーのテクストから引き出しうるのはきわめて消極的な奢侈規制論にとどまり，しかも彼は，実定法を具体的手段とする奢侈規制に一度として肯定的に言及していないのである。

　以上の検討からすれば，デフォーの本来的意図を再現するとした第4版の編者による試みは，恣意的とのそしりを免れないことになるだろう。ただしこの編者は，自らの書き足した部分を大括弧で囲み，読者に改変箇所を知らせる工夫を施した点で誠意を示した。ところが，第二次ジャコバイトの乱がロンドンを大混乱に陥れた年に当たる1745年に出版された『商人』第5版ではその工夫がすべて取り払われ，オリジナルと加筆部分との見分けがつかなくなってしまった。この第5版が，やがてスコット（Walter Scott, 1771–1832）編『デフォー著作集』 *The Novels and Miscellaneous Works of Daniel Defoe* （1840–41年）に組み込まれて大いに普及したために（Peterson 1987: 106），その後のデフォー研究にはいくつかの混乱が生じることになる。例えば20世紀初め，ゾンバルト（Werner Sombart, 1863–1941）は『商人』第5版を読んでデフォーがぜいたくを「嫌忌」していたと考えたが（ゾンバルト 2000: 242），そう判断する際に彼が依拠した一節，すなわち，奢侈規制による貿易衰退という見通しに配慮して「装飾品や装身具を商いながら自分自身ではそれらを決して身につけないクエーカー教徒」のように行動するなら，つまり「甘んじてそれらを輸入するも，われわれ以上に柔弱な国々にそれらを再輸出する」ようにするなら，それが「この王国の善」に適うはずだ，と説いた一節は，第4版で新たに書き加えられたもので

あった (Defoe 1738, II: 324)。ゾンバルトは初版の『商人』第2巻をおそらく見ておらず，彼自身が告白するように第4版も確認しなかったため（ゾンバルト2000: 347），改作の事実を知りえなかった。もっとも彼は，デフォーが奢侈そのものを「非難する決心をつけかねていた」ように見受けられること，それはデフォーが奢侈にこそ勤労と雇用を支える「富の源」を見出していたためであろうことを，ほぼ的確に指摘している (243)。

V―歴史内在的方法

さてわれわれは，デフォー思想を評価するに当たって，大塚のようにデフォーから『国富論』のスミスへの道をとることを避け，これをヒュームへの道に改めさえすれば，そしてデフォー思想を消費社会のヴィジョンのうちに収めさえすれば，それでよいのであろうか。断じて否である。

本書は，テクストの徹底した歴史内在的読解を志向することにより，すでに与えられた偉大なるスミス像やヒューム像といった形象に対して，それに先行する時代の思想を，時として洞察であるとか，その裏返しとしての限界という用語を添えつつ接続するという試み自体を極力，拒否する。そしてまた同時に，歴史的必然ないし趨勢の御旗を掲げて各々の時代に生きた個人の思想を跡形もなくそのうちに解消してしまうような歴史を描くことのないよう，極力努めるものである。個人はつねにそれ自身として尊重されるべきであろう。これらは先行諸研究との直接的対抗を意図するがゆえの姿勢ではない。現代的関心や問題設定の移ろいに左右された挙句，かつて彫琢された思想家像の容貌を幾度も深くえぐり返し，結局は目も当てられないものにしてしまうような，そうした悲劇の創作に肩入れするつもりは毛頭ない。歴史に立脚した，思想家自身の問題意識に即したテクスト読解に努めることによって，そしてまた，同時代において彼のテクストがいかなる文脈のなかでいかに読まれ，その読まれ方が，しばしば著者自身の意識や意図からの乖離を引き起こしつつ，いつ，いかなるかたちで彼に跳ね返ってきたかを丹念に跡づけることによって，先行諸研究に対する

第1章　デフォー研究と初期近代ブリテン社会思想

それ自体著しく偏向を帯びた否定や，新見解を追い求めるあまりの軽薄な断定に傾くことのない，穏やかな，しかし決して皮相に流れない思想家の素顔を描き出しうるものと本書では考える。

したがってまずは，デフォーという個人の輪郭を，同時代の思想空間の再現を通じて，つまり，彼自身が属していた時代と社会が持ちえた様々な歴史的文脈の束をつかみ出すなかで明確化していく作業が必要であろう。日本におけるデフォー研究の現状が西欧と比較するかぎりにおいてなお不十分な感を否めないとすれば，その理由のひとつに，概してこうした準備作業を欠きがちであるという点が挙げられるのではなかろうか。もちろん，歴史内在的手法を作業の基本として採用することは，生の経験的事実をそのまま捕捉しうるとの前提に立つことと決して同義ではなく，かつ，現代的な問題関心の排除を厳密に意味するわけでもない。この点をヴェーバーに即して見ておこう。

ヴェーバーが20世紀初頭に論じたことだが，歴史を語ろうとする者が具体的な史実そのままの記述をいかに強く志向したとしても，そこには必ず何らかの概念操作が伴われる。われわれは「自分の心の中に抱いているものを見る」（ヴェーバー1998: 151），つまりわれわれは，意識的であれ無意識的であれ，自らが脳裏に保持している抽象概念の体系，すなわち論理的に構成された「理想的な思想形象」(149) としての理念型を介して歴史的実在に光を当て，明るく照らし出されたその特定の側面のみを目にしている。「理念型はむしろ，純然たる理想上の極限概念であることに意義のあるものであり，われわれは，この極限概念を規準として，実在を測定し，比較し，よってもって，実在の経験的内容のうち，特定の意義ある構成部分を，明瞭に浮彫にする」(119)。理念型とはあくまで，無限に多様な輝きを見せる史実の大海原を無軌道に漂流せぬための拠り所であり，やむことなき流動を続ける歴史の大河を一定の視角から観測し，そこから事実の束を因果の連鎖に組み換えて取り出すための概念装置であり，それとの比較において歴史的実在の一面を把握し整序するための，いわば純粋モデルである。スミスの「見えざる手」も然り。それは作業仮説に近似したもの

と言え，同一対象に対する観測手法の相違に応じて幾通りもの理念型が形づくられうるし，実在との不断の対比を通じて，そのモデルとしての有効性がつねに検証され続けることになる。

　したがって，個々の理念型は自ずから一面的かつ限定的な性格を帯びる。あらゆる歴史的事実がそのうちに汲み尽くされるような，つまり歴史的実在の多種多様な諸相にあまねく光を当てうるような，無限の射程を持つ唯一無二の偉大なる歴史観など，決して構成しえないのである。そうしたものの構成を志向する歴史研究は，あくまでも観測の手段として用いられる論理体系に過ぎないはずの理念型を歴史的実在の上位に据え置き，その抽象モデルに適合的な事実のみを逆に歴史の大海から恣意的に見つけ出してくるような作業，モデルの洗練自体が目的化した本末転倒で無意味な作業へと，次第に後退していくことだろう。ヴェーバーが強調するように，理念型の構成とは本来，「そのときどきのわれわれの知識の状態と，そのときどきにわれわれが使用できる概念形象とに基づいて，そのときどきにわれわれの関心の範囲内に引き入れられる事実の混沌の中に，秩序をもたらそうという試み以外の何ものでもない」(145–46)。トータルな歴史認識なるものは不可能なのである。したがって，理念型は歴史そのものとは峻別されねばならず，理念型と歴史的実在との間の，先後も上下もない対等な緊張関係の構築こそが，志向されねばならない。

　さらには，理念型の構成自体が，実のところ，観測者としてのわれわれ自身にそなわる「関心」ないし問題設定を欠いては成り立ちえないことにも，留意しておく必要がある。不断の変化を続ける歴史上の現在という一時点に帰属し，その「ときどき」における社会的，経済的，政治的環境のなかで趨勢的に形成された価値観の影響を免れないであろうわれわれという実存から切り離された，完全に価値中立的な理念型なるものもまた，絵空事に他ならないのである。ヴェーバーは，歴史の進行に伴う「指導的な価値理念の交替」(149) は避けられぬものと見越したうえで，現在時点における指導的ないし趨勢的価値理念を背景にした価値判断が，概念体系としての理念型を構成することとは質的に区別されるべき知的営為でありな

がら，しかし明らかに，その前提をなしていることを指摘した。つまり，因果連関の体系として論理整合的に組み上げられる点で一般妥当性ないし客観性を有すると言える理念型の構成にわれわれを向かわせるところの，そもそもの動機には，歴史に何らかの有意義性を見出そうとする主観的な価値判断がつねに伴われているのである。

　ヴェーバーは言う。「何らかの出来事を規定している原因の数と種類は，実際つねに無限にあり，そのうちの一部分を，それだけが考慮に値するとして選び出すための標識は，事物そのものに内在しているわけではない」(87)。よってわれわれが歴史を因果連関のもとに把握することを目指して「素材と取り組む際には，すでに無意識に価値理念を抱いており……，これにより，絶対に無限な実在の中から僅少な一構成部分を前もって取り出してしまった上で，もっぱらその考察だけを自分にとって問題であるとしている」(95)。歴史を語ろうとする者は，究極的には自らの価値理念に照らしながら，「素材」としての史実の重みづけと取捨選択を，つまり「何に意義があり，何に意義がないか，あるいはまた，何が『重要』で，何が『重要でない』か」(96) の区別を行わざるをえないのであり，この意味において歴史とは，それを語る者の実践的問題関心に依存したひとつの解釈に他ならないと言えよう。よって，自らの属する時空間的環境からの影響を免れえた孤立人としての普遍的個人は存立しえない。徹頭徹尾理念型としての「孤立的経済人」(ヴェーバー 1989: 355) に過ぎないはずの「ロビンソン・クルーソー」に歴史的実体を与えるに似た方法をあえて採用しようというのならともかく，一般にわれわれは，程度の差はあれ，同時代の趨勢的価値理念のもとに歴史を描き出していることを承認するべきである。それはすなわち，観測者の帰属する時代の問題意識が過去に投影される結果，観測対象としての諸事実の選抜とそれら相互の関連づけ，つまり解釈が，一定の傾向性を帯びるということに他ならない。

　どの思想家を通じてどのような文脈を汲み取るかという，歴史叙述の基本となる事柄が，われわれ自体の持つ現代的問題関心の移ろいから影響を受けざるをえないということは，歴史の読み取りかたが将来に向けて変化

していかざるをえないことを意味している。そして,たとえ特定の時間あるいは空間のなかに不変の関心を措定しえたとしても,われわれは各個の観点からの抽象作用を通じて歴史的実在という具体に光を当てざるをえないがゆえに,考察対象が全く離散してしまうことにはならないにしろ,多様性を排除しないゆるやかなまとまりとしての思想家群が対象として取り上げられ,そこに包含された思想家の意識と実践の間の相互影響関係から構成される歴史的文脈をいくつかより合わせた束が,観点の散らばりに応じて複数個,形づくられることになろう。したがって,歴史を描く作業はまずもって多元的観点からする仮説の連続とならざるをえず,できるだけ多くの人々が各々の問題関心を通じて歴史の描写に携わること,つまりあくまでも多様な文脈すなわちコンテクストの束を生み出すなかで過去を再現するという試みが,将来に向けて不断に試みられ続けなければならないと言える。そしてこのような地道な歩み寄りの姿勢をとるより他に,歴史の女神をこちらに振り向かせる方法は存在しないように思われる。

　例えば「自由」という最も耳慣れた語のひとつをとってさえ,時代や環境の差異に応じて,その語義に大きな振幅が生じてきたことは周知であろうが,われわれは,言語というこの社会的性格を帯びた手段によって,すなわち,社会における集合的主観の移ろいから多かれ少なかれ作用を受けざるをえない手段によって書き著されたところの人間の思想と行動の記録を歴史と呼び,このきわめて曖昧で不定型なものから,あえて何かしら定型的なものを取り出そうとしているのである。ではなぜわれわれは,そもそも,歴史へのアプローチを試みなければならないのだろうか。この問いは,深山で道に迷った,否,迷いかけたとき,地図を持たないわれわれはどう行動するべきだろうか,という問いに置き換えてみることができる。脇目もふらずひたすら直進するのもひとつの方法ではあろう。いずれは山の外に出ることができるだろうからだ。しかし,それがいつのことになるのか皆目見当もつかないわれわれは不安に悩まされ続け,気力と体力を著しく消耗させることになるだろう。それよりも賢明なのは,まず立ち止まって周囲の景色をよく観察し,正しい道を示す手がかりを探すという方

法だろう。天体を見上げ，大地の勾配や動植物の種類を調査し，風や水の流れを知り，様々な道具を用いてわれわれの立場とその高度を空間的に把握しようとする。だがこれとて十分ではない。最も確実な方法は，立ち止まった現在のその場所から見られるものだけに目を向けるのではなく，われわれが歩んできた方角を振り返り，それまでの歩みが正しいものだったかどうかを，記憶をもとに検証することであろう。その検証は多くの点で推論に頼らざるをえないが，われわれの誰一人として過去そのものに赴くことはできない以上，後者の方法が前者の方法に比べて実証性を欠くという批判は的外れであろう。そして両者を組み合わせることによる，空間的であるとともに時間的な位置把握の方法によって，われわれは過去に歩んできた道の正しさを再確認して自信を取り戻し，これからの進路を安んじて判定することもできようし，あるいは，もし過去の歩みに何らかの過ちが見出されたなら，可能なかぎり道を引き返し，より正しいと考えられる方角へと進路を改めることもできよう。つまり，過去を知ろうとすること，歴史を把握しようとすることには，つねに実践的な意義が伴われているのである。

　次章以下の叙述に具体的なかたちで表れているように，本書は初期近代イングランドにおける人々の思想と行動の相互関係に焦点を当てた歴史書であり，われわれが実際に歩んできた，あるいは歩んできたと意識している「近代」のありかたを再確認し，かつ（場合によっては）語り直すに当たって必要となる知見を提供しうるような参照軸の機能をわずかでも果たしてくれることを期待しつつ，著されたものである。もっとも，先述したように，歴史のなかの諸対象には多様な視角から光が当てられることこそが望ましく，E. H. ノーマンに言わせれば「ミューズのなかではいちばん内気で，彼女の顔は時にほんの一部分しか現わされない」（ノーマン1986: 7）という歴史の女神の相貌は，そのような多角的な接近の方法が広く受け入れられていくほどに，いっそう明るくそして立体的に照らし出されていくことになるだろう。その意味で，本書が描き出したものはあくまで歴史の一側面であるに過ぎない。だが，デフォーという一人の人物の目に映

じたイングランドさえ，すでにかなり多様で複雑な姿をわれわれの前に見せているようにも思われる。われわれは，彼というきわめて活動的な個人における思索の軌跡と実践の過程を，彼自身の当面した問題をめぐる意識の流れにできるだけ沿いながら追いかけることによって，当時のイングランド社会のうちにはらまれていた諸価値の間の緊張関係と，複数の（決してひとつではない）歴史的モーメントの間の相克を，目の当たりにすることができるだろう。

　かつてヴェーバーは「心情倫理と責任倫理は絶対の対立ではなく，むしろ両々相まって『政治への天職』をもちうる真の人間をつくり出す」と語ったが（ヴェーバー 1980: 103），情熱と判断力，マキアヴェッリ（Niccolò Machiavelli, 1469–1527）の獅子と狐の緊張関係を，当時のコンテクストに即しながらそれ自体として取り出そうとする試みがなされなければならないと，筆者は考えている。近代以来の諸価値が数多くの批判を免れえないいまこそ，その全否定にいたることなく，必要ならばそれらを着実に見直し，後世に伝えるべきもの，伝えねばならないものを守り抜いていくために，現代から見てそれらの直接の始原に当たると考えられる初期近代イングランドという時空間にその座を占めた一個の社会思想家が，何のためにそれらを用意し，何に対してそれらを擁護し，またどこまでそれらの可能性を信じていたかが，問い直されるべきなのではなかろうか。

第2章
デフォーと非国教徒学院

I —はじめに

　クラレンドン（Edward Hyde, 1st Earl of Clarendon, 1609-74）が大法官の地位に就いていた王政復古後の数年間に，「自治体法」「礼拝統一法」「秘密集会禁止法」「五マイル法」から構成される，いわゆるクラレンドン法典が制定された。このうち礼拝統一法（1662年）は，前年の自治体法によって公職就任者に求められることになった国教会遵奉の宣誓を，すべての聖職者ならびに教師に対しても強制したものである。この法の制定によって，宣誓の強制に異を唱えた1800名とも2000名とも言われる聖職者が国教会を追われるとともに，宣誓を拒んだ多数の学校教師が，法によって義務づけられた国教会高位聖職者からの認可を受けられずに教育活動を禁じられる。だが彼らは，自らの信念を曲げはしなかった。「良心の自由」と「自由な教育」の「両者のために闘う用意が，追放された牧師や教師たちには備わっていた」（Parker 1914: 47）。まさに礼拝統一法と，多額の罰金を設定して同法の遵守を強化する目的のもとに制定された五マイル法（1665年）とが[1]，イングランド国教会の外部に，その強力な批判者としての非国教

---

1) 五マイル法は，国教会を遵奉しない人々に対して，議会に代表を送っているすべての自治体から5マイルの領域内で説教を行うことを禁じ，同時に，それらの人々が教師を務めることもあらためて禁止した。これを侵した場合には40ポンドの罰金が科せられた。

徒 (Dissenters) を生み出したのである。

Ⅱ—非国教徒学院の誕生

1 伝統的教育制度の改革

　当時のイングランドには，高等教育機関としての2つの大学と，中等学校 (Grammar School)，そして初等学校 (Elementary School) という3種の教育機関がすでに存在した。中等学校の歴史はイングランドにおけるキリスト教会の歴史とともに古く，つねに教会による保護監督を受けてきたが，教会の影響力が大きいという点は当時におけるすべての教育機関に妥当することであった。「598年から1670年までの1100年近くの間，全教育機関は専ら教会の監督下に置かれた」(Parker 1914: 3)。中世において，中等学校やカトリック学校 (Catholic schools) は聖職者養成機関に等しく，したがってラテン語教育が必須になると同時に，読書を主とする古典教育の中心機関としても重要な役割を担った。修道院学校 (monastery schools) が歌，書，装飾等の非古典教育ないし技術教育を施したのと対照的である。中等学校の教育課程は，文法，修辞，論理の三科に集中し，とりわけ文法教育に重きが置かれた。そして学生の多くは15歳から17歳でこの課程を卒業し，大学に進学したのである (9)。ただし，貴族の子弟や騎士見習いは家庭教師に教育を受けるのが慣例であったから，中等学校は初め下層ジェントリ，その後は富裕化した中流家庭の子弟によって占められることになった (4)。そこでの教育内容もその手法も，中世以来，ほとんど変化しなかったことが注目される。したがって「17世紀の中等学校は，それに先立つ数世紀の中等学校とほぼすべての点で同一であった」(5)。なお，よく知られたイートン (Eton) などの寄宿制中等学校は，やがて全国から多数の学生を集め始め，パブリック・スクールの名で呼ばれるようになる。

　中世の大学には，中等学校と同じく三科の学習に専念し，最終的な公開討議を経て人文学士の称号を得る3年から4年間の課程と，その後，算

術,幾何,音楽,天文の四科を修めて人文修士の称号を得る3年間の課程とが設置されており,この通常7年間の一般教養課程を修了したのちに,神学,法学,あるいは医学の専門研究に進むものとされていた。ただし現実には,大学の講義は講師が専門論文をただ読み上げるだけのものが多く,四科の教育はなおざりにされ,学生の熱意は「くだらない」弁論術の習得にばかり向けられたとされる。さらに,中等学校における教育がラテン語文法を偏重した結果,三科中の他の二科についての基礎学力が不十分なまま大学に進学する学生も少なからず見られ,そのための補講が必要になるといった弊害も発生していた (10-11)。

　大学教育はルネサンスの衝撃を受けて変化する。ギリシア語,ヘブライ語,ラテン語それぞれの古典から新たな知識を得ようとする姿勢が強まり,同時に「アリストテレスの倫理学,アリストテレスの政治学,アリストテレスの自然学,アリストテレスの形而上学」の普及が進んだ (Smith 1954: 11)。しかし,起動力となった当初の人文主義的関心ないし熱意が薄れていくにつれて,アリストテレス研究はアリストテレス主義に堕し,古代オリエント諸語の学習を伴う古典研究は,それを知の源泉とすることから,文体模写や修辞練磨の材料にすることへと力点を移してしまう。形式主義化である (Parker 1914: 12)。学士号取得者は三科に加えて幾何学,政治学,道徳哲学,ギリシア語等の習得を求められ,修士号取得者はさらに天文学,形而上学,自然哲学,ヘブライ語の習得を要求されたが,これらの科目はおしなべて「アリストテレス主義的に扱われた」(Smith 1954: 11)。弁論術への関心が高い点は中世以来不変であった。

　こうした大学教育の実状に対する反省は,とりわけ16世紀後半以降,ラテン語ではなく英語での実践的教育を推奨したギルバート (Humphrey Gilbert, 1537-83) の提案をはじめとして顕著に見られ始め,「教育を当時の社会的必要にあわせ,すべての人の手の届くところに教育を据えようとした」フランスの人文主義者ラムス (Petrus Ramus, 1515-72) による痛烈なアリストテレス主義批判の影響もイングランドに到達するが (Parker 1914: 17-19),中等学校から大学にいたる縦の系列を柱とした伝統的教育制度の改

革は遅々としていた。

　もちろん，2つの大学は全く同等の状況に置かれていたわけではない。16世紀末にラムスの幾何学が英訳されて以降，ケンブリッジ大学はラムスの影響を強く受けるようになり，「ケンブリッジの学者たちによるラムス主義受容は，後年の数学者たちの，とりわけニュートンの業績につながる道を準備した」(20)。つまり，ケンブリッジではアリストテレス主義の影響が相対的に小さかった。ラムス受容を経て，やがてデカルト (René Descartes, 1596–1650) 受容へといたるこの地の思想的土壌は，数学の分野における卓越した業績のみならず，ケンブリッジ・プラトニストと呼ばれる穏健な主知主義者の一団をも生み出す。対して，オックスフォード大学では，これに類する展開が「少なくとも数十年は遅れた」(Smith 1954: 12)。

　17世紀も半ばを迎えると，ケンブリッジに学んだベーコンの方法に倣った自然哲学考究の潮流が強まりつつあるなか，ハートリブ (Samuel Hartlib, 1600–62) とそのサークルを中心に教育改革運動が盛り上がりを見せる。ハートリブ自身は大陸から著名な教育改革者コメニウス (Johann Amos Comenius, 1592–1670) をロンドンに呼び寄せ，大学に代わる新たな実践的教育機関の設立を企画した (Parker 1914: 29–30)。コメニウスは「見過ごされていたアリストテレスの一原則，すなわち『初め感覚のなかになかったものは，知性のなかにもない』を甦らせ，ロックの環境心理学 (environmental psychology) に道をつけた。それゆえ，彼の弟子たちは経験主義的教育技法を求めたのであった」(Smith 1954: 15)。ハートリブの親友ミルトン (John Milton, 1608–74) は自らの体験を踏まえた教育論を公にし，現行の教育制度を「時間の浪費」と批判した (Parker 1914: 31–34)。そしてペティやボイル (Robert Boyle, 1627–91) も教育や研究における実際的姿勢を特に重視し，ハートリブとの意見交換を絶やさなかった。そこに見られるのは，まさに「言葉ではなく物」に着目する姿勢であり，名辞に囚われることなく事実そのものを捉えようとする姿勢である。具体的には，旧来型の古典教育の改訂，および新科目の導入を期するというかたちで，この17世紀半ばの教育改革は進んでいく (37)。ハートリブは神学，ローマ法学，修辞学などの旧来科

目に代えて商業関連科目を置くことの必要性と，歴史学の有用性を訴え，音楽と図画をすべての学生に教えるべきだと，ペティとともに説いた（Smith 1954: 15）。

さらに，ペティとボイルは，ウォード（Seth Ward, 1617–89），ウォリス（John Wallis, 1616–1703），レン（Christopher Wren, 1632–1723）らとともにオックスフォードに集い，「オックスフォード哲学協会（Oxford Philosophical Society）」を組織していた（Vickers 1996: 34）。1650年代の初め，ペティはブレイズノーズ・カレッジの解剖学教授，ウォードはサヴィル天文学教授，ウォリスはサヴィル幾何学教授の立場にあった[2]。後年建築家として名を馳せるレンは，ウォダムから人文修士号を取得するのとほぼ同時に，オールソウルズ・カレッジのフェローとなる。ウォリスの自叙伝によれば，協会は当初ペティ宅で催され，ペティが軍医としてアイルランドに赴くと，ウォダム・カレッジ長ウィルキンズ（John Wilkins, 1614–72）宅に移ったという。そして50年代後半にオックスフォードに居を定めたボイルは，ウィルキンズがケンブリッジに移って以後，自らの邸宅を新しい集会所として提供したのである（Scriba 1970: 40）。

ウォリスによれば，この哲学協会の起源は1640年代半ばのロンドンに遡る。「内乱によって，双方の大学における学問研究が大いに妨げられた」なかで，自然哲学ないし「経験哲学（Experimental Philosophy）」に関心を有する人々が週1回，ロンドンの例えばグレシャム・カレッジなどで会合を持ち[3]，次のような事柄を討議したと，1697年，80歳のウォリスは回顧する。

> われわれの務めは（神学や国家の問題を排除して）哲学的探究とそれに関連する事柄，つまり自然学，解剖学，幾何学，天文学，航海学，力学（Staticks），磁気学，化学，器械学（Mechanics），自然実験などについて語り

---

[2] サヴィル教授職（幾何学・天文学）は，マートン・カレッジ長を務めたサヴィル（Henry Savile, 1549–1622）によって1619年に設置された。
[3] 同カレッジは，「悪貨は良貨を駆逐する」と唱えたことで知られるグレシャム（Thomas Gresham, c.1518–79）の寄附により設立された。

あい，考究することであった．それとともに，国内外で当時進められていたそれらの研究の状況についても検討した．われわれはその場で，血液循環，静脈弁……，コペルニクス［Nicolaus Copernicus, 1473–1543］の仮説，彗星の性質，新しい星々，木星の衛星，土星の楕円形（当時はそう見えた），太陽黒点，太陽の自転，月の起伏と地勢，金星と水星の諸相，望遠鏡の改良とそのためのレンズ研磨，空気の重量，真空の可能性あるいは不可能性，真空に付随する性質の数々，水銀に関するトリチェリ［Evangelista Torricelli, 1608–47］の実験，重い物体（heavy Bodies）の［重量］低下とその加速度，そして，他の同種の様々な事柄について語りあった．これらのうちのいくつかは当時の新発見であったし，それ以外のものも現在ほど広くは知られておらず，また認められてもいなかった．その他の事柄も含めて，それらは新哲学（The New Philosophy）と呼ばれてきたものに属していた．新哲学は，フィレンツェのガリレオ［Galileo Galilei, 1564–1642］やイングランドのサー・フランシス・ベーコン（ヴェルラム卿）の時代に始まり，イタリア，フランス，ドイツその他の国外地域において，イングランドにおけるのと同様に，大きく育成されてきたのである（39–40）．

この会合に出席していた面々のうち，ウォリスやウィルキンズら数名が40年代末にオックスフォードへと移ったため，会は「分断された」かたちとなったが，50年代においても，ロンドンの会合は絶えることなく続いた（40）．

　そして彼らは，オックスフォード哲学協会を中心に再び合流し，1660年11月の王立協会設立を迎えるのである．王立協会の直接の母体となった哲学協会の存在は，まさしくオックスフォード大学の内部においても，教育改革の芽が顔を出しかけていたことの証左であろう．伝統的な学問，特に三科を偏重する傾向がなお居残り続けたとはいえ，「いくつかの点で，共和政期は大学における研究がその頂点に達した時期であった」（Smith 1954: 12–13）．

2 ホッブズの大学批判とスミス

　1651年に『リヴァイアサン』を出版したホッブズは、そのなかで、「人民の指導は大学における若者の正しい教育に全く依存している」にもかかわらず、大学が「真実の植えつけかたを知らなかった」ために、国王の主権に敵対し、内乱を誘発しかねないような「虚偽の学説」を唱える者を大勢世に送り出したとし、さらに、かつて「コモンウェルスの権力に反対してつねに教皇の権力を支持していた」大学が、「最初に慣れ親しんだあの微妙な、世俗的権威（Civil Authority）に反対するあの酒の味をいまだに憶えていたとしても、何ら不思議はない」と述べて、大学を世俗的権威ないし市民的権威の対極に位置づけると同時に、その霊的権威への依存を強く批判した（Hobbes 1651: 180／訳（二）269–70）。ここでの「あの酒の味」が何を指すか、それは彼の次の言葉によってより明瞭になるだろう。

> 現在、大学（University）と呼ばれているものは、同一の町または都市にある多くの公的学校（Publique Schools）［すなわちカレッジ］をひとつの統治のもとにまとめ、一体化したものである。そこでの主要な学校は、3つの職業、すなわちローマの宗教、ローマの法律、ローマの医術のためのものと規定された。だから哲学の研究のためには、大学はローマの宗教の侍女（handmaid）としての場所しか持っていない。そしてそこではアリストテレスの権威だけが通用しているので、その研究は本来の哲学ではなく（哲学研究の本質は著者に依存したりなどしない）、アリストテレス学なのである。また幾何学は、厳格な真理以外の何ものにも従わないものであるから、つい最近まで、大学は幾何学のための場所を全く持たなかった（370／訳（四）112–13）。

始原においてローマ・カトリックに従属する道を選んだ大学は、いまなお、それと調和するように仕立てられた「アリストテレス学」という権威の虜となっており、そこから抜け出しえていない。「つい最近」になって幾何学の置かれた状況に変化が生じた他は、ホッブズの見るかぎりにおい

て，そうなのである。彼の母校はオックスフォード大学であった。

　続く1654年，クリゼロー（Clitheroe）の中等学校教師ウェブスター（John Webster, 1611–82）が『大学の調査』*Academiarum Examen, or the Examination of Academies* を公刊して大学のアリストテレス主義を攻撃すると，同年，ウォードとウィルキンズの2人がこれに応酬し，ホッブズ批判を兼ねた『大学の弁護』*Vindiciae Academiarum* を公にする。ウィルキンズが記した序文には，現在の大学が「アリストテレスの指図に縛りつけられている」というウェブスターの説は全くの誤りで，「アリストテレスの深みのある判断と博識を大いに称える」ことはあっても，古代の賢者に「反証（contrary evidence）」をもって自由に異議を申し立て，誰であれ「真実の旗」を掲げる者に従うという態度が広く行われていると書かれており，さらには「ホッブズ氏も同じ過ちを犯していることを私が知らなかったら，どうしてウェブスターが大胆にもそう考えたのか，実に不思議に思ったことだろう」と述べられていた（Ward 1654: 1–2）。ウィルキンズは明らかに『リヴァイアサン』を意識していたのである。ウィルキンズのホッブズ評は実に挑発的である。ホッブズは「優れた能力としっかりした資質を持った人物だが，実に尊大で，自分の指図に直ちに従わないものがあれば大いに怒り出すような人間」に他ならない。そして大学という「この場所には，彼がその発案者と考えられている諸概念や諸原理に，彼の諸著作が出版される以前からすでに精通していた人々が大勢いる」(6–7)。ウィルキンズはこう述べながら，ホッブズとの論戦をあるいは期待していたのだろうか。こののち，円の求積法等をめぐって実際にホッブズと長く激しい論争を繰り広げることになるのは，幾何学教授のウォリスであったが。

　ホッブズによる大学批判は，過去の諸学説を「虚偽の学説」の名のもとに一刀両断し，政治あるいは社会についての学問的探究を，彼自身が『リヴァイアサン』で提示した政治幾何学の手法を措いては許さないかのような体裁を伴った点において，ウィルキンズの言うように確かに「尊大」であったかもしれない。絶対不可侵かつ分割不可能な単一の国家主権というホッブズの思想が，自治組織ないし中間団体としての大学の理念と両立し

第 2 章　デフォーと非国教徒学院　　　　　　　　　　　　　　　　　　73

がたい性格を持つことも確かであろう。彼の「最も高貴で尊敬する友人」
(Hobbes 1651: 390／訳（四）159) の命を奪ったピューリタン革命に対する憤
りという，ままならぬ情念もまた，そこに反映されていたかもしれな
い[4]。だが，ホッブズの主眼が，大学と教会とを結ぶ鎖を多少強引なかた
ちで断ち切り，大学に住まう学究の目を，ますます拡大深化しつつある世
俗の領域に対して見開かせることに置かれていたのだとすれば，その大学
批判は決して的を逸してはいなかったと言える。開かれた思想は自らの居
所を確保するための不断の努力をつねに求められ，時としてそのわずかな
居所からさえ追放されるものである。17世紀半ばのオックスフォードに見
られた改革の気運はほどなくして失われた。大学は見開きかけた目を再び
閉じ，世俗社会の考察に背を向けてしまうのである。

　そして，約 1 世紀のちに給費留学生としてベイリオル・カレッジを訪れ
たアダム・スミスが目にしたものは，「オックスフォード大学では，正教
授の大半が，ここ何年にもわたって，教えるふりをすることさえすっかり
やめてしまっている」というほどに堕落した，学問の府の姿であった (Smith
1789, III: 153／訳（III）114)。スミスはさらに，ホッブズの大学批判に沿う
かのようにして「ヨーロッパの諸大学では，哲学は神学に従属するものと
してしか教えられなかった」と述べ，そのために「ほんのわずかしか知り
えない精神 (Spirits) についての学説が，実に多くのことを知りうる身体
についての学説と同じだけの領域を，哲学体系のうちに占めるようになっ
た」として，次のように続けている。

　　形而上学ないし気学と呼ばれるものが自然学に対置され，このうち前者が，
　　より崇高な学問であるばかりか，ある特定の職業［すなわち聖職］のために
　　は，よりいっそう有用な学問であるとして奨励された。実験と観察にふさわ

---

[4] ホッブズの亡き畏友は，詩人のシドニー・ゴドルフィン (Sidney Godolphin, 1610–
43) であった。『リヴァイアサン』はシドニーの実兄フランシス (Francis Godolphin,
1605–67) に献呈された著作である（冒頭の献辞）。なお，フランシスの三男は早世
した叔父の名を引き継ぎ，のちに大蔵卿の職に就いてデフォーと深い関わりを持つ
ことになる。

しい主題であり，周到な注意をもってすれば，実に多くの有用な発見をなすことのできる［自然学の］主題のほうは，ほとんど完全に無視された。2，3のごく単純でほとんど自明な真理を除いては，どんなに周到な注意をもってしたところで，曖昧さと不確かさ以外には何ひとつ発見することができず，したがって，煩瑣な区別立てと詭弁以外には何ひとつ生み出すことのできない［神学的］主題のほうが，大いに奨励されたのである（166-67／訳127-28）。

スミスにとって，これは大学における学問の堕落以外の何ものでもなかった。よって，「哲学の各分野に関し，近代において見られた改善は，その大部分が，大学のなかで行われたものでなかった」ことは理の当然であったし，大学は自らの外部におけるそのような改善の出現を目にしていながら，「そうした改善を進んで取り入れようともせず，あまつさえ，こうした学問共同体のいくつかは，聖域として，つまり，すでに論破された体系と古めかしい偏見とが世界の隅々から追い立てられた後に自らの庇護と保護を見出すための場所として，長きにわたって居残り続ける道を選んだ」のであった（169／訳130）。

かくして，スミスの時代のとりわけイングランドでは，「若者が［中等］学校を出ると，どこの大学にもやらず，すぐに諸外国旅行に出すことが日に日に慣習化しつつあった」が，彼によれば，たいていの場合に若者を「うぬぼれが強く，無節操で，放蕩な」存在に変えてしまう，この「はなはだばかげた慣行」であるところの大陸旅行が大いに普及するにいたったのは，ひとえに「大学が自ら甘んじて落ち込んだ不信用」のゆえであった（170-71／訳131-33）。こう述べるスミスの脳裏に，自らが若き日に留学したオックスフォードとは著しい対照をなしていたスコットランドの諸大学，とりわけ彼の母校グラスゴー大学の姿が浮かび上がっていたであろうことは，疑いのないところである。彼の伝記を書いた I. S. ロスによれば，「グラスゴー大学には，少なくとも17世紀末にまで遡る実験証明の伝統があ」り，「空気ポンプ」「気圧計」といった器具の使用に伴う経費として，学生

第 2 章　デフォーと非国教徒学院　　　　　　　　　　　　　　　　　　　　75

は学期ごとに 3 シリングを請求されていた (Ross 2010: 53／訳61)。

　こうした自然学の伝統は，確かに，イングランドの大学，特にオックスフォードの一般的な知的環境の内部にはほとんど見出しえないものであった。だが以下で見るように，同様の伝統は，王政復古期のイングランドにおいてすでに展開されていたのである。ただそれは，大学ではなく，いわば異端の高等教育機関としての非国教徒学院のうちに見られたものであった。

3　非国教徒学院の設立と展開

　アイリーン・パーカーは言う。「1662年をもって非国教会諸派は創始される。そしてその年をもって，非国教徒学院 (Dissenting Academies) もまた創始されるのである」(Parker 1914: 44)。非国教徒学院は，国教徒以外の入学を認めない大学に代わる非国教徒の教育機関として，礼拝統一法の制定以後，教会や学校を追われた牧師や教師の手で次々に設立された。1660年から1800年までの「140年間のイングランド教育史は，非国教徒学院の物語がなければ，実に退屈で不毛な記録となるだろう」(46)。「学院 (Academy)」の呼称は，16世紀半ばにカルヴァンがジュネーヴに設けた学院に，あるいはカルヴァン自身が意識したプラトンのアカデメイアに由来する側面をそなえていないわけではないが，同時代の大陸では四科の教育機関を指すものとして「学院」の呼称が広く用いられていたため，カルヴァンとの連続性を一概に強調するのは適切ではない (52-54)。「学院」という語の選択にはむしろ，大学に匹敵する，あるいはそれを凌ぐ高等教育機関としての自負と期待とを読み取るべきであろう (56)。事実，学院では，大学に見られない新しくかつ良質な教育が展開されており，大学教育の現状を憂慮する国教徒のなかには，自らの子弟をあえて非国教徒学院に進学させる人々も少なからずいたのである (49)。

　「1663年から90年にかけての非国教徒学院は，たいてい20から30名の学生とただ 1 名の教師とを有する『私的な』ものであった」(58)。学生は大学生と同等の学力を求められ，入学時の年齢は中等学校卒業時の年齢にほ

ぼ一致した (50-51)。教育課程は，中等学校ですでに基本的な古典の素養を身につけていることを前提に，通常4年程度で修了しうるものとされており (54)，多くの場合，神学，法学，医学の課程が置かれていた。これは大学に対応するものである。このうち中心に据えられたのは神学課程で，そこではギリシア語やヘブライ語，ユダヤ諸語，倫理学，自然哲学，形而上学などが教授されるとともに，バクスター (Richard Baxter, 1615-91) をはじめとする著名な非国教会派牧師の説教を学習する機会が与えられた。論理学と修辞学は全課程を通じての共通科目であった (55)。そして，以下で実例を紹介するように，学院によっては歴史学，地理学，解剖学，近代諸語，土地測量，実験等の各講義がそこに付け加わることもありえた。これらは，当時の大学においてほとんど見ることのできなかった新しい科目である (75)。

　非国教徒学院の運営者，そして教師となった人々は，その大多数がすぐれた聖職者であり，すぐれた教育者であった。パーカーは，「教会を追われた牧師たちが国内の牧師のなかで最良の人々だったのと同様に，学校を追われた教師たちもまた最も有能かつ進歩的な人々だった。そうした教師たちは，もちろん，ほぼつねに聖職者であった」とする (48)。教会が長らく教育を監督してきた歴史の流れのなかにあって，当時の教師は，ほとんどが牧師の資格を持ち，また実際に牧師としても活動している人々であった。ここで重要な点は，彼らの大半が大学教育を十分に享受した教養人であり，なかには，礼拝統一法の施行以前において，大学で教鞭をとっていた者すら少なからず存在したことである。自らの信念のもとに国教会を離れ，大学を後にした彼らは，迫害にもかかわらず説教を続けた。そして自宅を中心に教育の場を設け，彼らの教育活動を禁じる法の規定に抵触することも恐れず，必要に応じて転居を繰り返しながら，あるいは複数の居所を確保しながら，非国教徒のみならず国教徒の子弟に対しても学院の門戸を開き，彼らの持つ高度な知識を惜しみなく伝授したのである。

　例えば，ロンドン近郊ブレントフォード (Brentford) に学院を開設したバットン (Ralph Button, 1611/12-80) は，オックスフォード大学マートン・

第 2 章　デフォーと非国教徒学院

王政復古期に設立された非国教徒学院

所在	推定運営期間	主たる教師 氏名	人文修士号
Bethnal Green（Mdx.）	1680–1708	John Ker（1639–1723）	Edinburgh
		Thomas Brand（1635–91）	無（Oxford 学士）
Brentford（Mdx.）	1672–80	Ralph Button（1611/12–80）	Merton, O（1640）
Bridgwater（Soms.）	1688–1747	John Moore（1643–1717）	無
		John Moore, Jr（1673–1747）	Edinburgh（1693）
Broad Oak（Flint.）	1690–1706	Philip Henry（1631–96）	Christ Church, O（1652）
Bromsgrove（Worcester）	1667–74	Henry Hickman（1629–92）	Magdalen, O（1650）
Brynllywarch（Glamorgan）	1668–97	Samuel Jones（1628–97）	Jesus, O（1654）
Coventry	1663–1700	John Bryan（d.1676）	Emmanuel, C（1632）
		Obadiah Grew（1607–89）	Balliol, O（1632）
Dartmouth	1662–65	John Flavell（1630–91）	無
Ellenbrook（Lancs.）	1665–85	Henry Newcome（1627–95）	St John's, C（1651）
Geesings（Suffolk）	1674–96	Samuel Cradock（1620/1621–1706）	Emmanuel, C（1644）
Groucester	1680以降	James Forbes（1628/29–1712）	King's, Aberdeen（1648）
Islington（Mdx.）他	1662以降	Robert Ferguson（d.1714）	不明（Aberdeen 在籍）
Islington（Mdx.）他	1672–1707	Thomas Doolittle（1630/33–1707）	Pembroke, C（1656）
Mansfield	1680–87	John Billingsley（1625–83）	Corpus Christi, O（1649）
		John Billingsley, Jr（1657–1722）	無
Nettlebed（Oxford）	1666–74	Thomas Cole（1628–97）	Christ Church, O（1651）
Newington Green（Mdx.）他	1666–1705	Theophilus Gale（1628–78）	Magdalen, O（1652）
		Thomas Rowe（1656/57–1705）	無
Newington Green（Mdx.）	1666–85	Charles Morton（1627–98）	Wadham, O（1652）
Notthingham	1670前後	John Reyner（d.1675）	Emmanuel, C（1656）
Rathmell（York）他	1670–1698	Richard Frankland（1630–98）	Christ's, C（1655）
Sheriffhales（Shrops.）	1675–1697	John Woodhouse（c.1627–1700）	無
Shilton（Berks.）	1665–80	Samuel Birch（1620/21–80）	St Mary Hall, O（1655）
Shrewsbury	1663–1730	Francis Tallents（1619–1708）	Magdalen, C（1645）
		James Owen（1654–1706）	無
		John Reynolds（1668–1727）	無
Spitalfields（Mdx.）他	1660–96	John Langston（1640/41–1704）	無
Sulby（Northampton）	1680–88	John Shuttlewood（1632–89）	無
Taunton 他	1672–1759	Matthew Warren（1642–1706）	無
Tubney（Oxford）	1668–99	Henry Langley（1610/11–79）	Pembroke, O（1635）
Wapping（Mdx.）	1675–80	Edward Veal（1632/33–1708）	Christ Church, O（1654）

注：「人文修士号」欄の O は Oxford University を，C は Cambridge University を表す。
出典：Parker（1914），Smith（1954），ODNB をもとに作成。

カレッジで人文修士号を取得したのち，ロンドンのグレシャム・カレッジで幾何学教授を務め，その後オックスフォード大学代表弁士（public orator）に就任した人物だった。グルー（Obadiah Grew, 1607–89）は修士号取得と同時にウォリックシア州アサストーン（Atherstone）の中等学校長となり，その経験を生かしてコヴェントリ（Coventry）の学院を運営した。「ケンブリッジ・プラトニストたちと最も親密に接した非国教会派の教師」（Smith 1954: 38）であったとされるクラドック（Samuel Cradock, 1620/21–1706）は，10年以上にわたってケンブリッジ大学エマニュエル・カレッジのフェローを務め，その後サフォーク州に自らの学院を設立した。また，オックスフォードシア州ネットルベッド（Nettlebed）に学院を設けたコール（Thomas Cole, 1628–97）は，1650年代後半，オックスフォード大学セントメアリ・ホール長に任じられるとともに，当時クライスト・チャーチの学生であったジョン・ロックのテューターを務めた。そして，ゲール（Theophilus Gale, 1628–79）はモードリン・カレッジの論理学講師就任を起点に学問の階梯を上りかけたが，やむをえず大学を離れ，ウォートン（Wharton）男爵家の家庭教師を経て，ロンドン郊外ニューイントン・グリーン（Newington Green）の地に学院を開設した。のちにジャントー・ウィッグの指導者の一人となる人物は，家庭教師のゲールに手解きを受けている。

　オックスフォード大学コーパス・クリスティ・カレッジ付の牧師を務めたバーチ（Samuel Birch, 1620/21–80）は，礼拝統一法施行ののち，バークシア州シルトンに非国教徒学院を開設した。特に注目に値するのは，のちの大蔵卿ロバート・ハーリが1670年代の大半をこのバーチの学院で送ったこと，つまりハーリの人間形成は学院を措いて語りえないことである。ウォートンの例からも知られるように，名誉革命後のイングランド政治ないしブリテン政治は，王政復古期の非国教会派教育に少なからぬものを負っていた。

　さらに，コールと同じくオックスフォードシアで学院を運営したラングリー（Henry Langley, 1610/11–79）はかつてオックスフォード大学ペンブルック・カレッジ長を務めた人物であり，ハートリブの友人であった。ヴィー

ル（Edward Veal, 1632/33–1708）はダブリンのトリニティ・カレッジでフェローを務め，やがてロンドン市周辺のウォッピング（Wapping）に学院を設立した。

オックスフォード大学ウォダム・カレッジ出身のモートン（Charles Morton, 1627–98）と，ケンブリッジ大学クライスツ・カレッジ出身のフランクランド（Richard Frankland, 1630–98）は，ともに1662年以前において教職に就くことはなかったが，前者はゲールと同じニューイントン・グリーンに最も先進的な学院を打ち立て，学生の一人としてデフォーを迎え入れる。このモートンについては，次節であらためて取り上げることとしたい。後者のフランクランドはヨークシア州にイングランド北部最大の学院を建設し，ほぼ30年に及ぶ運営期間を通じて数百名の学生を育て上げた。もっとも，迫害を避けるため，学院は六度も移転を余儀なくされた。それにもかかわらず，フランクランドは哲学と神学を柱とする高水準の教育を維持し，教科書として例えば，論理学にラムスを，倫理学にケンブリッジ・プラトニストのモア（Henry More, 1614–87）を，哲学にデカルトを，天文学にガッサンディ（Pierre Gassendi, 1592–1655）を用いて，学問への自由な取り組みを励行した（Smith 1954: 17–21, 269–70）。

以上のように，非国教徒学院の運営者には，大学や中等学校等の教育機関において教育や研究に従事した経験を持つ人物も少なくなかったのである。こうした人物の手で行われる学院の教育は，たとえ小規模なものであっても，学生に多大な知的刺激を与えたことだろう。もっとも，その運営は決して容易ではなかった。特に，大学で人文修士号を取得していたこれらの教師たちは，礼拝統一法や五マイル法の規定に加えて「オックスフォード宣誓」ないし「スタムフォード宣誓（Stamford Oath）」と呼ばれる誓約に対する違反も覚悟せねばならず[5]，このように幾重にも張りめぐら

---

[5] この宣誓は，1334年，オックスフォード大学を離れた教師と学生の一団がイングランド中部のスタムフォードにおいて新大学の設立を試みるも，二大学の干渉を受けて頓挫した一件に由来する。これ以降，人文修士号取得者は大学当局の許可なしに大学以外で私的に教鞭をとらない旨の宣誓を求められることとなり，その要求は1827年まで続いた（Backscheider 1989: 14）。

された包囲網が，頻繁に繰り返される妨害や逮捕拘禁の憂き目というかたちで，学院の教師たちを悩ませ続けた。国王チャールズ2世の「信仰自由宣言」（1672年，翌年撤回）を受けて一時的に風当たりが弱まったこともあったが，基本的には名誉革命時に「寛容法」が制定されるまでの長期間，彼らの受難は続いた。

非国教徒学院の教師は，もちろん大学修了者ばかりではなかった。ウッドハウス（John Woodhouse, c.1627–1700）もその一人である。彼はケンブリッジ大学トリニティ・カレッジの特権学生（fellow commoner）の身分を得たが，おそらく人文修士号を取得することなく大学を離れた。シュロップシアに開校した彼の学院では，数学に例えばガッサンディを，自然学にデカルトを，論理学にウォリスやラムスを，修辞学にヴォシウス（Gerardus Johannes Vossius, 1577–1649）を，形而上学にウォードを，倫理学にモアを，自然神学にグロティウス（Hugo Grotius, 1583–1645）やウィルキンズ，バクスターを，歴史学にプーフェンドルフ（Samuel von Pufendorf, 1632–94）を教科書として，あるいは個人指導の教材として用いたという（Smith 1954: 271–72）。他に地理学，解剖学の講義が行われ，さらに実践科目として，ギリシア語・ヘブライ語・ラテン語の語形変化演習，英作文，演習討議（disputations），測量，暦作り，日時計作り，動物解剖などが設けられていた（53–56）。特に英作文の導入は，それが説教技術の習得を主目的とするものであったとしても先駆的と言える（Parker 1914: 71）。「ウッドハウスはその総合的展望において近代的だったのみならず，全分野にわたって同時代の文芸に精通していた」のであり，それは「個人運営の学院の教師としては英雄的な功績」に他ならなかった（Smith 1954: 55）。

また，レノルズ（John Reynolds, 1668–1727）はオックスフォード大学ペンブルック・カレッジ学士課程を中途退学し，非国教会派教師の道に進んだ。彼が運営に携わった学院は，ウッドハウスのそれにほど近いシュロップシア州シュローズベリに位置したが，そこでは先任者のオーエン（James Owen, 1654–1706）の手で[6]，論理学にはラムスが，哲学にはル・クレール（Jean Le Clerc, 1657–1736）が，天文学にはガッサンディが教科書として採用

されたという（Parker 1914: 73）。ウェールズのグラモーガン（Glamorgan）に設立されたジョーンズ（Samuel Jones, 1628–97）の学院に学んだこのオーエンにいたっては，大学教育を全く受けていない。彼の例に明らかなように，当初，大学出身の牧師ないし教師の手で設けられた非国教徒学院の多くは，次世代の教育の担い手を独力で育成することに成功していたのである。

　親から子へと学院の運営が引き継がれる場合もあった。サマセット州ブリッジウォーター（Bridgwater）に開設されたムーア（John Moore, 1643–1717）の学院は，17世紀末より運営を手伝い始めた息子（John Moore, Jr, 1673–1747）の手腕により，父ムーアの没後も18世紀半ばまで存続した。子ムーアは父の教育を受けたのちにスコットランドのエディンバラ大学に進み，同大から人文修士号を取得している。こうした縁から，ムーアの学院では，4年間の課程を修めたのちにスコットランドの諸大学に進む学生も少なくなかった。

　イングランドの非国教徒学院とスコットランドの諸大学との関係は，アバディーンを経てイングランドに学院を開いたフォーブズ（James Forbes, 1628/29–1712）やファーガスン（Robert Ferguson, d.1714）の例からもうかがい知ることができよう。イズリントン（Islington）のドゥーリトル（Thomas Doolittle, 1630/33–1707）の学院に学んだのち，エディンバラ大学で人文修士号を取得し，さらにライデン大学から医学博士号を得たカー（John Ker, 1639–1723）のように（Smith 1954: 72–73），スコットランドのみならずオランダでも教育を受けた教師さえ存在した。詳細は明らかでないが，カーはブランド（Thomas Brand, 1635–91）と共同で学院を運営したようである。ブランドはオックスフォード大学卒の学士で，王政復古後も非国教会派牧師として長老派の有力牧師と親交を結びながら長く活動していた。

6）オーエンの直接の後継者はベニオン（Samuel Benion）である。彼はウェールズのフリントシア州ブロード・オーク（Broad Oak）にあったヘンリ（Philip Henry, 1631–96）の学院に学んだのち，グラスゴー大学に進んだとされるが（Smith 1954: 79），詳細は不明。レノルズは1708年にベニオンからシュローズベリの学院の運営を引き継ぐ（ODNB）。

その弟子パルマー (Samuel Palmer, d. 1724) によると，ベスナル・グリーン (Bethnal Green) に設けられたカーの学院は4年間の教育課程を採用し，第1学年に論理学，第2学年に形而上学，第3学年に倫理学，最高学年に自然哲学を教えていたという。教科書や参考書に用いられたのは，ル・クレール，キケロ，モア，プーフェンドルフ，デカルト主義者の著作などである。最高学年においては，ル・クレールを教科書とし，それをアリストテレス，デカルトらと比較するかたちで講義が進められた。また，隔日の朝にラテン語による討議の場が設けられ，ヴォシウスの著作やキケロ『弁論家について』が参考に供されたという。さらに月曜の朝には，スコットランド生まれの人文主義者ブキャナン (George Buchanan, 1506-82) がラテン語に翻訳した旧約聖書『詩篇』に基づく神学の講義が行われ，上級学年に限って，土曜の朝にはラテン語による弁論術の演習時間が設定された。毎日の夕食後はギリシア語やラテン語の古典に取り組むことと決まっており，教師であるカーが，人物や地域，時代背景に関する補足説明を加えながら，サルスティウスやパテルクルス (Paterculus) らの歴史家，デモステネス，イソクラテス，キケロらの雄弁家，そしてホメロス，ウェルギリウス，ユウェナリス (Juvenalis)，ペルシウス，ホラティウスらの詩人による著作を読み進めたとされる。毎月曜と毎金曜には特に神学関係の書物を読み，国教会か非国教会派かを問わず，神学上の問題に幅広く関心を寄せるよう促された。他に地理学の書物も読んだという (72-74, 274-75)。

Ⅲ―デフォーとモートン

1　「長老派信徒」デフォー

　広義の非国教徒にはカトリックとプロテスタントの双方が含まれるが，通常はプロテスタントの国教反対者を指して非国教徒と呼ぶ。彼，彼女らは，長老派，独立派（会衆派），バプテスト派，クエーカー派に大別される。17世紀半ばに興ったクエーカーを除く3派はピューリタン革命の推進

力となったが，革命の過程で最終的に主導権を握るにいたったのは護国卿クロムウェルを擁する独立派であり，これと対立し，王政復古に大きく貢献したのが長老派である。だが後者は，王政復古体制の確立に際して前者と同様に国教反対者の側に組み入れられ，以後，非国教会派内の最大勢力を構成することになった（第4章の表を参照）。

礼拝統一法施行後，デフォーの父（James Foe, 1630–1706）は国教会から離脱することを決めた[7]。このとき彼の一家を長老派に導いたのが，バクスターらとともに同派を指導する牧師アネリ（Samuel Annesley, 1620–96）である[8]。

アイルランドの大地主アングルシー伯爵（Arthur Annesley, 1st Earl of Anglesey, 1614–86）の従弟に当たるアネリは，オックスフォード大学クイーンズ・カレッジに学んだのち，ウォーリック（Warwick）伯爵家付の牧師等を経て，ロンドンのセント・ジャイルズ（St Giles）教会の牧師に就任する。この間，彼は大学からローマ法学（Civil Law）博士号を取得した。礼拝統一法は彼をも教会から追放したが，「勇敢で怯むことのない人物であった」アネリは頻繁に説教を行い，1669年頃には「フォー一家を含む800名の長老派信徒に説教していた」とする報告も残されている。この頃に「嫌がらせや迫害をものともせず，リトル・セント・ヘレンズ（Little St. Helen's）にロンドン最大の礼拝堂を築き上げた」彼は（Backscheider 1989: 8–10），72年の信仰自由宣言によってこの礼拝堂での説教を正式に許され，いっそう盛んな活動を展開した。なお，彼の没後にリトル・セント・ヘレンズ礼拝堂の牧師の地位を継承したのが，先に取り上げたウッドハウスである。この卓越した教師が，1697年，自らの学院を閉校にしたのは，アネリの使命を引き継ぐためであった。

アネリの巧みな説教に感化されながら少年時代を送ったデフォーは，彼

---

7) デフォーの父はすぐれた獣脂蝋燭商人で，貿易も手がけていた。会計処理を得意とした彼は，ロンドン市畜産同業組合（Butcher's Company）の指導者となって活躍し，また幾度も教区委員を務めた（Backscheider 1989: 27）。
8) 彼の姓 Annesley は Aneley や Anneley とも綴られた（ODNB）。したがって s は無音と見て「アネリ」と表記する。

の没後に『故サミュエル・アネリ博士の人格』*The Character of the late Dr. Samuel Annesley*（1697年）と題する挽歌を書いた。M. E. ノヴァクの指摘によれば，デフォーはドライデン（John Dryden, 1631–1700）を模倣しつつ，この挽歌を綴っている（Novak 2001: 126–27）。形式は二行連句（カプレット）である。散文体で書かれた序文のなかで，デフォーは亡き長老派牧師を次のように称賛した。

彼は生来の，そして真の誠実さを持ちあわせていた。利己的なもの，狭量なものはみな，キリスト教徒であると同時に紳士であった彼には似つかわしくなかった。彼の気質は実に善良（good）で，彼の心は実に穏やかであった。だから彼となら，この世の最も卑しい輩といえども，この上なく寛いだ会話をなしえたことだろう。……われわれは彼の美徳（Vertues [sic]）の数々を知っているが，その欠点は神のみぞ知る。私は決して，彼以上に崇高な資質やすぐれた学識を持つ人々などいなかった，あるいはいまもいないと言うつもりはない。もっとも，彼はその両者について尋常ならざるものをそなえていたのだが。学問について言えば，人々の長所というものは天与の才の導きに応じて様々であろう。洗練された話し言葉（Polite Language）の達人もいれば，話すことよりも書くことが巧みな者もいる。論証（Polemical）神学に秀でた者もいれば，論争（Controversal [sic]）神学に秀でた者もいる。偉大な言語学者がいれば，偉大な論理学者がいる。説得力を持った文体の者がいれば，崇高さを持った文体の者もおり，また威厳を持った文体の者もいる。だが，彼が卓越しているのはこれらの点についてではない。彼は，あらゆるものに必須なある手段を手にしているのだ。……それは，熱意，率直さ，そして誠意であり，博愛心の大きさ，魂の偉大さ，気質の愛らしさであり，さらには，王国と主の利益をいっそう大きくしようという企図の広漠さである。これらこそが美徳であり，私はアネリ博士のうちにそれらの高みを見出す。……諸党派は判断を異にするものだが，彼が善良な人間であることにはみなが同意した。国教徒も非国教徒も，みなが彼を愛したのである（Defoe 1697: ii–iv）。

ここでデフォーは，アネリの宗教的敬虔さをことさら強調しようとしているのではない。逆に彼は「善良な牧師がみな善良な人間とは限らない」とし，「気質は実にひどいが，真のキリスト教徒である」ような者は牧師にふさわしくないと断言する (i–ii)。デフォーが望むのは，まさにアネリのごとく「キリスト教徒であると同時に紳士である」ような人物なのである。力点はむしろ，後者の「紳士」に置かれている。つまり，彼が美徳として挙げている諸点は，世俗的な人間性の範疇における卓越を含意する。それは宗教的敬虔さという価値の否定を直ちに意味するわけではないが，しかし人間性の美徳は，敬虔さと同等，あるいはそれ以上の価値を有するものと捉えられている。

彼はこうも述べる。「善良な振舞い (Manners) は，間違いなく，この世の何にもまして，キリスト教と無矛盾なものである」(ii)。神学上の「学識」と，神に仕える者にふさわしい「崇高な資質」の両面において「尋常ならざるもの」を有していたアネリは，それ以上に人間性にすぐれた人物であった。彼の前に立てば，たとえ心に荒野を抱える者であっても，「この上なく寛いだ会話」を交わすことができただろう。

確かに，デフォーは一家の信仰である長老主義に従い，長老派信徒として成長した。だが，幼少の彼を導いたアネリという人格は，当時しきりに戯画化された「御託を並べるだけの狂信者」(Sutherland 1938: 23／訳31) としての長老派牧師像とはまるで違っていた。信心深さは彼の資質の一部でしかなかった。そこに孤高の信仰者の姿はなく，代わって他者を惹きつける力があった。アネリは魅力に富み，かつその「誠実さ」を頼みにできる，一個のすぐれた「人間」であり，同胞であった。

挽歌の次の一節には，説教に聴き入った少年時代の記憶のなかで生き続ける，アネリ牧師の姿がうたわれている (Defoe 1697: 6–7)。

　　彼の率直さ，親しみのある姿，
　　それらは実にしばしば聴衆を何時間も慰めた
　　われわれは信心とともに魅了され，彼が話をしている間，

われわれは教え人のためにその教義を愛した
教義の意味するところを彼がわれわれに伝えるときには,
論証よりも実践の力によった
彼の誠意の魅力はひときわ大きく,
それは彼の行動と発言とを一致させた
その堅実さと几帳面さとの割合は,
調和を生み出してわれわれを驚かせた

2 モートンの非国教徒学院

　デフォーは, 10代も半ばを迎えようという1674年頃に, モートンの非国教徒学院に入学した。デフォーの父にこの教育機関を薦めたのは, おそらくアネリである (Backscheider 1989: 13)。ロンドン市の北に位置するニューイントン・グリーン地区に設立されたモートンの学院は, その教育水準の高さに定評があり, 多くの学生を集めていた。

　すでに触れたように, モートン自身は大学教育を受けている。1646年にケンブリッジ大学クイーンズ・カレッジに入学した彼は, 48年にオックスフォード大学ニュー・イン・ホール (New Inn Hall) に転入した。これは, ケンブリッジ大学から王党派を一掃しようとした議会側の目論見によるものとされる。モートンは王党派と目されていた。彼はさらに1649年から53年までをウォダム・カレッジで過ごし, カレッジ長ウィルキンズにその「数学的才能」を見出される (Vickers 1996: 32)。「17世紀半ばのオックスフォードにおける教育課程は旧式のものだったけれども, もし望むのであれば, 学生は新しい科学の諸原理に親しむことができた」(33)。ウィルキンズ宅を集会所としていた前述の「哲学協会」のように, 共和政期のオックスフォード大学周辺では, 「正規の講義に加えて, 非公式の科学集会が多数催されていた」のである (34)。このような環境のなかで, 数学に秀でたモートンが新しい「科学」ないし自然哲学の方法に触れたとしても, 何ら不思議はない。

　同カレッジの人文修士課程を修了した彼は, エセックス州や, 故郷の

コーンウォール州で教区牧師として活動するが，王政復古に際して教会を追われ，1660年代半ばにロンドンに移って非国教徒学院を開設する[9]。学院には5年間の聖職者養成課程と3年間の一般課程が置かれた。デフォーが入学したのは前者である。学院では，自由学芸七科に加え，アリストテレスの哲学を構成する倫理学，自然学，形而上学の3部門が大学の伝統的教育課程に倣って講義されたのみならず，実験室の設置に象徴される実践的かつ経験主義的な教育内容がそれに組みあわされた。さらにモートンは，地理，歴史，そして近代諸語の学習の重要性を説き，古典語による講義を廃して，すべてを近代語としての英語で講義した。神学上の諸問題をめぐる多様な解釈の可能性を示し，批判精神の涵養に努める点も，彼の教育方針に含まれていたとされる。非国教徒学院では一般に，当時そのエピクロス主義的性格を非難されたガッサンディの書物が読まれていた点はすでに指摘した通りだが，モートンの学院においても，標準書と呼ばれるものに限定されない，幅広い読書が奨励されていたようである（Backscheider 1989: 14–16）。

　1672年の信仰自由宣言は，長老派牧師として再び活躍する場をモートンに与えた。しかし，スタムフォード誓約違反の咎めは免れなかった。モートンは1685年まで学院を維持するが，その間，幾度か身柄を拘束された。86年，彼は迫害を避けてついに新大陸のボストンに渡る。そして同地の教会牧師に就任するとともにハーヴァード・カレッジで教え，没する直前の97年には副学長（Vice-President）の名誉職を得た。ニューイントン・グリーン学院時代の講義録をもとに彼が記した『自然哲学概論』*Compendium Physicae* は，イルセ・ヴィッカーズによれば「モートンの研究領域とベーコン主義科学者たちのそれとが，驚くほど一致していた」ことを示すもので，

---

9) 創設年については見解が分かれる。Bastian（1981: 48）ならびに Backscheider（1989: 14）はともに1672年から73年頃とするが，Vickers（1996: 32）は62年頃を主張する。Novak（2001: 41）は1666年である。Parker（1914: 59）は，モートンが学院を閉めた1685年の時点ですでに「20年近く学院を維持していた」とする，19世紀初頭の萌芽的研究に見られる指摘を引いているが，これが正しければ，開校は1660年代後半ということになるだろう。ただ，彼の学院が当初からニューイントン・グリーンに位置していたかどうかは定かでない。

ハーヴィ（William Harvey, 1578–1657），フック（Robert Hooke, 1635–1703），ウォリス，ボイルらの業績を総合的に取り上げている。この著作は，その後40年近くにわたって，ハーヴァードにおける自然学の入門書としての地位を保った（Vickers 1996: 38–42）。同カレッジは「モートンの助力を得て中世的学問の泥沼から抜け出し，経験主義哲学，そして『啓蒙の世紀』に向かっていった」とさえ言われる（33）。1636年に設置されて以降，長らくカルヴァン主義とアリストテレス主義を2つの柱とし，自由学芸と神学の間に区別を設けてこなかったハーヴァードは（Smith 1954: 71–72），17世紀末にいたって，そうした伝統的な教育課程からようやく脱却しつつあった。

さらに，モートンは著書『人間の精神』 The Spirit of Man（1692年）をボストンで公刊している。そのなかで，彼は「後天的に獲得された習慣（Acquired Habits）」が人間の「天与の才ないし精神」にもたらす「改変（Alter）」の効果について論じた。「指導と命令」すなわち教育が精神形成に及ぼす影響は，次のごとく簡潔にまとめられる。

> 知的（Intellectual）ならびに道徳的（Moral）習慣は，（良かれ悪しかれ）人間がとりわけ若い時分に出会う情報（Information）に従って形づくられる。したがって……哲学［ないし学問］のあらゆる面がそれに貢献する。論理学と形而上学は判断（Judgment）の鋭さに，数学は堅実さ（Solidness）と機敏さ（Sagacity）に，自然学は物事の理に対する巧みな推測に，道徳哲学と歴史学は慎慮（Prudence）に，修辞学は晴朗さ（Fairness）と演説についての自信に，詩学は着想（fancy）の素早さと想像力（Imagination）に貢献する（Morton 1692: 21–22）。

これらは教育が「好都合（Advantage）」(21) な結果をもたらす場合であるが，逆に教育がもたらす「不都合（Disadvantage）」も存在する。「不道徳的かつ誤った原理，愚かかつ無駄な伝統，悪しき初等原則のようなものはすべて，若者に植えつけられると，判断力を傷つけて鈍らせ，意志と感情（Affections）を堕落させ，その人間の精神と才能の全体を引き下げてしま

う」(22)。

　モートンは続けて，人間は教育以上に「手本や人間関係」から大きな影響を受ける存在であるとし (22)，「人間とはたいてい，住んでいる場所の慣習（Custom）や慣行がいかなるものであるかによる」と主張する。

> 地方で育ったか，あるいは地方に深く関係している者は，純真で (simple) 平明な (plain) 心持ちを得るか，さもなければ粗暴な野卑さを得るだろう。都市に長くいる者は，よりいっそうの礼儀正しさ (Civility) と，機敏さと，狡猾さを有している。新情報（News）が頻繁に語られる場所に住んでいる者は，何かしらの公共的精神を得る。気さくな人々に囲まれている者は率直な精神を，軍人に囲まれている者は大胆かつ荒々しい精神を得る。他のあらゆる性向についても同様である (24)。

様々な居住環境のなかにおいて，どのような人々と交際する習慣を獲得するかによって，人間精神の少なからぬ部分が決まってくる。知的教育以上に，日常生活上の「慣習」が重きをなすのである。これがモートンの考え方であった。

　モートンはその他に，「知性（Understanding），意志，感覚的欲求ないし情念」といった「魂（Soul）の諸機能」が精神の基体を構成する要素であること，および「魂自体はみな平等であるが，精神は人によって大きく異なる」ことを指摘し，こうした精神の差異の原因として，上述した2つの後天的習慣の影響に加え，「各個人（every Individual Man）によって（多かれ少なかれ）異なる身体の気質（Temperament）」の影響，そして外面的事情の影響の，計4点を挙げる (18–19)。精神の「主要な構成要素」となるのは「気質」である (19)。したがって，気質の差異が人間精神を，換言すれば人間の性格を大きく変えることになる。外面的事情は習慣に類似しているが，それよりも「時間幅が短い」もので，例えば富や健康が人間精神を活動的にする一方，貧困や病気がそれを不活発にするような場合を指す (25)。ノヴァクは，デカルトやガッサンディの機械的情念論に比して，

モートンの気質論は「少々古風であった」と言うが，基本的な人間の性格は気質の構成に依拠するとしても，その他は外的環境や教育によるとされているところに，コメニウス以来の，「感覚的知覚が心に持ち込んだものを除いて，何も心には存在しない」とする基本信条の発露を見出すべきであるとした（Novak 2001: 47-48）。

デフォーは，遺稿として生前未公刊のまま残された『完全なるイングランド紳士』*The Compleat English Gentleman* のなかで[10]，自らがモートンの学院で経験した教育内容をおそらく回顧しつつ，次のように述べている。

> かつて私は，学識に関して疑う余地のない名声を得ている一人の教師と知り合った。彼自身が，学問諸語［ラテン語やギリシア語］のみならず，シリア語，カルデア語（Chaldee），アラビア語，ヘブライ語等のオリエント諸語すべての批評家であった。……彼は最初，学校教育に対する正当な不満を公にした。すなわち，全学問をギリシア語とラテン語につなぎ留め，全学生にそれらの言語を通じてしか諸学の習得を行わせず，公開演習をラテン語かギリシア語で行うよう強制することに対しての，不満である。……諸学校におけるこの大いなる過ちを矯正するため，彼は小さな学院を立ち上げ，自然学，つまり自然哲学を，独立の学科としての天文学の体系を用いながら教えた。もっとも，自然の一般体系を除外したというわけではなかったが。彼はまた地理学を教え，個別の授業のなかで地図や地球儀を用いた。つまり彼は，内科医学と外科医学を除く学問のあらゆる面を学生に教えたのである。彼は聖俗双方の歴史の授業さえ設けた。そしてこれらすべてを，彼は英語によって教授した。彼は全学科の講義原稿を英語で読み上げ，キール（Khiel [sic]），ニュートンらの諸著作の草稿（draughts）を英訳して学生に与えた（Defoe 1890: 218-219）。

---

10) 『紳士』の手稿と校正刷の一部を受け継いだのはデフォーの娘婿ベーカー（Henry Baker, 1698-1774）であり，やがてベーカー家がこれを手放したのち，1885年に大英博物館の所有となった。1890年にこれらを編纂して出版したK. D. ビュルブリングによれば，『紳士』が形づくられたのは「1728年ならびに1729年前半」である（Defoe 1890: xi）。

一般の学校の課程を終えた「若き紳士たち」が、学識においていかにすぐれていようとも、「いかなる主題についてであれ、母国語では流暢に自己表現することも、優雅にものを書くこともできない」現状を大いに憂えたという (218)。この「一人の教師」は、しばしばモートンその人に他ならないと解釈される（Novak 2001: 42など）。その解釈には若干の疑問があるものの[11]、デフォーが叙述した事柄は概ね、モートンによる教育にこそ当てはまるものであろう。あるいは、デフォーはリトル・セント・ヘレンズにおけるアネリの後継者となったウッドハウスを知っていたと考えられるから[12]、この「一人の教師」は、ともに英語（母国語）教育を重要視したモートンとウッドハウスという卓越した2人の教師の手腕を兼ね備えた、理念上の人格であったのかもしれない。

3　ウェズリの学院批判

デフォーと同じく非国教徒の家庭に生を受けたウェズリ（Samuel Wesley, 1662-1735）は、先述のヴィールの学院に約2年間学んだのち、あらためてモートンの学院に入学した[13]。デフォーが学院を巣立った1680年頃のことである。彼が1703年に出版した自叙伝風の小冊子『地方の聖職者がロンドンの友人に宛てた手紙』*A Letter from a Country Divine to his Friend in London*

---

11) 引用中で「キール（Khiel）」と呼ばれている人物は、エディンバラ生まれの自然哲学者キール（John Keill, 1671-1721）であると見てよい（Defoe 1890: 286-87の編者注）。彼はエディンバラ大学におけるグレゴリ（David Gregory, 1659-1708）の教え子で、グレゴリが1691年にサヴィル天文学教授としてオックスフォードに招かれると、師に従って同大学ベイリオル・カレッジに転籍した。グレゴリの招聘はスコットランドの学問水準の高さを示す好例である。師とともにニュートン体系から多くを学んだキールは、1690年代半ばに同大学ハート・ホール（Hart Hall）の講師に就任する。彼の講義録は1701年に初めて出版されるが（ODNB）、その草稿は1690年代後半の時点ですでに存在したと考えられる。モートンの学院は1685年に閉校したのだから、いかなるかたちであれ、キールを取り上げることは不可能であった。ただし、1690年代後半に開校していた他の学院において、その草稿が読まれていた可能性は否定できない。
12) デフォーが1706年頃にハーリに書き送った友人の一覧表には、ノッティンガム在住の医学博士「ウッドハウス」の名がある（Defoe 1955: 117）。この博士の父が、1697年までシュロップシアで非国教徒学院を運営したのちにアネリの牧師職を引き継いだ当の人物である。

（以下『手紙』）には，モートンの学院に対する言及が見られる。ウェズリは，イングランドの諸地域に様々な学院が設立されていたなかでも，このモートンの学院が「実際に最も重要」であったとして，以下のように続けた。

> ここには……美しい庭園，ボウリンググリーン［ローンボウリングと呼ばれる球技用の芝生］，生簀が備えつけられており，実験室（Laboratory）のなかには，空気ポンプや温度計，そしてあらゆる種類の数理器具を含む，非常に珍しい品々が置いてあった（Wesley 1703: 7）。

学院は「2つの学寮」を持ち，「40名から50名前後」の学生がそこで毎日を送っていた。学生のなかには「貴人の名もいくつか」見られ，「騎士や准男爵の子息も少なくなかった」という（7–8）。

　若きウェズリはやがて国教会を遵奉し，オックスフォード大学に進学する。『手紙』は，彼がなぜ非国教徒の立場を放棄し国教徒として生きる道を選んだか，その理由の一端を伝えるが，それによれば，「非常に尊敬し崇拝していた」教師モートンがスタムフォード誓約違反を理由に拘禁され，しばらく学院を留守にした間に，心の支えを失ったウェズリは非国教徒の「国教会からの分離を正当化する」根拠の脆弱さをめぐって深刻な苦悩を抱いたのだという。教会史をひもとき，繰り返し検証するうちに，その苦悩は根本的な疑問へと変わる。そしてこの問いをより深めるため，大学での研究を希求するようになったのである（10–11）。

---

13) 「非国教徒の両親」の子であるウェズリは，中等学校を出てニューイントン・グリーンのゲールの学院に進む予定であったが，「1678年3月8日」にロンドンに到着した際，ゲールが「つい最近亡くなったことを知った」という。やむをえず，彼は「ステップニー（Stepney）において私的学院を営んでいたヴィ［ール］氏」のもとで「論理学と倫理学」の講義を受けることにした。そして「およそ2年」ののち，迫害を受けて学院をたたむことになったヴィールは，ウェズリにモートンの学院を薦めた（Wesley 1703: 4–6）。ODNBは，ゲールが「1679年2月」に亡くなったとするが，ウェズリが正しければこれは前年2月の誤りであろう。またヴィールの学院の所在地は，ODNBによればウォッピングだが，彼は近接するステップニーにも拠点を構えていたとされる。

第 2 章　デフォーと非国教徒学院　　　　　　　　　　　　　　　　　93

　周囲の非国教徒たちは「大学があまりにひどく腐敗しており，真面目な人間が息をつくことのできる場所などない」と忠告したり，転向しても国教徒からは決して信頼を得ることはできないと警告したりして，ウェズリに強く再考を迫ったが，彼は「この目で見るまでは言葉を信じないこと，真実を自分自身の目で見出すこと」をすでに決意していた (12)。ロンドンからオックスフォードへと視察に赴いた彼は，「その地に真面目で信心深い人々が多数いること，放蕩者もいるが，それはわれわれ自身とて全く欠いているわけではないこと」を認め，ついに躊躇を断ち切って非国教会派を離脱し，1684年，エクセター・カレッジに入学した (13)。

　以上の告白からわかるように，ウェズリは非国教徒学院の教育を称えるために『手紙』を著したのではなかった。その執筆意図はむしろ，モートンのそれを含む非国教徒学院一般における教育の実態を，彼なりの観点から批判的に取り上げることにあった。彼はあくまでも国教会遵奉者としての立場から，かつて経験した非国教会派教育の負の側面を明るみに出そうとしたのである。この『手紙』の出版からまもなくして，先述のパルマーが『手紙』に対する反論を発表し，1704年前後に学院の教育の是非をめぐる小論争が勃発する。これは，便宜的国教会遵奉をめぐる広範な論議（本書第 4 章で後述）の一局面に当たるものでもあった。パルマーはこのとき，すでに取り上げたカーの学院の教育課程を詳細に公開し，その水準の高さを世に示すというかたちで，学院の擁護を図ったのである。この小論争にはデフォーも参加しているが，ここでは簡単に，ウェズリの『手紙』における学院批判の内容をモートンの学院に即して見たうえで，デフォーの主張に触れておきたい。

　ウェズリは言う。モートンの学院に学んだ「われわれは，ほとんど全員が国教会 (Episcopal Order) に対してひどく反感を抱き，ごく少数を除いて，ほとんど全員が等しく君主政そのものを憎悪した」(6)。学生の間には「国王殺しの教義 (King-killing Doctrine)」が蔓延し，あるときには，モートンのいない場所で「国王チャールズ 1 世の野蛮な弑逆は祝福された記憶のなかにあり」の言葉が唱和され，ウェズリはそれを「耳鳴りがするまで」

聞かされた。ピューリタン革命時の国王弒逆者たちが「最大限の憐み」をもって論じられた一方で，「国教会の聖職者，祈禱書，戒律は，恥辱の極みと，そして嘲笑とともに論じられた」(7)。さらに，この学院では教師側の統制力が非常に小さかったため，学生は「一種の民主政体 (Democratic Government)」を打ち立てていた。そこでは，「誰もが規則 (Law) を提案する権限を持っており，あらゆる規則は無記名投票 (Balat [sic]) を経て多数決によって勝ち取られ，それに従って，われわれが自らの分別に照らして最も良いと考える仕方で，刑罰や罰金が科されたのである」(8)。つまりウェズリに言わせれば，モートンの弟子たちはそのほとんどが単に国教反対者であるにとどまらず反君主政論者であり，彼らは著しく反権力的な傾向を帯びた急進的集団ないし「党派」(6) を形成していた。

ただしウェズリは，かつて「崇拝していた」モートンに批判の矛先を向けることは徹底して避けている。彼はモートンについて「自らの私的利益よりも神の栄光について考えようとし，自らが無害に暮らせるだけのものしか求めなかった」人物であると評し (9)，さらに，学生たちの間に反君主政的傾向が顕著に認められたとしても，モートン自身は

> 若者たちが統治を論じ，不実あるいは不忠な話をしたときにはいつでも，必ずこれを叱責し，その反対を彼らに説いて聞かせた。私は覚えているが，彼は一度ならず何度も，はっきりと，神がわれわれの上位に据えたものを非難するのはわれわれのなすべき務めではない，と語った。そして（特に，別の務めに従事してきた人々のごとく）小さな失策を誇張すべきではなく，激しく難じるべきでもないとし，ひとつの汚点 (Naevi) もないほど厳密かつ完全な統治など，これまで存在したためしはない，と述べた (Wesley 1703: 6)。

モートンは，非国教会派に与したことで「判断を誤った人物」ではあるけれども，ウェズリによれば「善良」には違いないのであり，「私は彼を，弟子の数や学識の洗練に関して，その道ではイングランドで最も重要な人

第 2 章　デフォーと非国教徒学院　　　　　　　　　　　　　　　　　　　　　95

物であったと考える」とするのである。学院では，そのモートンの「人格がごくわずかの他者にしか感化を及ぼさな」かったのが遺憾な点であった（6）。よってウェズリはこう結論する。モートンの「ニュー・イングランドへの船出」は，「この善良な人間に対し，それ以前は実に冷酷かつ不親切であった神による，至当な裁きであったのだ」（14）。

　以上のように，ウェズリは，新大陸に逃れたモートンと国教会を選んだ自らとを婉曲的に重ねあわせ，その「善良さ」を強調すると同時に，それとの対照として，非国教徒一般の性向，とりわけ学院の学生らのそれを極端に貶めた。この『手紙』に関するかぎり，ウェズリは非国教徒学院において展開されていた新しい教育に関する議論を意図的に落としている，あるいはそれをすべて「国王殺し」の文脈内に注ぎ入れようとしている。結局，学院は彼にとって不満分子の温床でしかなかった。大学と学院との本質的相違は体制側か否かに存し，さもなければ「放蕩者」の数が比較の基準としてふさわしいかのごとき言い様である。このような『手紙』に対してパルマーが行った反論は，カーの学院の教育課程を緻密に紹介するという公正な手法によりながら，非国教派教育の持ちうる視野の広さと，その思想的基盤の柔軟性を提示しており，内容においてはるかに充実したものであった。

　カーの学院ではなく，他ならぬモートンの学院に学んだデフォーは，『手紙』が現れた翌年に『より手間のかからない非国教徒対策』*More Short-Ways with the Dissenters* を発表し，「非国教徒が彼ら自身の見解に従って子弟を教育するのを妨げる」ことで「この国における非国教徒間の継承関係を破壊しよう」という「新しい試みが始まった」と前置きしたうえで（Defoe 1704: 4），学院の後輩に当たるウェズリに論駁した[14]。彼はウェズリの設定した「国王殺し」の温床としての学院という文脈を引き継ぎ，その文

---

14) ウェズリはアネリの娘を妻としていたから（したがって，のちにメソディスト派を創始する兄弟はアネリの孫に当たる），学院の入学年に少なくとも 5 年の開きがあるとはいえ，デフォーとウェズリが直接の知人であった可能性は小さくない。遅くとも1706年頃には，デフォーはウェズリの実兄（Timothy Wesley）を見知っていた（Defoe 1955: 116）。

脈内で『手紙』への応答を試みるが，それは十分に成功しているとは思われない。なぜなら，その試みは「ニューイントン・グリーンのチャールズ・モートン氏」が学院において決して「反君主政的な，あるいはイングランドの政体ないし国制に対して破壊的な」教育を行わなかった点の証明に終始し，『手紙』が専ら学院の学生に向けた反体制的との批判をかわすための材料を，直接的には何も提供していないからである。デフォーは言う。ニューイントン・グリーンの学院では，「君主政こそが最良の政体であり，統治の本質と所有の保全とに最も適している」旨を説いた一論考とあわせて，「政治と統治の体系（System of Politicks and Government）」を論じたモートンの手稿が読み上げられた，と (5-6)。

　こう述べるだけでは，モートン自身は統治批判を学院の，あるいは非国教徒そのものの「務め」とは見なしていなかったとする『手紙』の主張をおおかた裏づける結果に終わるが，デフォーはそれ以上踏み込んだ主張を展開せず，次のような逆説を投じ込んで文脈を閉じてしまうのである。すなわち，非国教徒学院における教育をそれほど警戒するのであれば，むしろ「われわれ非国教徒に対して大学の門戸を開き，われわれの子弟がそこで公平に学ぶことを認めるがよい。宣誓や義務を課すことなしに，である。そうすれば，われわれがあなたがた国教徒に反発して学校を設立するといったことを，もはや耳にすることはなくなるだろう」(7)。

　ここで注目しておくべきは，ウェズリとデフォーの2人が，モートンの政治的主張に関してほぼ一致した見解を表明している点である。若きモートンが王党派と目され，ケンブリッジを追われた事実にはすでに触れた。その後の彼は確かに非国教会派に与したが，それを強いて立場の転回と捉える必要はない。彼の政治的立場はむしろ，当初よりほぼ一貫していたと見るべきではないだろうか。国王弑逆者という極端な存在に非国教徒を結びつけようとするウェズリのレトリックを打ち消す意図から，デフォーが多少，ウェズリのモートン評に引きつけられすぎている嫌いはあるけれども，モートンはおそらく，2人の弟子がともに述べるように，体制としての君主政に対する急進的な批判者からは遠いところにいた。ウェズリが

語ったような，学生に対する「叱責」と説諭の姿勢は，おそらく事実だったのではあるまいか。

　しかし，前述のように，モートンには教育が人間の精神の「改変」に寄与するという明白な認識があった。そして，この「改変」は「好都合」となる場合もあれば「不都合」となる場合もあるとされた。悪しき教育が「人間の精神と才能の全体を引き下げ」るのに対して，すぐれた教育はその逆の効果をもたらすのである。この主張の背後に，人間の継続的改善ないし進歩の観点を見出すのは行き過ぎかもしれないが，少なくとも，より望ましい人間形成を実現するに際しては，教育や，あるいはそれ以上に重要な「慣習」に加えられる改良が意義を持つ点は了解されていると見るべきであろう。したがってモートンが，所与の外的環境に対する受動的服従を強調したとは考えにくい。

　ではなぜ，彼は（ウェズリの言葉に偽りがなければ）「神がわれわれの上位に据えたもの［ここでは統治］を非難するのはわれわれのなすべき務めではない」と述べ，学生を諭さねばならなかったか。それは，彼が「個人」の性格形成を主要な問題とし，個人とその周囲の環境との関係を起点に議論を組み立てようとしたために，統治ないし「国制」といった巨大な構造が，議論の冒頭から，自明の批判対象としてそこに持ち込まれることを好まなかったからであろう。もちろんこのことは，統治に関する議論そのものを封殺し，あらゆる政治改革の可能性を否定するような立場にあったことを意味するわけではない。

　おそらくモートンは，学院において「政治と統治の体系」を論じるに当たって，君主政を含めた各政体を比較しながら，それぞれの一長一短を示したのではなかったか。そのうえで，現体制の急進的な変革を求めることなく穏健な改革者としての立場に踏み留まり，広い視野を持って政治を論ずることの大切さを学生に説いたのであろう。彼が君主政の擁護者であったのだとすれば，それはあくまでもこのような意味においてであったと考えられる。

4 モートン『一論』

　ウェズリの『手紙』と同年，つまり1703年に，『この疑問の蓋然的解決に向けた一論』 An Essay towards the Probable Solution of This Question （以下『一論』）と題する小冊子がロンドンで公刊された。著者欄には「学識と信心を持つ者」とだけ記されていた，つまり匿名での公刊だったが，実のところ，この論考はモートンの没後に世に出た彼の遺作に他ならなかった。モートンは冒頭で次のように問いかける。「コウノトリ」をはじめとする渡り鳥は，いったいどこからイングランドへやって来るのか，あるいは，渡り鳥がわれわれの眼前から姿を消している間，いったいどこに滞在しているのか，と。こうした「疑問」に一定の解決を与えようとするのが，彼によるこの「自然学的かつ散文的な」作品であるところの『一論』なのである（Morton 1703: 2）。

　『一論』の議論を一度解体し，より明快となるように再構築するとすれば，次の通りになる。

　精神には 3 つの種類があることは広く認められている。第 1 は，「天使」のそれのような，完全に「物質（Matter）と無関係な」ものであり，第 2 は，「人間」のそれのような，「物質と関係を持つが，依存関係にはない」ものであり，第 3 は，「野獣」のそれのような，「物質と関係を持ち，それと依存関係にあるもの」である。だが，「まだ気づかれていない」とはいえ，さらにもう 1 種類，すなわち第 4 の種類の精神と呼ぶべきものが存在するのではなかろうか。なぜなら，3 種類のみでは，「精神的なるもの」と「肉体的なるもの」との懸隔があまりに大きいように思われるからである。「最高度の完成の座」すなわち神や天使の座と，人間のそれとの「裂け目」や「莫大な距離」を埋めあわせるためには，両者を「ひとつの組織体（Compositum）として結びあわせる媒体（Vehicles）が案出される必要がある」のであって，それが，天使の精神と人間の精神の中間に存する，もうひとつの「段階」の精神なのである（5–6）。

　ここで注目すべきは，「どこへ去るのかも，どこから来るのかもわから

ず，いわば奇蹟的に天から降下してくるかのような」(3) 渡り鳥たちであろう。渡り鳥たちは，特定の時季を見定めたかのように突如として人間の前に姿を現し，また別の時季に突如として人間の前から姿を消す，実に不思議な存在である。しかし，特定の時季を知りうるという点は，他の動物の多くにも共通する特徴と言える。蝶を含む昆虫，川魚や海洋魚，そして人間の周囲で暮らす獣のなかにも，特定の時季に姿を消したり現したりするものは少なくないのである。モートンは，「日や月や，新月や，安息日」といった「時間の観念と，時間の各部を識別しそれを区別する能力の，双方」を有するのは「理性的被造物」だけであるとし，動物類一般についてはこれらを否定する。渡り鳥は動物ないし「野獣」と同一視されていないことに，とりわけ留意が必要である。動物が時季を知ることができるのは，理性ではなく「本能ないし自然に植えつけられた器官」の働きによって空気の変化や食物の変化，あるいは身体における「気質」の変化などを知り，「自らに快い (suitable) ものを得，不快な (offensive) ものを避けるために，居所を変えるよう促される」からであり (4–5)，つまりは「自己保存」という「自然のコモン・ロー」ないし「自然の必要」に従っているからであって，理性的被造物のように「信仰」からそうしているわけではない (8)。

ただしモートンは，動物が「推論」を通じて時季を知るとは考えられないにしても，「動物が真の感覚と知覚とを有するとともに，機械作用 (Mechanism) 以上の何かによって動かされている」ことは否定できないとする (5)。彼はこれを「理性の影絵 (Shadows of Reason)」と換言した (8)。単なる「機械作用」の否定からは，ケンブリッジ・プラトニストの影響を読み取ることが可能かもしれない。

では，渡り鳥とその他の動物とは何が根本的に異なるのであろうか。この問いに対する答えは，渡り鳥が人間の前から（実際にはイングランドから）姿を消している期間，いったいどこにいるのか，という問いに答えることを通じて与えられる。モートンによれば，その場所が地球上の他地域である可能性はきわめて低い。なぜなら，渡り鳥の地上移動に関する「記録」

が見つからないからであり (18)，特に「ヤマシギ」のイングランド到来に関して，突如天から降下して来たとしか考えられないような種類の目撃談が残されているからであり (22-23)，また，イングランドに到着したばかりの渡り鳥の肉は，血量が少なく，独特の風味を持つからである。地上に留まり続けたのであれば，肉の質は変わらないはずだ (25-26)。渡り鳥の翼は体に比して非常に小さく，地上での長期間の飛行に耐えられるとも考えられない (26-27)。「ツバメ」は，冬の間，川底の粘土中に身を隠すという説もあるが，ツバメのような「夏鳥にとって，冬の地中と水中は寒冷に過ぎる居所であろう」(19)。したがって鳥たちの居所は，驚くべきことに，空に浮かぶ「月」にこそ存在するとされた。モートンは「コペルニクスの仮説」と呼ぶべきものを取り上げ，次のように言う。

> 月の本体は（他の5つの惑星［水・金・火・木・土星］と同じく）われわれの地球と同様の組成であり，乾燥した大地，水，山，谷，泉，川，海その他のものがあると思われ，また，われわれが居住するこの地球と同じように，月の周囲にはその本体から発生した気体や蒸気，雲，雨などが存在するとも考えられるので，そこに到着した鳥たちにとっては快適な環境であろう (17-18)。

この「コペルニクスの仮説」を論じるに当たって，彼は月を主題にしたウィルキンズの1640年頃の著作を念頭に置いていた可能性がある[15]。すでに触れたように，モートンがウォダム・カレッジの学生であった時分，ウィルキンズは同カレッジの学長を務めていた。モートンによれば，この仮説は「理に適っている」とともに「事実である」ように思われ (17)，

---

15) 1638年，ウィルキンズは月に居住可能な世界が存在することを論じた『月世界の発見』*The Discovery of a World in the Moone* をロンドンで発表し，2年後には，それを増補した『新世界の発見』*The Discovery of a New World* と，地球もまた惑星である旨を説いた『新惑星論』*A Discourse concerning a New Planet* を合わせて公刊している。この頃のイタリアでは，宗教裁判後のガリレオ・ガリレイがなお存命していた。

したがって，月が地球と似た天体である以上，鳥たちが地球と月との間を往復しつつ，一定期間を月で過ごすというのは「不可能なことではない」と主張する (18)．

昆虫は「卵」となって地上の「暖かい場所」で冬を越す間だけ人間の眼前から姿を消す．また「サケ」などは幼魚の際に「淡水好み」を植えつけられ，しばらく海で過ごした後，成魚となって再び還って来るのである．海洋魚は，快適な水温やそれに応じた食物を求めて「広大な海を北や南に旅する」ため，時季によっては全く見当たらなくなることもあるだろう．また，人里の周囲の野生動物が姿を消すように見えるのは，それらが人間に対する「恐怖と畏怖」を抱いており，専ら夜間に行動を起こすからである (9–11)．よって，動物一般はたとえ姿を消すにしても，地上のいずれかの場所でそうするに違いない．

これに対して渡り鳥は，「自然の必要」を超えた，あるいは「理性の影絵」を超えた「高貴な企図 (Noble Design)」を抱き，地上そのものを離れるのであった．モートンによれば，その最も明瞭な例となるのが「コウノトリ」である．この鳥は，群れをなして数日間鳴き立てたのち，最後の1羽が「集結地点 (Rendevous [sic])」に到着すると「突然の静寂」に包まれ，やがて「一斉に舞い上がって」螺旋状に上昇し，全く目視できない高度にまで達する．その後はおそらく「大気 (Atmosphere)」さえも越え，地上とは異なる「別世界」すなわち月を目指して，さらに飛行を続けていく (29–30)．モートンは聖書に従い，天界を「空気の」天と「エーテルの，あるいは恒星と惑星の」天，および「主の謁見室」と呼ばれる神の天の3つに区分するが (35–36)，コウノトリは第1の天を越えてさらに上昇し，第2の天にいたるというわけである．

だが，月の属するエーテルの天は地上からあまりにも遠い．鳥のような小さな存在が，果たしてそのような偉業を成し遂げられるであろうか．モートンはここでニュートンの万有引力説を持ち出す．「地球から離れれば離れるほど重力は小さくなる」がゆえに，鳥は自らを「持ち上げる」のにほとんど力は要らなくなり，その「全力」を「前進運動」に振り向ける

ことが可能となる。上空では空気が希薄なので「抵抗」も小さいであろう。よって，大気に包まれた「空気の」天に比して，進行は「はるかに迅速かつ容易になる」のは確実である (12-13)。しかしながら，いかに進行が容易になるとはいえ，地球と月とを一定期間内に往復するためには，すさまじい速度が要求されるのではなかろうか。また，上昇につれて空気抵抗が小さくなる，あるいは限りなくゼロに近づくのであれば，前進に必要な反発力もまた消失するのではないか。モートンはこのような反論を自ら用意し，以下のような回答を与える。

　まず，渡り鳥が地上と月で 1 年の 3 分の 1 ずつを過ごし，残りの 3 分の 1 を移動時間に充てると仮定する。月までの距離を「17万9712マイル」（約29万キロメートル）と置けば，往路ないし復路に充てられる時日は約60日であるから，時速「約125マイル」（200キロメートル）という高速が要求されることになる。モートンは，「競走馬」が分速「5マイル」（8キロメートル）で走りうると想定し，重量が大きく，大きな空気抵抗を伴う馬がこれほどの走行速度を（一時的にであれ）実現するのであるから，飛行に適した「体躯」を持つ鳥の平均移動速度に対する上記の見積もりは，決して過大ではないと主張した (40-41)。また，月の公転周期は約30日だから，60日後の月は地上に対して現在とほぼ「同位置」にある。よって「同一の直線上を進めば，鳥たちは間違いなく月と出会うであろう」(45-46)。彼の推論によれば，曲線状の飛行路をとることによる距離の延長を考慮する必要もないのである。もちろん，現実の競走馬は想定の数分の 1 以下の速力しか有さないし，地球と月との平均距離も，実際のところは38万キロメートル強といっそう大きい。これらは，モートンにかぎらず，当時の人々が正確に把握しえなかった点であった。

　では，「馬には後脚で蹴るべき固体の地面がある」のに対し，「非常に流体的なエーテル」は翼に対して「何の抵抗もなさない」がゆえに，鳥は前進しえないのではないか，という反論ないし問いに対する回答はどうか。モートンは，鳥が上昇するにつれて地球の「引力」が低下していくので，「同一の力」あるいは 1 回の羽ばたきによっていっそう大きな「加速」を

行うことが可能となり，その加速度は鳥の体重の低下におそらく対応する，と述べたうえで，鳥は「上昇の間に獲得した速度（Velocity）」を「助力も抵抗も存在しない」エーテルの天において「完全に持続させる」し，やがて「月の引力」圏内に入ることでさらに大きな速力を獲得すると主張した。したがって，鳥の移動速度は「この長旅を時間内に達成させるに十分なものであろう」（42-43）。この回答から知られるように，彼は，ニュートン体系を構成する慣性の法則と万有引力の法則の双方に訴えることで，空気抵抗の存在しないエーテルの天においても（むしろ抵抗が存しないがゆえに）一定の移動速度を保持しうるし，月にある程度接近すれば，いっそうの加速さえ可能となることを十分に論じえた。

さらにモートンは，地球と月との距離がなお気がかりな読者は，月よりも手前に何らかの天体ないし「固物」が複数存在すると仮定せよ，と付言する。それは海鳥の休息所となる海上の岩場に似た，エーテルの天に浮かぶ「島々」のごときものを意味した。ただし，そうした「島々は，［太陽光の］反射光が（大気を照らすのには寄与するとしても）地上までは届かない程度の距離に据えられ，その程度の光度しか持たぬものと想定されねばならない」のであり，なぜなら，もしそうでないとしたら，そうした小天体は「すでに発見されている」に違いないからである。渡り鳥の月世界滞在説が受け入れられがたいとすれば，「他の何らかの場所が渡り鳥のために見出されねばならない」が，そうした場所は決して「この地球上の他地域」ではなく，いまだ未発見の他の天体であるはずだ。こうモートンは結論づける（48-50）。

以上のように，『一論』の推論自体は実に堅実かつ慎重なものであって，「実際のところ論証全体が驚くほど科学的である。誤謬はごくたまにしかない」とジェイムズ・サザランドが評したように（Sutherland 1938: 23／訳31），矛盾はほとんどはらまれていない。それにもかかわらず，われわれから見て『一論』の導出した結論が何かを大きく誤っているとすれば，その誤謬の源泉は，推論の起点となる前提ないし仮定がきわめて不十分な自然学的知見に依拠している点にこそ，求められよう。ここで注意せねばな

らないのは，自然をめぐる知見の不足という事情が，モートンの生きた時代の限界を示すものではあっても，決して，自然と向きあう彼の姿勢そのものの限界を示すものではないということである。そして彼自身，このことに気がついていたようにも思われる。

　モートンは，『一論』の中途で次のような「公準」を示し，自然に対する自らの姿勢ないし立場を明確にした (Morton 1703: 13)。

　「創造者」たる神は，「自らの栄光」を表現させるために宇宙を創り上げた。そして，ある理性的被造物，すなわち人間に，創造者の「力能，知恵，善良さを彼の作品のうちに観察し，探究し，祝福するための能力」を授けた。かの「堕落」以来，人間は「感覚の活性化 (Industry)，観察，経験，帰納，さらにはこれらの事柄の人から人への伝達 (Communication)」を通じて，神の作品の数々を理解しようと努めてきたが，そうした理解は「自然現象をめぐる人間の経験や観察から，最も容易に導き出される」はずである (13–14)。「自然界における数多の小事には大きな重要性があり，それらの目的や有用性がよりよく認識されることになった際には，最も称賛すべきものとなるのだ（神の知恵はそれらのうちに宿る）」(16)。ただし，人間が何らかの「新しい」現象について語る場合，たいていは，元来存在した事柄に「新しく気づいた」だけのことに過ぎない。さらに，「新しい観察」はつねに過去の成果のうえに行われる。ある時代に始められた観察ないし観測が，次の時代に伝えられることで「完成」を見る場合も多い。そしてその時代がまた，「いくつかの事柄を未完成のまま次の時代に暗示する (hint) であろうし，それらの完成はさらに次の時代の手に，そしていっそう先へと (onwards) 託される」(14–15)。

　ならば，「世界は老いるほどに賢明となる」であろう。だがそれは，「新見解は［専ら］目新しさ (Novelty) への愛着から生じる」という意味でも，「古の人々に対する傲慢な侮りから生じる」という意味でもない。「機知と活動 (Industry)」に関しては，われわれも古の人々も実のところ「同等」である。だが，われわれは彼らよりも「機会 (Opportunities)」において恵まれている。この点で，いっそう賢明となりうるのである。それはつま

第 2 章　デフォーと非国教徒学院

り、「後代が、前代における観察とともに自身における観察を役立てうる」からに他ならない。それゆえ、「亡き英雄たち」を崇め奉るあまり「あらゆる改革 (Reformation) に敵対する」ような者を除く、すべての人間にとって、「学問手法がみな向上を続けてきており、いまなお向上している」ことは十分に明白であろう (15-16)。

　モートンはこのように述べることで、自然学の目指すべき方向をいわば光で照らし出したと言える。彼は、人間の「機知と活動」が、換言すれば「人間理性」の働きが「すべての時代を通じて、なお同一である」(15) ことを疑わず、過去の人間が遺した知見の評価と継承を説いたが、同時に、それを基礎とした学問の向上ないし改善が、現在において、そして将来においても、着実に進行すると見た。「改革」は進んでいくのである。特にこの『一論』の文脈内において、その「改革」は、自然に関する知見が確実に蓄積され続け、自然学の知識が一方向的に増大していくことを指すと考えられる。過去、現在、将来をつなぐ時間の糸は、もはや単なる円環をなしてはいなかった。もっとも、人間自らの理性的能力は「堕落」以来不変であるとされ、したがって、理性を行使しうる領域はあくまで限定されているのだが、人間は自然界に遍在する神の作品を観察し続けることを通じて、宇宙の創造者たる神の「栄光」をいっそう深く理解することが可能となる。この点においてこそ、後代の人間はより「賢明」となりうるのである。

　ここで冒頭に返り、モートンが、天使の精神、人間の精神、野獣の精神に加え、第 4 の精神の存在を想定した意義について考えてみるならば、それは、聖書において提示されるキリスト教の伝統的世界観を決して棄却することなく、多くの面でそれに依拠しつつも、自然に対する考究を前進させることによって神の「栄光」ないし真理にいっそう接近しようとする、彼の姿勢の現れと見ることができるのではなかろうか。自然学の向上を通じてさえ人間理性は変質しえず、したがって、人間そのものの「完成」はもとより望みえないとしても、自然界における様々な事象を個々に観察し、それらを総合して体系にまで高めるという過程を繰り返し踏み行うこ

とを通じて，より高次の精神の働きについて認識を深め，知識を蓄えることができる。そして，最も高次の精神と人間の精神との間を媒介する，この特殊な第4の精神の働きを具体的に象徴するものこそが，渡り鳥であった。天上の月を目指して飛行する渡り鳥たちの姿は，さらなる知見の蓄積を目指して自然現象の考察を続ける自然哲学者たちの姿と重なりあうものである。その姿勢はまた，理神論とは区別されうるものとしての自然神学にそなわる姿勢とも，ほぼ一致すると言えよう。モートンの『一論』は小さなテクストであったが，しかし，啓蒙に向けた偉大な一歩を記したものに他ならなかったのである。

IV—デフォー『企業論』における商業と女性

1　デフォーとフランクリン

　モートン亡き後のボストンで，18世紀初め，のちに合衆国建国の父と呼ばれることになる人物が誕生した。フランクリン（Benjamin Franklin, 1706–90）である。「幼い頃から読書が大好きだった」彼が，少年時代，父親の蔵書からマザー牧師（Cotton Mather, 1663–1728）の『善行録』*Bonifacius*（1710年）とともに引き出して読み，大きな影響を受けた書物が，デフォー著『企業論』*An Essay upon Projects*（1697年）であった[16]。フランクリンは『自叙伝』で回顧する。『善行録』と『企業論』によってもたらされた「思想的転回」は，「これ以後の私の生涯における重要事件のいくつかに影響するところがあったように思う」と（Franklin 1904, I: 47–48／訳22）。

　フランクリンによれば，彼は「長老派信徒として，信心深い教育を受けた」（185／訳133）。「両親は早くから私に宗教的感化を及ぼし，少年時代を

---

[16] ボストンで獣脂蠟燭商を営んでいたフランクリンの父（Josiah Franklin, 1657–1745）は，もともとイングランドの生まれであったが，非国教会派の秘密集会に出席したために迫害を受け，1683年に新大陸に渡った。また，マザー牧師の父（Increase Mather, 1639–1723）は，1680年代の半ばから18世紀の初年まで，ハーヴァード・カレッジの学長を務めた。

通じて私を非国教会派の方向へと敬虔に導こうとした」。しかしながら，読書のなかで長老派の教義をめぐる様々な論争点の存在を知ったフランクリン少年は，懐疑的姿勢を強めて「啓示自体さえ疑い始め」ることになる。そして10代の半ばを迎える頃には，いったん「徹底的理神論者」に変貌した。だがその後，次第に「人間交際における真実，誠実，廉直が，人生の幸福にとって最も大切だと確信するようになっていった」彼は，社会的有用性の観点から信仰の意義を肯定的に捉え直し，とうとう理神論を放擲した。「無限の知恵，善性，力能といった神の属性からすればこの世に悪はありえず，悪徳と美徳というのも空虚な区別であって，そうしたものは存在しない」とする理神論の論理的帰結は，それがたとえ「真理」であるとしても，社会において持続的な人間関係を育んでいくうえでは「ほとんど役立たない」ものなのである (148-50／訳93-94)。よって，「尊敬の程度は異なったが，私はあらゆる信仰を尊敬した。あらゆる信仰に対するこの尊敬の念は，最悪の信仰でも何かしらよい効果を持つという見解と相まって，私を，他者が自身の信仰について懐いている善良な見解をけなす傾向を帯びた議論から遠ざけた」(186／訳134)。

　もっとも，フランクリンはあくまで人格陶冶の観点からこのように語っているのであって，つまり彼は，「真実，誠実，廉直」という世俗的美徳に支えられた社交的人間を形成するに際して，信仰がもたらしうる効用を再評価したに過ぎない。したがって，社交の前提となりうる「道徳原理をひとつとして説くでも主張するでもなく，われわれを善良な市民 (good citizens) ではなく長老派信徒にしようとしているらしい」と思われた，世俗外的倫理を述べ立てるだけの説教師の言葉に，フランクリンが価値を見出すことは決してなかったのである (187／訳135)。彼が説教師ないし信仰者に求めた資質は，デフォーがアネリ牧師のうちに見出した先述の「美徳」と，少なからぬ面で共通していたと考えることができよう。

　やがてロンドンに渡ったフランクリンは，同地で短期間，印刷工の職に従事した。彼が「『蜂の寓話』の著者マンデヴィル博士」に出会い，博士の「非常に剽軽で愉快な」人格に触れたのは，この1724年から26年にかけ

ての期間のことである (92／訳71–72)。1725年の暮れに職場を変えることになった彼が,「ロンドン滞在期間の残りすべて」にわたって勤務したのは,「リンカンズ・イン・フィールズ近傍」のワイルド・コート (Wild-Court) に建てられていた,「ワッツ」(John Watts, d. 1763) の経営する大規模な印刷所であった (94／訳74)。フランクリン自身が語るところによれば,「聖月曜日」の慣習など意に介することなく勤労に励んだ彼はワッツに認められ,「印刷所内の規則についていくつか合理的な変更を提案し, あらゆる反対を押し切ってそれらを実行した」というほどにまで「多大な影響力」を揮ったという (97–98／訳76)。

　この勤勉な青年が印刷所を去り, 再び新大陸に向かってから数年後のことであるが, ワッツはデフォーと交渉する機会をもった。デフォー著『完全なるイングランド紳士』の出版を引き受けるためである。1729年9月, デフォーはワッツに『紳士』の校正刷を返送し,「再度改訂を加え, 大いに縮約を施した」旨を伝えるとともに, 以後, 新たに版の組み換えの必要を招いて「あなたにあまりご迷惑をおかけしないよう, 原稿の残りは入念に修正してお送りするよう努力します」との言葉を添えている (Defoe 1955: 473)。この出版企画には, フランクリンと同じく若年に印刷業に従事した経験を持つデフォーの娘婿ベーカーも協力したようだが, 晩年のデフォーを襲った「ひどい病」がおそらく最大の障害となって (473), 企画は立ち消えになってしまった。

　ロンドンから新大陸ペンシルヴァニア植民地のフィラデルフィアへと居を移したフランクリンは, 自身で印刷業を開業するとともに, イングランドにおけるウィッグ領袖団を指す言葉であった「ジャントー (Junto)」をその名に冠した「相互向上のための」クラブを結成し, 同地における知的交遊の輪を広げていく (Franklin 1904, I: 153／訳98)。だが, 彼が「ペンシルヴァニアで開業した当時, ボストン以南の植民地にはまともな書店がひとつとしてな」く,「読書愛好家は書物をイングランドに買い求めるより他な」いというのが, 当時の新大陸の実情であった。したがって, デフォーの没年に当たる1731年, ジャントー・クラブがフランクリンによる「会員

第 2 章　デフォーと非国教徒学院　　　　　　　　　　　　　　　　　　109

制公共図書館」設立提案を了承した際には，ロンドンから新たに大量の書物を取り寄せる必要が生じた（181-82／訳129-30）。この機会に輸入されたと見られる書物の一覧中には，ニュートン，キール，ロピタル（Guillaume-François-Antoine de L'Hospital, 1661-1704），ヘイズ（Charles Hayes, 1678-1760）ら数学者の著作の他，ホメロスやクセノフォン，プーフェンドルフやシドニー（Algernon Sydney, 1622-83），ドライデンやイーヴリン（John Evelyn, 1620-1706）による作品が挙がり，さらには，スティール（Richard Steele, 1672-1729），アディスン（Joseph Addison, 1672-1719），スウィフトら同時代における作家の書き物と並んで，デフォー『完全なるイングランド商人』の名を見出すことができる（Van Doren 1991: 105）。フィラデルフィア図書館における最初の蔵書の一冊は，デフォーの商業論だったわけである。

　フランクリンによれば，公共図書館設立の効用はすこぶる大きかった。それは「すぐにその効用を明らかにしたので，他の町や地方がこれを模倣した。各図書館は寄附によって大きくなり，読書は広く行われるようになった。注意を勉学から逸らすような娯楽が何も知られていないので，人々はいっそう書物に親しみ，数年のうちに，彼らは他国の同じ階層の人々が一般にそうである以上によく教育され，いっそう知的であると，他国人から評されるにいたった」（Franklin 1904, I: 183／訳130）。かくして，新大陸における知的前進が本格的に開始されたのである。フランクリンというきわめて精力的な個人による多年にわたる実践の始原，あるいはその過程において，デフォーの『企業論』から受けた影響が強く作用したことは，すでに見たごとく彼自身が認めている。

2　商業論

　以下では，デフォー著『企業論』に見られる多数の論題のうち，特に商業論と教育論を取り上げ，両者を総合的に検討してみたい。後者においては，とりわけ女性教育論が重要である。この作業を通じて，デフォーの女性観がそのまま彼の商業観の根柢をなしている点が明らかとなるであろう。

1697年1月に世に出たこの書物は，ガラス税委員トマス（Dalby Thomas, c.1650–1711）に宛てた緒言に始まる。モートンの学院を出たものの聖職の道を諦めたデフォーは，以後10年以上にわたって商業活動に携わったのち，1695年にはトマス付の会計官となって，ガラス税が廃止される99年までこの職にあった（Backscheider 1989: 63）。緒言では，「5年近く」前にすでにその大半が練り上げられていたという『企業論』の構想の見取図が与えられる（Defoe 2000, VIII: 29）。続く序論は，「必要」こそ「発明の母である」と前置きしたうえで，「企業時代（The Projecting Age）」の到来を告げる。名誉革命と同時に開始された目下の対フランス九年戦争において，フランスの私掠船によるイングランド船舶の拿捕に伴う損失があまりの高額に上っているために，イングランド商人は「必要」に迫られ，知恵をふり絞って「発明」に取り組んでいる。換言すれば，戦争によって商業部門（保険業者を含む）にのしかかった重荷をはねのけ，失われた「信用」を回復するために，商人たちは新規まき直しとしての「企業」に駆り立てられているわけである（34–35）。

　デフォーによれば，商人とは「機知」によって生きる存在である。外国貿易（Foreign Negoce）は「慣習（Custom）の助け」にも依拠するが，同時にそれは当初から「あらゆる企画（Project），工夫，そして発明」の対象となる。自国の会計事務所にいながらにして全世界と交易を行いうるほどに成長した商人は，まさに「世界で最も知的な人間」であり，「新しい生き方」を工夫するのに最も長けた存在と言えよう（36）。しかしながら，企業には「誠実な（Honest）」ものもあれば「不誠実な（Dishonest）」ものもある。企業や企画，発明は「一般的に言って，公共のためになることは疑いない」し，それが「商業の発展」「貧民の雇用」「王国の公共資金の循環と増大」に寄与することは確かであるとしても，上の区別を忘れてはならない（36–37）。

　世間には，資金をかき集めようと大言壮語し，人々に「空想（empty Notion）」を説いて「新しいだけで中身のないもの（New-Nothing）」に投資させ，結局，株式を「購入した多くの家族を没落させる」ような不届き者も

少なくない。発明家や企業家を自称するこうした者たちは，本来の企図を達すると，さっさと自らの持株（Interest）を売り払って「雲隠れ」してしまう。後に残された出資者たちが互いに罵りあうなか，やがて株価は下がり始め，ついには「偽金（Brass Money）と同じく，全くの無価値になる」のである。「その前に売り払う者は幸せだ」と，デフォーは皮肉を交えて言う。これは明らかに「不誠実な」種類の企業である。

　だが，だからと言って「誠実な基礎のうえに立ち，公正な目標に向かう発明が奨励されないわけにはいかない」のであって，それは，「商業や工芸（Arts and Mysteries）に関する新発見が，間違いなく，世界中のあらゆる学院や王立協会の手による自然の作品に関する発見と同様の，巨大な便益をもたらす」からに他ならない（36–38）。ここには，自然に対するモートンの姿勢を受け継ぎ，それを人間の営みであるところの商業やそれに関連した技芸に対しても適用しようとする，デフォー自身の姿勢が顕著に現れている。ノヴァク曰く「発明発見の進歩に対するデフォーの信念は，同時代人スウィフトやポープのペシミズムとは驚くほど好対照をなすものであるが，これはおそらく，モートンの手で染み込ませられたものであったろう」（Novak 2001: 48）。

　デフォーは，彼が「不誠実な」企業と呼ぶところの，商業活動に随伴する負の側面にも，十分に考察を深めていた。序論に続く「企業の歴史」のなかで，彼は「株式投機（Stock-Jobbing）」という名の新しい「商売」が生まれたと述べ，次のような苦言を呈する。

　　それは最初，財産譲渡のような，ある人から別の人への単純で偶発的な株式の移転に過ぎなかった。しかし，その務めを手中に収めた仲買人たち（Exchange-Brokers）の勤労によって[17]，それは商売となったのである。そして，おそらくは最大限の術策，策略，ごまかしをもって営まれており，誠実

---

17) デフォーは序論のなかで，「あらゆる務めにおいて，勤労（Industry）は成功によって報われる」であろうと述べている（Defoe 2000, VIII: 35）。よって，ここでの Industry の語自体に否定的な意味づけはないと考えられる。

そうに見えるものも，つねにそうした術策，策略，ごまかしをもって処理されているのである（Defoe 2000, VIII: 43）。

仲買人たちは株式取引所を「賭け事師」の集会所に変え，「望むままに株価（Prices of Stocks）を上下させる」であろう。この「商業上の成り上がり者」すなわち株式投機は，「目新しい（Novel）提案」につきものの成功をしばらくは味わうだろうが，株式投機と，それに依存した企業ないし企画との由々しき関係は，やがて両者を「恥ずべき（scandalous）」水準にまで肥大化させ，ついには「公害」の域にいたらしめる (43)。

デフォーはさらに，「企業家（Projectors）について」と題した節において，不誠実な企業を「窃盗の近代的手法」とこき下ろし，企業家のなかには「つねに白鳥よりもガチョウが多い」とする。後者の企業家は，傀儡師が人形に誇大な話をさせるのと同じように，新発明について騒ぎ立て，その奇抜さを強調し，一種の「子どもだまし（Bauble）」を作り出す。そして特許状を獲得し，株式を分割してそれを売り払うのである。「創意と清廉に基づく誠実な発明」と然らざるものとの見分けがつかない「正直な愚か者」は，自らの「野心」に促されてこの似非事業に投資し，結局はお笑い種となる。資金集めという自らの仕事を終えた不誠実な企業家は，何の躊躇いもなくこう言いがちだからだ。「特許状と発明よ，おやすみ」。そして「姿をくらます」のである (44–45)。

株式投機を含め，デフォーは賭けに依拠した商業のありかたを好まなかったし，少なくとも，彼が公に示したのはそのような態度であった。不誠実な企業には，いわば奇蹟に賭けるか滅びるか，という点で，究極の賭け事とも評しうる性格がそなわっている。序論の末尾において，彼はマサチューセッツ総督フィップス（William Phips, 1651–95）の難破船探索事業に言及し，それを「10万分の1のくじ」と呼ぶ。見様によっては，フィップスの事業は風車に立ち向かう「ドン・キホーテ」のごとく滑稽なものである。その「危険（hazard）」の大きさを思うとき，もし失敗していれば，誰もが事業に関わったことを恥じ入ったに違いない。だがそれは首尾よく目

的を達成し，40年以上の昔に沈んだスペインの難破船から大量の銀塊を引き揚げた。確かに「それは成功した，よって誰がその企画を悪く言おうか」と，デフォーは問いかける。そして「運命の法則（Laws of Fate）」ほど「不公平な（partial）」ものはなく，幸運なだけの愚か者をみなが称賛するのであって，「順調な行動はつねに賢明で通るのだ」と，諦観を見せるのである。しかし彼は，こう忠告を添えておくことも忘れない。「人々を無用かつ異常な危険に向かわせる」この種の企業が時として好結果をもたらしうることもまた確かだとしても，それは，「人間が自身とその家族に対して負うべき，ある種の誠実さ」の点で非難を免れないだろう。自らの財産をそのように不確かな「冒険」に費やすことを禁じる「誠実さ」というものも，人間は持ち合わせているはずなのだ（38–39）。

なお，デフォーが『企業論』を世に問うてから20年ほどのち，スコットランド出身のロー（John Law, 1671–1729）がフランスにおいて企画したミシシッピ計画の失敗に連動して，イングランド（ブリテン）における初期の株式投機過熱とバブル崩壊，すなわち南海泡沫事件が発生する。南海会社株が投機資金の流入によって急上昇するなか，実質をはるかに上回ってしまった株価を維持するための窮余の策として南海会社側からの働きかけを受けて制定された「泡沫会社禁止法」（1720年）は，その本来の意図を越え，デフォーの言う「企業時代」そのものに終焉をもたらした。南海会社株への投資を妨げかねない競合会社が投機ブームに乗って次々と立ち上げられるのを予防する意図から設けられた同法の規定により，以後，一部の例外を除いて合資会社（joint-stock company）の設立には議会制定法か国王の特許状による承認が要求されることになったからである。かくして，大々的に投資を募る，あるいは投機を煽ることによる企業立ち上げはきわめて困難になった。現代の経済史家ジュリアン・ホピットによれば，この泡沫会社禁止法は「企業時代の終結に資するという効果を持った。同法は1825年まで機能し続け，事業形成をめぐる投機熱に確実な手綱をつける手助けをした……。1840年代から50年代にかけての鉄道時代にいたるまで，1691年から95年まで，そして1719年から20年までとの比較に耐えるようなバ

ブルは生み出されなかった」(Hoppit 2002: 338)。

3　英語教育論と軍事教育論

　以上の商業論を踏まえて，デフォーの女性教育論の検討に移ることとしたいが，まずは「女性のための学院」とあわせて論じられている他の2種類の学院について，簡単にみておこう。

　「学院について」と題された節において，デフォーは第1に英語教育の必要を取り上げ，リシュリュー（Armand Jean du Plessis de Richelieu, 1585–1642）の援助によって設立された「パリの学院」すなわちアカデミー・フランセーズを引きあいに出して，フランスで母国語の「洗練」と「矯正」が試みられているのに倣い，イングランドにおいても英語の「よりいっそうの完成」が目指されるべきだと主張する (108)。彼の望みは，英語を「世界の通俗言語のなかで，最も貴くかつ最もわかりよい言語とする」ことであった (110)。モートンの影響は明らかである。このモートンの弟子はさらに歩を進めて，イングランドにおける言語協会の設立を提唱し，「言葉 (Words) に関する最良の権威」であるところの「慣習」に従った，正しい英語の用法を確立すべき旨を力説した。慣習を踏まえない新語の濫造は貨幣濫造と同様に「罪深い」ものであり，これを防がねばならない。そもそも言葉や文体は慣習に従いつつ変化するものである。ただし，いわば「本質」としての「意義 (Sense)」は「理性」の判断に従い，慣習の支配を被らない。それ「自らが一個の法であり，つねに同一であって，議会制定法といえどもそれを変更することはできない」(112–13)。言葉や文体の背後に不変の「意義」を見出しうるとするこの主張は，名辞とそれが指示する実体とを区別する姿勢の現れと考えられよう。

　次にわれわれが目にするのは，『企業論』全編を通じて「最も壮大かつ有益な提案」とデフォーが自負するところの，「軍事学院」設立案である (115)。彼はすでに序論のなかで，「戦争の技術 (Art of War)」を「人知の極致」と呼び，特に遠距離砲撃技術の向上に着目していたし (34)，「企業の歴史」のなかでも，羅針盤とともに「火薬と銃」を聖書の時代以降に現れ

た二大発明として挙げ，さらに直近の1680年前後に登場した新発明としては，砲身に使用される新種の合金に言及していた (41–42)。

「軍事学院」論を展開するに当たり，デフォーは「戦争の格率」の変化を説く。長期戦を主とし，つねに「野営」を行って「明白に有利でない限りは戦わない」というのが，近代における戦争の格率である。かつては「敵に出会えば戦え」であったが，近代では，向上した軍事技術と大規模な軍隊を擁しつつ，戦闘自体を避ける傾向が顕著である。したがって，過去に比べて貨幣を費やす一方，流血が少ない。ここで彼が過去の戦争として念頭に置くものは，必ずしも古代のそれではなく，イングランドにおける「血まみれの内乱 (bloody Civil War)」すなわちピューリタン革命であった (116–17)。

かくして，いまや「最大の剣を持つ者」ではなく「最大の財布を持つ者」が最も巧みに戦争を遂行する。この表現は，そのまま，後述の常備軍論争のなかで再び唱えられることになる。デフォーは，九年戦争終結前の1697年1月の時点ですでに，戦争のありかたの変化に対する明白な認識を公にしていたのである。彼は次のように結論する。「人間は，肩にマスケット銃を担いで生まれてくるわけでも，頭に築城術を抱えて生まれてくるわけでもない」以上，剣を振り回す勢いが戦争の勝敗を決するような時代は過ぎ去ったのだから，向上を続ける戦争技術とその実践について，戦時のみならず平時においても，教育ならびに訓練を行うことが欠かせないのである，と (115, 117–18)。

4 女性教育論

それでは，デフォーによる「女性のための学院」論に目を移すとしよう。彼によれば，「女性教育の利点を否定する」ことは「文明化された (Civilized) キリスト教国」に暮らす者の間に存在する「最も野蛮な慣習のひとつである」し (125)，教育が「女性の心の自然美」に与えるはずの「光沢」を奪うことは，この世界で最も「愚劣な」事柄のひとつである (129)。

現状において，女性はせいぜい裁縫と名前の読み書き程度しか教わっていない。女性はその「愚かさ」「無礼」を男性から非難されているが (125)，もし彼女たちが男性と同等の教育を受けるのなら，男性と同程度の良識を身につけられるに違いない。なぜなら，女性には「男性と同等の教養 (Accomplishments) を操りうる魂」が与えられているからである (132)。「人類間の差異はすべて，身体構造上の偶然の相違か，取るに足らぬ教育上の相違から来ている」としたデフォーは，たとえ魂にそなわる才覚がみな同等であるとしても，身体器官に生来の障害があれば差が出てしまうのと同じく，教育の差もまた，人間のうちに差をつくり出す要因になっていると述べる。そして，男性と女性の間の差異は，専ら教育の差から生み出されているとした (131)。無意味なことを決して行わない神が，女性に「知識 (Knowledge)」と「知性 (Understanding)」を与えたのだから，女性の潜在的「才能」には大きな可能性が存すると考えられる。人間の「魂は，身体のうちに未加工のダイアモンドのごとく据え置かれており，磨かなければ光沢は出ない」のである (125–26)。

　さらに，「女性の才能は男性のそれよりも大きく，その感覚 (Sense) は男性のそれよりも鋭敏であると考えられる」とさえ，デフォーは主張する (126)。現状のままでは，女性が「その向上をめぐって」自らと「張りあう (vye)」ようになるのを恐れるあまり，男性は女性に対して教育機会を閉ざしている，と非難されても仕方がない。よって「あらゆる種類の有益な学問に関して，最低限に必要な教育機会」を女性にも提供すべき点が，一般に承認されねばならない。女性教育機関の具体的なありかたとして，彼は過度に「閉鎖的な」ものも，過度に「開放的な」ものも，ともに不可とした。前者の例として挙げられるのは，「独創的な婦人」アステル (Mary Astell, 1666–1731) による女子修道院設立案 (1694年) である。若い女性に特徴的な「気紛れ (Levity)」の資質を考慮すれば，「偏狭の高み」を伴わざるをえない修道院教育が，彼女たちに対する過剰な「束縛」に転じることは目に見えていると，デフォーは言う。「本性はやがて優勢となる」ものであるから，女性のこうした資質を無視したアステル案は「実行不可能」

第2章　デフォーと非国教徒学院　　　　　　　　　　　　　　　117

とわかるだろう。「独身主義（Celibacy）」のごとき「宗教的拘束」を前提とする，他のあらゆる教育案についても同様である（126–27）。

　では逆に，過度に開放的な学院が持つ欠点とは何であろうか。デフォーによれば，女性には「恋（love）」と呼ばれる「性向（Inclination）」が目立ち，誘惑に陥りやすいところがある。女性を支配するのは「徳（Virtue）」よりもむしろ「慣習」である。慣習によって，女性は賢明にもなれば愚かにもなる。したがって，学院では男性の出入をつねに厳しく規制し，男性との不要な接触を断つことによって，学院内への好ましからざる慣習の侵入を阻止することが肝要であった。つまり「自らの壁に囲まれた世界のなかで，婦人たちはあらゆる自由を享受する」というのが，彼の学院構想の基本なのである（127–28）。

　デフォーが構想するこの「女性のための学院」においては，女性の「天性と資質」に適うかぎりで有益な，あらゆる種類の教育が施されることになる。すでに触れたように，女性の感性は男性以上に鋭いと考えられるがゆえに，それを「神の被造物のなかで最も美しく，かつ最も繊細な」水準にまで高めるための，よりいっそう豊富な教育機会の提供が求められる。学院の学生たちは，「音楽」と「舞踊」に加え，フランス語やイタリア語をはじめとする複数の言語，そして「演説のあらゆる美点」と「会話に必要なあらゆる物腰」について教えられるが，これは女性の「知性」が，その「天性と資質」からして，「あらゆる種類の会話」ないし社交の実践に適しているためである。さらには，「世界を理解し，事物を耳にしたときにそれについて知り，判断することができる」ように，読書，とりわけ「歴史」の書物からの学習を奨励される（128–29）。すでに見た『人間の精神』のなかで，モートンは，歴史学が道徳哲学とともに「慎慮」の獲得に寄与すると説いていたが，おそらくデフォーの念頭にも，師と同様の考えがあったものと思われる。歴史とは慣習の積み重ねであるから，すぐれた歴史書を通じて，この世の諸事物に関する知識の習得と判断基準の形成を行うことは，女性教育において欠くべからざる要素と見なしうるであろう。

かくして女性は，若い時分にとりわけ見られがちな性向である「気紛れ」を抑え込むことなく，その働きを適度に解放し，同時に，弱さとしての「恋」を克服することで，慎慮と，男性に決して引けを取らぬ良識を身にまとうとともに，感性の豊かさにおいて男性を圧倒する存在となる。

> 十分な教育を受け，加えて，知識と振舞いに関する教養を身につけた女性というのは，比類のない被造物である。彼女の社交場は，崇高な享楽の象徴である。彼女の人格は天使のごとし，その会話は神のごとし。優しさと甘美，平和，愛，機知，喜びのすべてが彼女である。あらゆる点で，彼女は最も崇高な望みに適っている（129）。

これほどの可能性を秘めている女性に対して，当時の世界はあまりに冷淡であった。デフォーは言う。女性をめぐって「全世界が過ちを犯している」と。女性は，教育を通じてよりいっそう「洗練され (refin'd) かつ向上させられる」べき存在であって，「単なる家庭の支配人，料理人，奴隷」となるために生を授けられたわけでは，決してないのである（132）。

さて，『企業論』における以上の議論から，われわれは何を読み取るべきであろうか。デフォーが企業を誠実なそれと不誠実なそれとに区分し，後者を賭け事，すなわち「運命の法則」の「不公平な」支配に結びつけて論じたことを，われわれは見た。対して前者は，あくまでも人間の知識と知性，すなわち理性的能力に依拠したものとして捉えられており，そこにおける「発見」は，運命のルーレット式回転とは似ても似つかぬもの，つまり，月を目指して一直線に飛行するモートンの渡り鳥のように，真理に向けた推論を不断に継続する過程において，順次見出されていくもの，新たに気づかれていくものに他ならなかった。そして，モートンが専ら自然の作品について見ていた発見を，デフォーは商業やそれに関連した技芸のうちにも見出そうとした。モートンが古の人々の知恵を重んじつつ，後世はより多くの「機会」の点で過去以上に恵まれており，したがって，彼が「改革」と呼んだ知識の集積を通じていっそう「賢明」になりうると述べ

たように，デフォーもまた，商業に対する「慣習の助け」を評価しつつも，慣習の支配を甘んじて受けることなく，理性の働きを通じた商業上の新発見の積み重ねによる，そのいっそうの成長に期待したのである。彼が「人知の極致」と呼んだ「戦争の技術」は，戦争そのものの命運が「財布」すなわち資金力の大小に大きく左右されるようになった近代においては，商業論の文脈にほとんど取り込まれつつあると見てよい。

　そしてまた，こうしたデフォーの商業観は，彼の女性観と照応関係に置かれていると考えられる。すでに明らかなように，商業と女性は，ともに古人の知恵に裏づけられた慣習に支えられながら，前者は誠実な発明を通じて，後者は感性の洗練を通じて，そのいっそうの向上を見込みうる存在であった。これに対し，不誠実な発明は「株式投機」のごとき「新しいだけで中身のない」慣習を導入して商業を運命の支配にゆだね，それを害するであろうし，若い女性の「恋」をいたずらに煽り立てるような慣習は「気紛れな」彼女を翻弄し，その人格を貶めるであろう。さらには，これらを彼の言語観に関連づけることもできる。デフォーによれば，言語に対する「最良の権威」は慣習に他ならず，一般に通用している言葉や文体は慣習の支配を被りがちであったが，それらの背後には「意義」と呼ばれる不変の「法」が存在しており，それは理性の行使を通じて把握される。女性の「感覚」ないし感性が男性以上に鋭いと述べることによって，デフォーは，彼が「会話」に適性を持つとする女性の「知性」が，言語の本質をなす「意義」の認識において特にすぐれた働きを見せることを，示唆したのではなかったか。

　そうであれば，彼が「意義」と同一の言葉（Sense）によって表示したここでの「感覚」は，明白な理性的能力のひとつとして捉えられていたのであって，つまりは女性もまた，その「天性と資質」を十全に発揮することで，「徳」の支配のもとに置かれる男性とは異なる方角からではあるが，同様に，真理への道を照らし出しうる存在と見なされていたことになるであろう。それはまた，商業という営みには慣習の領域を超えた理性の領域がそなわっており，したがって人間は，その営みに加わることを通じても

等しく真理の探究に貢献しうるという，商業者デフォーの信念を示すものでもあるだろう。

V—結び

本章では，非国教徒学院の設立事情とその教育の内実について検討したうえで，王政復古期のイングランドにおける最も著名な非国教徒学院のひとつを運営していた教師モートンと，その弟子デフォーとの間の，思想的影響関係ないし継承関係を見た。新しい見解というものは，ただ「目新しさへの愛着から生じる」わけでもなく，また「古の人々に対する傲慢な侮りから生じる」わけでもないが，しかし「世界は老いるほどに賢明とな」りうる，つまり人間は一歩一歩，将来の改善に期待を寄せながら前進して行くことができるという，モートンのこの穏健な啓蒙主義的姿勢は，デフォーを大きく感化し，後者の『企業論』に現れる商業理解の礎となったのである。もっとも，デフォーの商業理解は17世紀末の時点ですでに完結していたと言うべき性質のものでは到底ない。彼の商業論は，その後の彼を取り巻く事情の変化に応じつつ，彼自身の手でさらに彫琢を施され，より豊富な内実を得ていくことになる。この点については，次章以下の議論を参照されたい。

では，最後に，アダム・スミスにとって「決して忘れられない」(Smith 1977: 308) 師であったグラスゴー大学道徳哲学教授ハチスン (Francis Hutcheson, 1694–1746) と非国教徒学院との関わりに短く言及し，本章の結びに代えることとしたい。

ハチスンの生国はアイルランドである。17世紀半ばに軍医として赴任して以来，アイルランドと深い関わりを持つことになったかのペティが，その著書『アイルランドの政治的解剖』*The Political Anatomy of Ireland* のなかで

  たとえアイルランドのプロテスタント教徒がカトリック教徒に対して［人口

比のうえで〕3対8であったとしても，プロテスタント教徒は諸々の市や町に住んでいるし，スコットランド人［長老派信徒］はそのすべてがアイルランド32州中の［アルスター地方と呼ばれる］5州内およびその周辺に住んでいるから，その他の諸州では，自治区を除けば，アイルランド人とカトリック教徒は［プロテスタント教徒に対して］20対1［の人口比］であるように思われる（Petty 1691: 113／訳195）

と述べたように，当時のアイルランド人口の大半を占めていたのはカトリック教徒であったが，ハチスンの生家は北アイルランドのアルスター地方にあり，そこでは，スコットランド出自の長老派非国教徒を含むプロテスタント教徒が例外的に多数を占めた。名誉革命後の20年強の期間には，およそ「5万人」に上るスコットランド移民が同地方に到来した（Hoppit 2000: 259）。ハチスンの故郷は，同じアイルランドに位置しながらも，その他の諸地域とはきわめて異なる性格をそなえていたのである。

ハチスンは，16歳でグラスゴー大学に入学する以前，マカルピン（James MacAlpine）が17世紀末にアルスター地方に設立した非国教徒学院に学んだ。マカルピンは「学識ある哲学の教師として，地元の長老派信徒の間にかなりの評判を得ていた」人物で，その学院においては「古典学，スコラ哲学，そしておそらくは神学」の講義が行われたと見られている（Scott 1966: 8）。ハチスンはまた，大学で牧師養成課程を修めて帰郷したのちの1720年代に，友人の招請に応じてダブリンに赴き，1730年に母校の道徳哲学教授に就任するまでの約10年間，その地で，主に長老派信徒の子弟を対象とした非国教徒学院を自ら運営した（23）。

このダブリン時代に，ハチスンはアイルランド出身の思想家モールズワース（Robert Molesworth, 1st Viscount Molesworth, 1656–1725）と特に親交を深め，共和主義思想に接近した。だがそれのみならず，当時の彼は，ブリテンの各地に点在する非国教徒学院の内部に形成され，人的交流等を通じて，徐々にその領域を広げつつあった学院独自の思想空間と呼びうるものからも，大きな影響を受けたのではなかったか。ハチスンが1730年代のグ

ラスゴー大学に古典語ではなく英語による講義を導入した事実はよく知られているが[18]，しばしば先駆的と評されるこの試みは，17世紀後半のイングランドで営まれていた非国教徒学院，とりわけモートンやウッドハウスのそれにおいて，すでに実践されていたものであった。たとえ学院での実践が学生の人数からして取るに足らないもののように見えようとも，その教育の水準は，すでに確認したように，紛れもない高等教育と呼びうるものであった。

　加えて，英訳された『道徳哲学序説』A Short Introduction to Moral Philosophy（1747年）のなかで，ハチスンが「習慣（Habits）」の役割に着目し，人間の「気質（Tempers）」の多様性が「様々な慣習，教育方法，指導，習慣，反対の手本」などによって増幅される，と説くとき，また「人間本性の真の幸福を探究すること，その偽りの外観を暴くこと，魂の高貴な諸機能を育成すること」に真摯に取り組む者なら誰でも，「最初に自然が与えたものであろうと，それまでの行動と事情が形成したものであろうと，自己の気質と性質の全体をかなりの程度修繕または改善することができる」と説くとき（Hutcheson 1747: 35-36／訳57-58），そこには，卓越した非国教徒学院教師であった『人間の精神』の著者が用いた言葉の復唱と，その背後に存する思想の共有とを，確かに見出すことができよう。

---

[18] ただし，ラテン語を基本としつつも，しばしば英語を使用した講義は，17世紀後半のグラスゴー大学に2例存在した（Smith 1954: 70）。

第3章

デフォーの社会思想 (1698年-1701年)

I ―はじめに

　17世紀前半のオランダに滞在したデカルトは，その『方法序説』(1637年)に

> この国では，長くつづいた戦争がりっぱな規律を生みだしていて，常備されている軍隊は，人々がいっそうの安心をもって平和の賜物を楽しみうるようにするためにのみあるかのごとくである。ここで私は，他人のことに興味をもつよりは自分の仕事に熱心な，きわめて活動的な多数の人々の群れのなかで，最も人口の多い町で得られる生活の便宜を何一つ欠くことなく，しかも最も遠い荒野にいると同様な，孤独な隠れた生活を送ることができた（デカルト2001: 39）

と書いた。それから半世紀ののち，イングランド，スコットランド，そしてアイルランドの三王国は，ヨーロッパ大陸に深い利害関係を持つオランダ総督を国王として迎え入れ，啓蒙の世紀であるとともに戦争の世紀でもあった18世紀という大海に，新たな帝国化を目指して漕ぎ出すための，最初の錨を上げたのである。
　デフォーは，1720年公刊の『ロビンソン・クルーソーの反省録』*Serious*

Reflections during the Life and Surprising Adventures of Robinson Crusoe のなかで，主人公クルーソーに次のごとく独白させた。「これを書いている間，自分は世界で最も多数の人々に囲まれていながら，つまりロンドンに居ながらにして，無人島に閉じ込められた28年間よりもいっそう孤独なのだと断言できる」(Defoe 1720: 4／訳522)。P. N. ファーバンクとW. R. オーエンズが指摘する通り，1720年をもってデフォーは「政治に背を向けたようである」(Furbank and Owens 2006: 4)。だが，上掲の文句は孤立した内面的観想の世界，独断の世界に引きこもる彼を暗示していたわけではない。孤独とは物理的な隠遁ではなく，心的な自律を意味する。そして逆説的に聞こえるが，この自律は社交への契機を含んでいる。なぜなら，自律を独善から区別するには他者との対話が不可欠であり，また自律の要件たる「心の平静（composure of soul）」は社会という相互扶助の場において得られるものとされているからだ (Defoe 1720: 7, 10／訳524, 526)。デフォーは社交という人間の営為のうちに理性の顕現を見た。彼はロビンソン・クルーソーをして，理性の光に照らされたイングランド社会の近代性を如実に語らしめたのである。

さて，ジョン・ブリュアによれば，イングランドは名誉革命からユトレヒト条約締結までのわずか25年の間に「根本的変革を経験し，強力な財政軍事国家に見られる主要な特徴のすべてを獲得するにいたった。高額の税，拡張しながらも十分に組織化された文民行政府，常備軍，そしてヨーロッパ列強の一員として行動しようという決意がそれである」(Brewer 1990: 137／訳142)。対外的にも対内的にも，1720年のイングランドは近代国家としての確実な歩みを見せ始めていた。この年勃発した南海泡沫事件は短期間のうちに収拾され，翌年，事件対応に辣腕を揮ったウォルポールが首相たる大蔵第一卿の地位を手にする。

ブリュアが言うには，「南海泡沫事件は短期的には大災害であり，公信用を倒壊させはしなかったものの激しく揺さぶった。この事件の帰結は長期的には有益であった。確かに不面目で腐敗した計画だったが，国家債務の構造を変えるという主目的は達成できたからである」(125／訳131)。ユ

第 3 章　デフォーの社会思想（1698年-1701年）

トレヒト条約によってスペイン継承戦争が終結したのち，イングランド（ブリテン）の国家債務構造はそれまでの短期債務中心から長期国債中心へと組み換えられていくが，初め長期国債の大半を占めていたのは固定高利子の非償還債券（元本償還不能）だった。政府は，取扱いに難のあるこの非償還債券を変動利子債券（元本償還可能）に置き換える試みの一環として，旨味の大きい（と信じられていた）南海会社株への切り換えを煽り，非償還債券保有者の多くをその気にさせることに成功する。1720年初めに1株130ポンドだった同社株は，同年4月に300ポンドに上がり，6月には1000ポンドの値をつけた。この株式投機ブームのなかで，「政府発行の非償還債券の85パーセントが，償還可能債券の85パーセントとともに，南海会社株と交換に引き渡された。保有者の大半は南海会社の株券をかなりの高騰価格で入手した」（125／訳131）。したがって，9月に入って株価が190ポンドに暴落したとき，ブームに踊らされて非償還債券を手放した人々が受けた衝撃はすさまじいものであったが，すでに述べたように政府にとっては，そのおかげで国債費を縮減する道が開けたという意味で有益だった。元本償還は容易ではなかったものの，利子の引き下げや国債の整理統合といった負担軽減策を採りうる可能性は大きく高まったからである。当時の政府が国債費の縮減を急いだ理由として，ブリュアは，「スコットランド人ジョン・ローがフランスをヨーロッパ最強の財政力を持つ国家に作り変えようとしているとの噂」によってかき立てられた「熱狂」の影響を挙げる（125／訳131）。両国間の対抗心や警戒心といった心理がひとつの要因となって，大陸におけるロー・システムの暴走とその破綻に一面では似通った現象がブリテン島内においても引き起こされたと言えるのである。

ウォルポールは，南海事件後の猛烈な政権批判と向き合うなかで，出版物を巧みに利用する政権反対者を力で押さえつけて根絶やしにするというより，むしろ彼らを操縦しつつ大まかな妥結点に誘導する方針へと舵を切った。その一大契機となったのは，最も強烈な政権批判を展開していたトレンチャード（John Trenchard, 1662–1723）とゴードン（Thomas Gordon, d.1750）による『カトーの手紙』*Cato's Letters* を連載中の『ロンドン・

ジャーナル』*The London Journal* 誌上で，1721年8月12日，南海会社役員らの内密の証言が実名入りで暴露され，南海事件の背後事情と欺瞞が明るみに出た一件である。同誌の発行所はすぐさま手入れの対象となり，印刷機は破壊され，所員は逮捕された。記事の序文で役員らを激しく罵倒したベンジャミン・ノートン・デフォー（Benjamin Norton Defoe）は煽動的文書誹毀罪（Seditious Libel）に問われ， 2日後に監獄へと送られた。ベンジャミンはデフォーの実の息子であった。だが，政権が露骨な強制力を用いたのはここまでであった。ウォルポールは方針を翻した。政権はまず逮捕直後のベンジャミンを買収し，彼に記事を書かせたのはゴードンであるとの情報を得る。そして翌年秋には『ロンドン・ジャーナル』そのものを買収する。これにより，トレンチャードとゴードンは他の雑誌に連載の場を移さざるをえなくなった[1]。貨幣で人を躍らせるかのようなウォルポールの統治手腕はコート・ウィッグのそれと目され，様々な批判を浴びながらも以後20年にわたって機能し続ける。

　だが，これより遡ること20年，すなわち1700年のイングランドは，はるかに不安定な状況に置かれていた。大陸には世界君主政（Universal Monarchy）の野望を抱く太陽王のフランスが健在であり，国内ではそのフランスに通ずることで旧体制の回復を目論む党派が一定の勢力を保っていたのである。オランダと結んで絶対君主国フランスに対峙するという構図に疑問が投げかけられ，常備軍は不要とさえ唱えられた1700年前後にあっては，イングランドの羅針盤はいまだ定まった針路を指し示せないままだった。ブリュアが述べるように，スペイン継承戦争を経たことによってこうした状況が一変したというのは確かであろう。それでは，1700年当時のイングランドをデフォーはどのように見つめていたのだろうか。

　本章および次章が焦点を当てるのは，1698年から1704年まで，つまり，

---

[1] Trenchard and Gordon（1995: xxxii–xxxiii）ならびに Backscheider（1989: 499–500）を参照。ベンジャミンはエディンバラ大学，ロンドンのイナー・テンプル法学院に学び，父と同じくジャーナリストの道に進んだが（Backscheider 1989: 312），その無軌道な著述ぶりがサヴェッジ（Richard Savage, 1697/98–1743）やポープの非難の的となった。

常備軍論争の時期から評論誌『レヴュー』Review 創刊の時期までの7年間である。この7年間に著されたデフォーの論説には個別に注目を浴びてきたものが少なくないが，当時の国内外情勢に絡めてそれらを総合的に取り扱った研究は不足していると考えられる。

例えば，「デフォーをイングランド文学史上著名な小説家，重要人物として取り扱うのと同様に，彼を社会思想家，政治思想家としても真摯に取り扱」わねばならないと主張するローレンス・ディッキーは，1698年から1707年までの期間を「魅惑的な研究単元」と呼び（Dickey 1995: 63–64），当該期間のデフォー思想に焦点を絞る。富国貧国論争の枠組を援用した彼は，商業社会と軍事社会の間の社会形態上の相違が賃金水準の差になって表れるとの認識がデフォーの賃金論の前提をなしているとし（94），その先駆性を高く評価するが，反面，同時代の社会的文脈のなかでデフォー自身が自覚的に取り組んだ実際的問題への関心が後退し，同時に，デフォーという具体的人格における思想的発展の契機が見失われているように思われる。

また往々にして，小冊子体の初期の諸著作は後年（とりわけ1720年代）に発表された大部の主要著作群との連関を中心に考察されてきた。つまり，小冊子執筆当時のデフォーの意図が必ずしも十分には汲み取られてこなかったのである。以下では，1698年から1704年にかけてデフォーが抱いていた問題意識を国内外情勢の分析を通して把握し，それに照らしてこの間の諸著作を読み解くことを目的とする。したがって先行研究とは異なり，当該期間において生じた彼の言説の変化，あるいは発展を追うことが可能となるであろう。

分析を試みるに当たり，J. G. A. ポーコックによる思想史学方法論から多大な影響を受けたことに触れておかねばならない[2]。しかし，そのポーコックがデフォーを終始一貫した近代派，コート（宮廷）派として捉えていることは一種異様である。「デフォーが期待したものは復古主義的（re-

---

2) Pocock（1985: 1–34／訳1–67）を特に参照。方法論集と呼ぶべき Pocock（2009）も十分に消化する必要がある。要領を得た解説としては，森（2002）を見よ。

storationist）でも黙示録的でもない。彼はジャントー・ウィッグ，イングランド銀行，そして常備軍を擁護するために著述した一個の近代人である」(Pocock 2003: 433–34／訳371)。この捉え方に共鳴しながら，M. E. ノヴァクもまた「政治的観点からすれば，デフォーは1690年代半ばにはすでに『コート・ウィッグ』と呼ばれる者の一人であったし，アン女王の治世にいたるまでその自意識を堂々と保持した」と述べる (Novak 2001: 120)。このような評価は，まさにポーコック自身の方法に照らして慎重な再検討を要するのではなかろうか。すなわち，「政治的発話はもちろん実践的であり，現在における必要によって形成されている。だがそれにもかかわらず，政治的発話は現在における実践の必要とは何であるかを発見するための苦闘に絶えず携わっており，そして政治的発話を用いる最も強力な精神は，既成の言語用法（linguistic usages）間の緊張について，また新規の様式で言葉（words）を用いる必要について，探究し続けている」(Pocock 1985: 13／訳21–22) とする彼の叙述が，なぜデフォーには当てはまらないのであろうか。この問いに対する答えは，H. T. ディキンスンがデフォーをカントリ（在野）派として捉えたという事実，すなわち両極端の見解が歴史学分野の碩学によって打ち出されたという矛盾した事柄のうちにはらまれているように思われる。この矛盾こそ，デフォーの言説が一定の傾向に固着せず，変化の可能性を有していたことを示唆するものではなかろうか。

　ゆえに，ポーコックが1698年のデフォーを1730年代のウォルポール政権に直接連結するコートの思想系譜上に位置づけ (Pocock 2003: 427／訳365)，ディキンスンが逆にコートの腐敗を指弾するカントリの立場をデフォーの言説から引き出した事実は (Dickinson 1977: 116／訳115)，デフォー思想を7年間にわたって考察していく際の有効な参照点となる。そして両見解の対立を乗り越える方途は，デフォーによる持続的な思索の軌跡を綿密にたどる試みを通じてのみ，見出されうると考えられる。

Ⅱ─財政金融革命

　ポーコックが「破壊的な経済的変化の時代」(Pocock 2003: 422／訳361) と呼んだ名誉革命後の一時期に，イングランドは財政金融革命と呼ばれる様々な経済制度改革を経験する。1692年に土地税が，93年に国債制度が導入され，その翌年のイングランド銀行創設，そして1696年の交易委員会設置と続き，同年から翌年にかけては貨幣改鋳が実施された。この改革の流れと軌を一にして，1697年頃より，為替相場の動向を記したロンドン最初の出版物『為替等の推移』*The Course of the Exchange, and Other Things* が亡命ユグノーの株式仲買人カステン (John Castaing, d.1707) の手で発行され始める (McCusker and Gravesteijn 1991: 312-13)。このように，名誉革命とほぼ同時に開始された対フランス九年戦争がイングランドに要求する巨額の戦費は，その調達手段の拡充と交易ないし商業の振興とを不可欠かつ不可避のものとしたのであり，その過程は行政府の支配力強化に直結することになる。それを象徴するのが，「17世紀末における大蔵部 (Treasury) の勝利」(Brewer 1990: 129／訳135) と，同部局のその後の発展である。

　中世以来の財政機関に当たる財務府 (Exchequer) 内に存した大蔵部は，ロンドン官庁街名の由来として知られるダウニング (George Downing, 1st Baronet, 1623-84) が1660年代にオランダをモデルとして進めた財政改革の際に母体から分離独立し，やがて国家財政の中心機関となった。ダウニングは，新大陸のハーヴァード・カレッジを卒業後，クロムウェル指揮下のイングランド軍偵察隊長としてスコットランドでの諜報活動に従事し，共和政期には外交任務を帯びてフランスの宰相マザラン (Jules Mazarin, 1602-61) やオランダとの折衝に活躍したという，多彩な経歴の持ち主である。1656年に財務府出納掛の定職を得た彼は，王政復古後も各種委員を兼務しながら財政改革の全般に関与し，その多くを主導した。

　大蔵部の長に当たる大蔵卿はカンタベリ大主教と大法官に次ぐ高位にあり，閣僚と枢密顧問官の立場を兼ねた。ただし，単独の地位の場合 (Lord

High Treasurer) と，委員会制に依拠する複数の地位の総称である場合とに分かれ，後者においては大蔵委員会首席委員の第一卿 (First Lord of the Treasury) が大蔵部を代表し，財務府長官 (Chancellor of the Exchequer) が委員の一人として必ず参与した（下院議員が第一卿に就く際にはその人物が財務府長官を兼務した）。ウィリアム3世およびメアリ2世の治世では大蔵委員会が，アンの治世では概ね単独の大蔵卿が置かれたが，ハノーヴァー王位継承（1714年8月）後は大蔵委員会制に一本化される[3]。

かくして，ブリュアの言うように「収入部局と支払部局の双方を含めた［政府の］全部局が，大蔵委員会という単独の組織に説明責任を負う」という，初期近代イングランドに特徴的な「きわめて集権的な財政制度」が確立していくのだが（129／訳135），それは立法府に対する行政府の優越を招来しかねない過程でもあった。ここに，行政府寄りの党派たるコートと，それを腐敗として糾弾するカントリという，同時代の思想をある意味で彩る二党派間の対立軸が明確なかたちで出現する。そしてウィッグとトーリという，王位継承排除危機（1679–81年）以来の対立軸がそこにクロスすることにより，1690年代半ばから18世紀初頭にかけての党争の基本図式が構築されるのである。ポーコックはこう表現する。

> われわれは，コートとカントリの対立がウィッグとトーリの対立と織り合わされざるをえない領域に踏み込むのであり，この領域にこそ，歴史標語としての「党派の熱狂 (rage of party)」が当てはまる (Pocock 1985: 232)。

特に1690年代後半においては，常備軍論争をいわば極点として，行政府を率いるウィッグ領袖団ことジャントーと，それに対峙する下院カントリ連合との争いが顕著である。

本節では，同時代における社会思想の展開の一側面をデフォーという個人のうちに見出すという，次節以降の作業に取りかかる際の前提として，

---

[3] 概説としては Baxter (1957) が有益であるが，1660年代の改革については Roseveare (1973) を参照。史料編と解説編に分かれる後者は，小著だが詳細である。

第3章　デフォーの社会思想（1698年-1701年）

上に列挙した経済諸改革の具体的背景を整理し，当時の政治的文脈をできるだけ明確にしておきたい。

1　土地税と公信用

　直接税として新設された土地税は，コートの膨張を警戒するカントリの切り札のひとつであった。それは次のような意味においてである。

　1692年に導入された土地税制度は当初，各国民の財産を査定して，評価額1ポンドにつき4シリングを賦課するという方式を採用した。しかし，正確な査定の困難から1697年には事実上の割当税（quota tax）に移行することと決し，1692年における各地方の担税割合に応じて，議会の税収見積総額を各地方に割り振るかたちに変更される（Braddick 1996: 97-99／訳94-95）。以後，アン治世の末まで，土地税収入は消費税，関税等の間接税収入をほぼ一貫して上回り続けたが，そこには，行政府の肥大化を警戒する立法府側の思惑が作用していた。ジョン・ブリュアは次のように述べている。

　　土地税は土地保有者層には重い負担に違いなかったけれども，行政権力の発動を最小限にとどめるものだったから，下院が他税以上に好んだ。それは，課税と税率の双方が毎年議会の承認に付されたため，また徴収が各地方のジェントリの手で差配できたためであった。土地税は中央に任命された役人の大集団の配置を通じてではなく，国王の命による自治制度を通じて運営された。つまり土地税の選択は，財政軍事国家の拡大を抑えるための議会戦略のひとつだった（Brewer 1990: 99-100／訳108）。

土地税とは異なり，間接税は「中央に任命された役人」の手で直接に徴収

4）徴税請負制度（farming）が廃止され間接税の直接徴税が確立するのは，王政復古期である。財政金融革命の基礎は「オレンジ公ウィリアムの招聘前に」一定程度の実現を見ていた。「17世紀末の財政変革の諸条件を生み出すのに寄与したのは，対フランス戦争よりも，むしろ［1660-70年代の］対オランダ戦争であった」（Tomlinson 1979: 105）。

されたから4),それは「財政軍事国家の拡大」を促進しかねない税であり,カントリの側はそれを,危険な貨幣利害(monied interest)の増長を招いてイングランド古来の土地利害(landed interest)を脅かすものとして把握した。実際に,ハノーヴァー王位継承後の政府が,各政府部局の発行する短期借入金に代えて長期国債を主要な資金調達手段として採用し,同時に国債利子の支払いに振り分け可能な間接税収入を国家歳入の根幹に据えるにいたって,土地税の重要性は著しく低下する(116–19／訳124–25)。こうして公信用の体系は膨張への歯止めを失い,国債は累増して金利生活者の大群が生まれ,18世紀後半には,例えばヒュームが「公信用について」*Of Public Credit*(1764年版)のなかで「ある政府がその歳入をすべて抵当に入れてしまった場合,その政府はどうしても無気力,不活発,無能力の状態に陥ることを,われわれはつねに見てきた。……大ブリテンは明らかにそこへ向かいつつある」と嘆息した状況が現出するのである(Hume 1987: 360／訳132)。

もっとも,ポーコックが指摘するように,17世紀末から18世紀初頭にかけての時期の言説において,土地利害と貨幣利害との間には「純粋なドグマや対立命題など存在しなかった」のであり,両陣営の著述家はほとんど共通の前提を受け入れたうえで議論を戦わせた。土地を徳の基礎とするカントリ(ないしトーリ)の著述家の想定を,コート(ないしウィッグ)の著述家も否定しなかった。つまり,後者が強調したのは,貨幣や商業を伴わない土地は無価値だという点だった。逆に,「土地以外に富のない社会」という素朴なイメージは「在郷地主(stay-at-home squire)とその高教会派政治」に対して,すなわち極端な右派的政治に対してのみ適用できたにとどまり,実際のところ前者の多くにとっては,土地とともに商業の存在する社会,あるいは土地が商業に依存する社会という想定は,容認可能,そして利用可能であった。争点は,むしろ紙券信用のかたちをとった公信用が「必要悪以上のものかどうか」という点にあった(Pocock 2003: 446–49／訳384–86)。

このあたりで,初期近代イングランドないしブリテンの社会思想を把握

第3章　デフォーの社会思想（1698年–1701年）

するうえで欠かせないカントリとコートという2つの思想的立場の内実を，いっそう明確なものにしておく必要があるだろう。ポーコックは前者を「新ハリントン主義者」と言い換え，「商業と金塊がこの世界に登場し，土地の社会的性格を回復できないほど変化させたことを，新ハリントン主義者たちは認めた」とする（447／訳384）。新ハリントン主義者とは何者か。彼らに定義を与えるには，まずその命名の由来であるところの共和主義思想家ジェイムズ・ハリントンの思想に触れておかねばならない。

　護国卿クロムウェル治下の1656年に，ハリントンは『オシアナ共和国』 *The Common-Wealth of Oceana* を出版した。当時は上院が廃止されており，立法権はただ一院（および条件付きで護国卿）にのみ与えられていた。このなかの，よく知られたケーキの比喩の登場する箇所を，ここで取り上げておこう。

　仮に20名の人間から共和国（commonwealth）をつくるとすると，割合にしてその約3分の1に当たる6名は，「賢明か，少なくとも残りのみなに比べて愚かさが少ない」と考えられよう。この「卓越さをそなえた」少数者がその他14名の指導者となり，共和国を導いていくことになるが，この仕組みは「自然的貴族政（natural aristocracy）」である。つまり6名は「世襲の権利」に基づいて指導者と認められるのでも，「財産の大きさ」にのみ基づいて認められるのでもなく，人々を指導するすぐれた「徳や権威」の素質を理由に選出され，指導者として承認されるのである。そして，彼ら6名が「評議会（senate）」のメンバーとなる。彼ら評議員は「人々の指導者（commander）であるだけでなく，人々の相談役（counsellor）でもある」から，評議会の役割はその他の人々，つまり多数者に強制的に命令することではなく，問題について討議し，多数者に対して「助言」または「提案」を行うことである。したがって，評議会は「共和国の討議会（debate）」に等しい。ここでの「討議」とは，一見すると「似ているが同じではないものを識別し，その違いを明らかにすること」や，様々な理由を区別してそれらを比較考量すること，つまり「分割すること（dividing）」を意味している。

ハリントンは次のように続ける。「では，評議会が分割を行った際に，誰が選択すべきなのだろうか。［2人の］少女たちに尋ねよう。なぜなら，もし［ケーキの］分割を行った少女［＝少数者］が選択も行ったとしたら，彼女が全く分割を行わず，ケーキ全体を自分のものとし続けた場合と同じくらい，もう一人の少女［＝多数者］にとっては不利になっただろうからだ。選択も行うことになっていたら，［前者の］彼女はそれにふさわしい［つまり，自分に有利なように］分割を行うからである。そのため，評議会が分割以上の権限を持つ場合には，共和国は決して平等とはなりえない。だが，ただひとつの会議（council）から成り立っている［一院制］共和国では，分割する者以外に選択する者が存在しない。ゆえに，そのような会議では必ずや奪いあい，つまり党派争いが起こる。この場合には，彼，彼女ら自身で，ケーキを分けあうしかないからである。別の会議に選択を行わせる以外に解決策はない。少数者の知恵は人類の光かもしれないが，少数者の利益（interest）は人類の利得（profit）でも，共和国の利得でもない」からである。

　したがって共和国には，「分割」と「選択」をそれぞれ別個に行うための2つの会議が必要である。分割する会議は「共和国の知恵」を，選択する会議は「共和国の利益」を体現する。そして「共和国の言語では，分割と選択は［それぞれ］討議（debating）と決議（resolving）なのである」（Harrington 1992: 23–24／訳246–48）。討議の権限と決議の権限を分け，少数者に前者の権限を，多数者に後者の権限を与えるべしとする，この権力分立の発想は，議会二院（上下院）制に思想的根拠を提供するものであった。

　1658年9月にクロムウェルが没すると，共和政イングランドの動揺に拍車がかかった。こうしたなかで，1659年11月，ハリントンはロンドンのとあるコーヒーハウスに政治クラブを結成する[5]。「ロタ（Rota）」と名づけ

---

5) ロタの拠点となったのは，マイルズ・コーヒーハウス（Miles's Coffee House），通称「トルコ人の頭（The Turke's Head）」で，ウェストミンスター・ホールの入口近くにあった。部屋には大きな楕円形のテーブルが置かれ，テーブルの中央には店主のマイルズがコーヒーを配れるように通路が設けてあったという。Lillywhite（1963: 366）や小林（2000: 133）を参照。

第 3 章　デフォーの社会思想（1698年-1701年）

られたこのクラブには，彼の親友で議会議員を務めるネヴィル（Henry Neville, 1620–94）をはじめ，オーブリ（John Aubrey, 1626–97），ピープス（Samuel Pepys, 1633–1703），ペティらが出席したという。のち1700年にハリントンの著作集を編み，これに「ジェイムズ・ハリントンの生涯」を付したトーランド（John Toland, 1670–1722）は，1690年代の初めにウッド（Anthony Wood, 1632–95）がオーブリの協力を得て編纂した人名事典から，ハリントンとロタ・クラブについて述べられた次の一節をそのまま引用している。

　統治に関する，そして共和国の秩序づけに関する彼らの談義は，これまでに耳にしたなかで最も独創的で，かつ抜け目のないものであった。議会討論も彼らの談義に比べたら全くつまらないものだ。この団体は投票箱（balloting Box）を持っており，どのように物事が進められるべきかについて，実験的に投票を行っていた。イングランドでは，それ以前，こうしたことのために投票が利用されることはなく，あるいはそれについて知られていなかったので，部屋は毎晩人でいっぱいだった……。その原則はとても興味をそそるものだったし，誰も国王が戻ってくるとは予想していなかったので，なおさら興味深いものであった。この輪番制（Rotation）と投票制を議員の大多数は嫌ったが，それは彼らの権力が脅かされるからであった。賛成したのは 8 名から10名で，そのうちの 1 名が H. ネヴィルだった。ネヴィルがこの原則を議会に提案し，この種の統治を採用しなければあなたがたは滅びることになると，議員たちに説いたのである。そのモデルによれば，議員の 3 分の 1 が毎年の投票を経て交代し（向こう 3 年間は再選出されない），したがって 9 年［ 3 年？］ごとに全議員が入れ代わるだろう。いかなる行政職員も 3 年以上は勤続できず，全員が投票で選出されるので，いくつかの理由で大勢の人々に反対されたとはいえ，その当時はこれ以上に公正かつ公平なものは考えられなかった。この共和主義者（Commonwealthsmen）のクラブは1659年［＝1660年，当時の暦法による］ 2 月21日頃まで続いたが，その日，除名議員たちがジョージ・マンク将軍によって復帰させられたので，共和主義者たちのモデルはすべて消滅した（Toland 1700: xxviii–xxix）。

スコットランド軍総司令官マンク将軍 (George Monck, 1608–70) の登場によって，ハリントンやネヴィルによる議会改革の試みは頓挫した。かつて独立派と対立して議会を追われていた長老派議員たちが大挙して議会に復帰し，その3か月後にはロンドンで王政復古が宣せられて，チャールズ2世が即位する。当時チャールズはオランダに亡命中だった。国王の帰還は世襲貴族の拠点としての上院を復活させ，国教会体制を甦らせた。同時にそれは，信仰上の線引きをあらためて行い，新たに非国教会派を生み出すということでもあった。デフォーはこうしためまぐるしい変動の直中に生を受けたのである。

ロタ・クラブで頻繁に人を集めて試みられていたとされる，(無記名) 投票に基づく集団内の意見集約の方法は，ウッドによれば，当時のイングランドにおいて非常に目新しいものであり，したがって根の浅いものでもあったから，王政復古の奔流に呑まれてただちに消え去ってもおかしくはなかったし，ウッドは「共和主義者たちのモデルはすべて消滅した」と明言している。しかしながら，前章で見たように，無記名投票による多数決を経て規則の制定ないし立法を行うという仕組みは，少なくともひとつの非国教徒学院，すなわちデフォーの学んだモートンの学院内には根づくことになった。

復古の流れを前にして共和主義者ハリントン自身はなすすべなく，いわば挫折を味わった。しかも王政復古の翌年，ハリントンは反逆の企図ありとされ，経済論者バーボン (Nicholas Barbon, c.1637–98) の父と言われる旧聖者議会議員ベアボーン (Praisegod Barbon [Barebone], c.1598–1679/80) らとともに逮捕されて，ロンドン塔に投げ込まれる。そして投獄中に心身をひどく衰弱させた彼は，釈放されたのちに狂気に陥ってしまった。オーブリの『名士小伝』 Brief Lives によれば，「狂気はすさまじいものではなかった。彼は十分まともに話をしたし，うまい冗談さえ言ったりしたからだ。とはいえ彼は，自分の汗が蒸発して蠅に変わったり，時には蜂に変わったりするという奇想にとりつかれるようになっていった」(Aubrey 1999: 126)。彼にとっての救いは，このような狂気を目の当たりにしてもそのそばを離れ

第 3 章　デフォーの社会思想（1698 年–1701 年）　　　137

ることのない，真の意味での友人を得ていたことであろう。かつて彼とともにロタの中心人物として活躍したネヴィルは，王政復古後は微妙な立場にたたされながらも，親友の最期のときまで，決してそのもとを去ろうとはしなかった。オーブリは次のような印象的な筆致でハリントン小伝を結んでいる。

　　ヘンリ・ネヴィル氏は，ハリントンの最期の日まで，決して彼を見放さなかった。亡くなる前の丸 1 年近くの間，彼の記憶と思考力は病のために失われていたが（近頃まで懇意にしていた活発で陽気な男性に，こうした滅びの例を見出すのは悲しいことである），この紳士は，その不断の友情ゆえに私は決して忘れはしないけれども，友人が知力の絶頂にあった頃と同じように，正しく敬意を払いながら，ずっと彼を訪い続けた。真の友である（127）。

　のちにヒュームは，その論説「完全なる共和国の理念」 *Idea of a Perfect Commonwealth* のなかで，『オシアナ共和国』における輪番制の悪平等や評議会による専制の危険を指摘したけれども，しかし同書は「これまで公共に示されたなかで唯一価値ある共和国のモデルである」とし，さらに「すべての自由な統治は 2 つの会議から成り立たねばならない。より少数のものとより多数のもの，換言すれば，評議員と人民から成り立たねばならない。ハリントンが述べているように，民会は評議会がなければ賢明さを欠くであろうし，評議会は民会がなければ誠実さを欠くであろう」と述べて（Hume 1987: 514–15, 522–23／訳289–90, 298），ハリントンのモデルに対して一定の敬意を払った。

　ポーコックは次のように評している。ピューリタン革命後の比較的平等な財産分配状況のうえに立ち，共和政イングランドの近未来に理想的な農本社会のイメージを重ねあわせたハリントンは，封建的旧貴族からの国民ないし人民の解放と，それによる「新しく革命的な力」すなわち「民兵軍」創出の可能性とを，積極的に評価していた。彼が将来に期待したものは人民の手によるイングランドの「革新」であり，逆に，古来の国制（国

王，貴族，人民の世襲三身分からなる混合国制）は「ゴシック的不安定」として消極的に受け止められた。彼の共和主義的言説の内部には「才能と機能をそなえた貴族」すなわち「自然的貴族」のみが居所を与えられ，世襲的貴族は否定されている。以上がハリントンの横顔であるとすれば，新ハリントン主義者はどのような風貌をそなえているのだろうか。さらにポーコックの言葉を引いておこう。

　王政復古後にその姿を現した新ハリントン主義者と呼ばれる人々が属していたのは，「旧貴族を支持する議論」の文脈であった。彼らは世襲的貴族の存在を保守しつつ，その封建的性格に対する批判をかわさねばならない立場に置かれた。彼らにはハリントンのラディカリズムを現実と「和解」させることが求められたのである。それゆえ，宮廷の恩顧分配（官職供与）や常備軍の増強という経路を通じて議会を弱体化させる「敵」の姿が描き出され，「腐敗」の脅威に対抗する必要が強調される。この文脈においては，ハリントンの革新的命題が古来のゴシック的混合国制の範疇に取り込まれ，人民の自由は過去に実在した，つまり国王や旧貴族の存在と両立しえた，と再解釈されることになった。これは将来から過去への「時間的継起の逆転」を意味する (Pocock 2003: 414-417／訳354-356)。

　新ハリントン主義者は，財政金融革命が進行する自らの時代の現実と対峙するなかで，ハリントンの言説を換骨奪胎した。アリストテレスにおける自律性の概念が中世フィレンツェで「軍事」（マキアヴェッリ）の装いを，そして17世紀半ばのイングランドで「所有」（ハリントン）の装いを身につけた結果として生み出されたイメージ，すなわち基体としての土地財産に立脚して自衛かつ自活する「自由土地保有者」のイメージを，理想の有徳な人間像として将来に配置するのではなく，逆にイングランド古来のゴシック国制にそなわる美点を体現した過去の記念物として顕彰するにいたったのが，彼らだった。財政軍事国家の成長を警戒する彼らの目には，国債をはじめとする利付証券の市場が大きく成長し，実体的な商取引が証券市場の動向に左右され，土地の価値を含むすべてが「利子率次第」と化し，その利子率自体が「短期的には［人々の］意見と情念，希望と恐怖に

第3章　デフォーの社会思想（1698年-1701年）

よって決定される」ような社会，人々の集合的「主観」に強く影響されがちな「紙券信用」に基礎を置くような社会は，きわめて不確実なものと映った。

したがって，ポーコックの議論に従うならば，カントリとコートの立場上の相違は，その不確実性を肯定的に見るか否定的に見るか，つまり事実認識ではなく価値判断の相違にこそある。カントリに対するコートの論客たちは，信用を「意見，情念，および空想の力を象徴するとともに現実化する」ものとして肯定的かつ積極的に把握し，それを「気紛れな（inconstant）女性の姿」に擬人化して見せた（450–52／訳386–88）。ジャントーに与しがちなコートの論客にとって，公信用は必要悪以上のものであった。

2　交易委員会

以上を踏まえて，新交易委員会（Board of Trade）設置をめぐる宮廷と議会との，すなわち行政府と立法府との対抗関係について見ておこう。

「革命後の議会のさらなる攻撃から国王大権を防衛するため，交易委員会は設置された」（Steele 1968: 17）。この交易委員会，正式には「交易と植民地に関する委員会（Lords Commissioners for Trade and Plantations）」は1696年5月に設置されたが，その原型は，のちに初代シャフツベリ伯爵（1st Earl of Shaftesbury）となるアシュリ（Anthony Ashley Cooper, 1st Baron Ashley, 1621–83）とロックの構想に基づいて1670年に設けられた植民地評議会（Council of Plantations）にある。交易問題を扱う権限を追加付与されたものの，あくまで枢密院の助言機関すなわち情報機関という位置づけにとどまった同評議会は短命に終わり，1675年，新たに交易委員会（1696年のものと同一名称）が設置される。これは枢密院委員会として特に植民地問題に対する強力な管轄権を持ち，最初の10年は精力的に活動したが，やがて人材の喪失などを理由に目立って衰弱を始め，1690年代初頭には数多の批判にさらされた。

かくして，その代替組織の設置が検討され，シュローズベリ（Charles Talbot, Duke of Shrewsbury, 1660–1718）の植民委員会案やダヴナント（Charles Davenant, 1656-1714) の交易評議会案などを踏まえた新委員会案が，1695年12月，国王ウィリアム3世とジャントー・ウィッグの強い意向を受けてまとめ上げられた。下院はこれに反発し，同時併行的に議会主導の交易委員会設立法案の準備を進めたが，翌年2月にジャコバイトらの国王暗殺計画が明るみに出たことで法案の審議が停止し，そのまま4月の閉会を迎える。その直後，下院の反感に配慮して前年末の委員の人選を多少変更した新交易委員会が，あらためて国王の認可を得たうえで設置されたのである。結局はコートの案が通ったものの，対抗案は実のところ複数存在していた。イシュトファン・ホントが指摘するように，シュローズベリやダヴナントのコート案と「競合していた案は，国民を代表する直接選出の商人会議という，準共和主義的企画であった」(Hont 2005: 240／訳435)。

　例えば，ロンドンで仲買人を営み，1680年頃から取引対象商品の価格動向を掲載した『商人備忘録』*The Merchants Remembrancer*（のちに名称変更）を発行していたウィストン (James Whiston, c.1641-1706) は，『交易衰退に関する一論』*A Discourse of the Decay of Trade*（1693年）とこれに若干の加筆修正を加えた『国の交易をめぐる現在の惨状の諸原因』*The Causes of the Present Calamities in reference to the Trade of the Nation Fully Discovered*（1695/96年）を出版し，「交易についての教育を受けていない貴族やジェントリが，問題となっている事柄の完全な理解に到達することは不可能である」と論じて，商人主体の交易委員会案を提示している (Whiston 1693: 4)。後者の小冊子で展開された彼の案によれば，イングランド東インド会社や王立アフリカ会社等の各貿易会社，西インド諸島やヴァージニア等の各植民地と国外拠点，さらに造船業者や絹織物業者が2名ずつ委員を出し（計36名），通常20名程度の参加を前提に委員会を週3回開催して，毎回の報酬に一人当たり10シリングを，年額にして78ポンドの少額を支払うこととされていた (Whiston 1695/96: 6)。これは給与総額を年1560ポンドに抑える点で財政負担の小さい案であったが，以下で見るように，実際に設置された委員会の首席は世襲貴族が占め，委員年俸総額のみで年8000ポンドに達することとなる。

新規設置の交易委員会に期待されたのは，イングランドにおける重商主義的利害の保護監督機関としての役割であったが，議会を警戒するなかで宮廷が権限委譲に慎重となったため，委員会には枢密院の助言機関としての消極的な機能しか与えられず，「効率的な植民地行政は見失われた」(Steele 1968: 18)。同委員会に対する下院の反発の背後には，宮廷で勢力を増しつつあったサマーズ(John Somers, 1651–1716)らのジャントー・ウィッグと，当時無官の黒幕大臣ことサンダーランド伯爵(Robert Spencer, 2nd Earl of Sunderland, 1641–1702)の対立が横たわっていた。

　のちにスミスが『国富論』の執筆に当たって「大いに依拠した」(Ross 2010: 241／訳259)とされるアンダースン(Adam Anderson, 1692–1765)の『商業の起源に関する史的年代記的推論』*An Historical and Chronological Deduction of the Origin of Commerce, from the Earliest Accounts to the Present Time*(1764年)によれば，交易委員会は「(非常時にのみ出席する大臣に加え)王国貴族を通例とする首席委員と，他7名の委員で構成され」，外国貿易と国内商業を改善するための「絶好の時期」に設置された。そして，これら8名の委員は各々1000ポンドの俸給を与えられ，その一人は「著名なジョン・ロック」が務めたのである(Anderson 1764, II: 214)。サマーズを中心とするジャントーとロックとの親交は，よく知られた事実であろう。

　同じ交易委員会の委員としてロックと主導権争いを繰り広げたのは，「天性のトーリ」(HC, III: 236)と評されるブラスウェイト(William Blathwayt, c.1650–1717)であった。後年のスウィフトと同様，若き日をテンプル(William Temple, Baronet, 1628–99)の秘書として過ごした彼は，オランダ語を操れたことからこの外交官に重宝され，のち大陸各地にも赴くなど豊富な海外経験を有していた。その後1675年設置の旧交易委員会に秘書官補として加わり，やがて秘書官に昇進して，植民地行政を知悉する事実上の専門官僚となる。旧委員たちの活動低迷は彼の地位をいっそう重みのあるものにした。1683年には陸軍局長(Secretary at War)の官職を購入し，以後一時を除いてこの重要職を占め続ける。

　新交易委員会の場では「ブラスウェイトが旧委員会の秘書官として揮っ

ていた権力は抑制されたが，彼はなお植民地問題の権威であり，当時の基準から言えば驚くほど博識であった」(Steele 1968: 23)。彼とロックの見解の対立ゆえ，議題によっては，ロンドンの「委員会が［毎冬，オーツ (Oates) に滞在する］ロックの留守中にブラスウェイトの見地を採り，ブラスウェイトが［毎夏，軍政官僚として国王に随行し］オランダに発つとロックの見地に移った」例も少なくなかったが，植民地に関する「多数の重要問題」をめぐっては，夏と冬で方針が入れ替わるというような事態はまず生じなかったとされる (24–25)。交易委員の半数は，設置前年の貨幣改鋳論争において「ロックと同様の見解を表明した」(22)，すなわち旧標準での改鋳を主張した人々から選ばれていた。

3　貨幣改鋳論争

　銀地金の市場価格が騰貴するなか，改鋳に際して銀貨の名目価値を引き上げるべきか否かを争点としたこの論争は，1696年1月，旧標準での改鋳が決定して終息した。以下ではまず，前掲のアンダースンに依拠しながら，貨幣改鋳論争の経緯を概括しておこう。

　盗削や磨耗による銀含有量の減少から流通銀貨の価値低下に歯止めがかからず，議会で改鋳の是非が論じられたとき，ジャントーの一員で，イングランド銀行の創設者の一人でもあった財務府長官モンタギュ (Charles Montagu, 1661–1715) は，改鋳が遅れれば遅れるほど状況はますます致命的となり，商業が完全な停滞に陥りかねないこと，例えば，削耗貨の相対価値の低下が法定21シリングのギニー金貨を市場で30シリングの価値にまで押し上げ，金が国内に流入するのと引き換えに銀地金と良貨が大量に流出しており，銀の欠乏が日常の商取引の妨げとなるほどに深刻化しかねないことを，力説した。流通銀貨約560万ポンドのうちの約400万ポンドが削耗貨で，欠損は220万ポンド・スターリングに上ることも，明らかとなった。こうして議会は改鋳を決定するが，新標準によるか旧標準によるかをめぐって論争が起きる。

　大蔵委員会秘書官 (Secretary of the Treasury) のラウンズ (William Lowndes, 1652

–1724）は，その『銀貨の改善論を含む報告書』 A Report Containing an Essay for the Amendment of the Silver Coins（1695年）のなかで，銀含有量を増すことなく銀貨の額面価値を引き上げる，つまり5シリングの「クラウン貨を6シリング3ペンスと，シリング貨を1シリング3ペンスと呼ぶ」ことによって，銀貨の流出を防ぐと同時にその鎔解を防ぐこともできると主張した（Anderson 1764, II: 213）。これは額面価の25パーセント引き上げ，すなわち単位当たり貨幣価値の20パーセント切り下げ案である。

これに対し，「全文明国共通の同意により，銀は全く同一ないしほぼ同一の価格に固定されてきた」のであって，「単なる額面価値がではなく，純銀の重量と純度，ないし分量が，われわれとの為替取引その他の商取引において外国民を規制するのみならず，国内商業においてわが国民をも規制する，唯一の規則である」点が「いっそう正しく主張された」と，アンダースンは述べる。6シリング3ペンスと呼ばれるだけの新貨は，削耗のない旧クラウン貨が購入しうるのと同量の商品を購入することしかできないだろう。後者は前者と同量の純銀を含むからである。同量かつ同純度の銀地金の価値は等しいから，その価値は良貨に対してではなく，削耗貨に対して騰貴しているに過ぎない。さらに，額面価値の引き上げによってではなく「貿易収支を有利にすることによってのみ」銀の流出を防ぎうるし，またそれを手に入れることもできる。そして額面価値の引き上げは，労働者，兵士，水夫から賃金の一部を，債権者から貸金の一部を，地主から地代の一部を騙し取ることになるであろう（213）。

ラウンズの先の『報告書』で表明された新標準での改鋳案に対する，こうした批判を「最も賢明かつ明瞭に示した」のが，「素晴らしい貨幣論」を著したロックであった。論争の結果「旧来の重量と純度を持つ銀貨をあらためて鋳造すること」が決定され，やがて「ヨーロッパ中で最も洗練され，最も美しいわが国の銀貨」が造幣局から姿を現し，国内外にいる「国王と王国の敵すべて」を狼狽させた。「当時，大蔵委員会を主宰していた」モンタギュはこうして大いに評判を高めたし，「財務府証券（Exchequer Bills）」を初めて流通させて「この改鋳期間における銀貨の大いなる欠乏」

に対処したのも，彼であった (213)。以来同証券は毎年発行されるようになり，「一定の手数料のもとに，イングランド銀行が長年にわたってつねにその流通を請け負っている」(214)。300万ポンド近くの公費を要したとされる改鋳事業は1697年末までに無事完了し，旧貨の使用は禁止された。

『推論』の以上の叙述は，ラウンズを倒れるべき敵役のごとく登場させる反面，ロックとモンタギュを手放しで礼賛する体裁をとっており，態度の偏向は否めないだろう[6]。アンダースンの同時代人は，旧標準での改鋳を説いたロックに彼ほど好意的ではなかった。例えば，『推論』の3年後に『経済の原理』を公にしたステュアート (James Denham Steuart, 1713–80) は，銀地金の価値が銀貨に含まれる銀の価値に比して増大した，すなわち「銀がそれ自身との関係で価値を上昇させたと断言する」ラウンズの不条理をロックは堅実に突いたと述べつつも，ロックが「債務者と債権者の利害関係」に十分な注意を払わず，ラウンズ案によって債務者が疑いなく利益を得るであろうことを「知覚しなかった」と批判する (Steuart 1767, I: 555–56／訳 (1993) 31–32)[7]。ステュアートは，ラウンズ案が引き起こすであろうインフレーションと，それをめぐる「債務者」と「債権者」の間の利害の背反を，明らかに認識していた。

現在では，この旧標準での貨幣改鋳が「次の数年間に，すでに生じていた商業危機をさらに悪化させるひどいデフレーションをもたらした」要因になったと見るのが一般的であろう (Magnusson 1994: 117／訳165)。その是非は措き，ここで取り上げるべきは，アンダースンによって敵役を割り振られたラウンズもまた，彼自身の見解としてはロックと同様に旧標準での改鋳を望んでいたとする指摘である。それによれば，ラウンズが先の『報告書』を準備したのは確かだが，それは大蔵委員会秘書官としての職責を果たしたまでのことであって，秘書官就任前の報告では「通貨の切り下げ

---

6) アンダースンは南海会社に40年ほど勤続した事務員であった。彼のラウンズに対する評価は，同社に巨額の国債引き受けを認めたことで南海泡沫事件の直接の引き金となった（彼の実兄がそのために多額の損失を被った）1720年の法令の主な起草者がラウンズであるという事実によっても，偏向を受けた可能性がある。ODNB を参照。

に，かなり懐疑的な見解を表明していた」という（HC, IV: 676)。

　実のところラウンズは，首席事務官から昇任した秘書官として，前任秘書官ガイ（Henry Guy, 1631–1711）に多大な恩義を感じていた[8]。そのため彼はガイの意向を無視しえない立場にあったが，このガイを影響下に置いていたのが，ジャントーと鋭く対立する先述のサンダーランドだったのである（675)。よって『報告書』には，サンダーランドと親密な関係にあった当時の大蔵第一卿ゴドルフィン（Sidney Godolphin, Baron Godolphin, 1645–1712）の意向が[9]，サンダーランドのそれとともに少なからず反映されていたと自然に推論することができよう。モンタギュが「大蔵委員会を主宰していた」とするアンダースンの言にもかかわらず，この時点の彼はその長の地位に就いていなかった。

　したがって，ジャントーがロックに旧標準を主張させ，サンダーランドがラウンズに新標準を主張させたとする素朴な図式を描いてみることもできるだろう。ただし，ジャントーも完全な一枚岩だったとはかぎらず，一般に「サマーズの揺るぎない友人」と見なされがちなモンタギュが「独自行動のためのひそかな方策に訴えていた」可能性，例えば彼こそがラウン

---

7) スミスもまた『国富論』のなかで，銀貨について禁じられている輸出が銀地金については許されている事情が「銀貨に対する需要以上に銀地金に対する需要を高め」て，前者に対する後者の価格騰貴を招いた，と説くのがロックであると述べたうえで，「しかし，国内での通常の売買に用いるために銀貨を必要とする人々の数は，輸出その他の用途のために銀地金を必要とする人々の数よりもはるかに多いのは確か」なのだから，彼の見解は不適当である旨を指摘した（Smith 1789, I: 65／訳（I) 73–74)。

　もっとも，ロック自身の主張は，削耗貨が存在せず，すべての銀貨が良貨であるともし仮定するなら，銀地金の価値を銀貨のそれ以上に引き上げる原因は「貨幣形態での銀の輸出禁止だけである」という，限定的なものであって，その場合についても，銀地金と銀貨との価値の差異は「金匠（goldsmith）が，銀［貨］の鎔解をめぐる危険や労苦として見積もる額以上には決して大きくなりえないし，その額もごくわずかなので，銀輸入業者はそれを1オンスにつき半ペニー以上には決して引き上げられなかった」と述べられており，再輸出用の銀地金が国内で大量に需要されることから生じる価格騰貴は，ごく例外的な事例として挙げられているに過ぎない（Locke 1696: 57–58／訳56–57)。

8) 1695年2月，ガイは収賄の嫌疑を受けてジャントーに訴追され，ロンドン塔に送られた。

9) ODNBを参照。なお，ゴドルフィンは1696年10月に大蔵第一卿を辞した。

ズに『報告書』執筆を指示していた可能性も同時に指摘されており，対立構図の把握には慎重を要する。事実，ケンブリッジにおけるモンタギュの学友に当たるニュートンは，切り下げを支持したにもかかわらず，1696年3月に造幣局監（Warden of the Mint）の地位を与えられ，他方，サマーズを通じて同様の地位を得ようとしたロックは失敗している（859）。

4　財務府証券と国立土地銀行

　最後に，モンタギュによる「財務府証券」の導入をめぐる対立についても，一言しておきたい。

　財務府証券は政府が負う短期債務の一種で，1690年代にはまだ一般的ではなかった長期国債とは別物である。短期債務には，他に「海軍証券，輸送証券，糧食証券，軍需品債券」が存在したが，「徐々に短期借入金の主要調達手段となった」のが，この「随時償還可能な利付証券で，イングランド銀行の手で取り扱われた」財務府証券である（Brewer 1990: 116／訳123-24）。アンダースンが述べていたように，モンタギュは，貨幣改鋳期間中における流通手段不足を名目に同証券の導入を図った。

　モンタギュの証券導入案は，当初，すでに私的な土地銀行を設立運営していた下院議員バーボンらによる国立土地銀行（National Land Bank）設立案と競合していた。1696年3月，256万4000ポンドを政府に貸与することを前提条件に議会が土地銀行設立を認可したため，モンタギュは焦燥に駆られ，大陸のブラスウェイトに宛てた手紙でしきりに不安を口にしている（Dickson 1967: 366-68）。陸軍局長として戦場の国王に随行していたブラスウェイトは，戦費の捻出をめぐってジャントーのモンタギュと緊密に連携することしばしばだったのである（HC, III: 238-39）。結局は同年8月に土地銀行設立案が貸与金調達の失敗から破綻し，モンタギュ案が勝利を収めるのだが，敗北した前者を黒幕よろしく背後で支援していたのも，サンダーランドであった。

　以上，行政府ならびに貨幣利害に与するコートないしウィッグと，立法府ならびに土地利害に与するカントリないしトーリとの対立軸が，1690年

第3章　デフォーの社会思想（1698年-1701年）

代の「財政金融革命」を通じて次第に鮮明になっていく様を，具体的な事例に即して見てきた。新交易委員会の設置，旧標準での貨幣改鋳の決定，国立土地銀行設立計画の挫折すなわちイングランド銀行の確立という，この時期における一連の経済改革の背後に伏在したジャントーとサンダーランドとの対抗関係は，数年後の常備軍論争において尖鋭化する，二大陣営間の徳と腐敗をめぐる対立ないし緊張関係を，実に明確に予示していると言ってよいだろう。

Ⅲ—常備軍論争

　1694年12月末，ウィリアム3世の妻で，共同統治者であったメアリ2世が世を去った。メアリはフランスに逃れた前国王の娘であった。オランダ人国王の単独統治は非難の的となり，1696年2月，ジャコバイトらがウィリアム暗殺を企てるが，露見する。この暗殺未遂事件の処理を通じて国王は自らの立場を強化し，ウィッグも同時に勢力を伸ばした。翌年，サマーズが大法官，モンタギュが大蔵第一卿の職に就き，ジャントー・ウィッグ政権が確立。そしてこの年の9月にライスワイク条約が調印されたことで，名誉革命直後から継続していた対フランス九年戦争は一応の終結を迎えることとなった。同1697年10月，トレンチャードとモイル（Walter Moyle, 1672-1721）が共著作『常備軍は自由の政体と矛盾することの論証』*An Argument Shewing that Standing Army is Inconsistent with a Free Government*（以下『論証』）を発表する。両人の思惑通りと言えようか，12月に開会した議会は九年戦争終結後の平時における国王の常備軍維持を深刻な問題として取り上げた。下院議席の半数近くを占めていたカントリ連合，すなわちジャントーと分袂した真のウィッグ（Real Whig）とトーリとの連合が，常備軍の大幅削減要求を国王およびジャントー政権に突きつけたのである。これに対してコート側が主張したのは現行兵力の維持確保であった。こうして，常備軍論争の火蓋は切って落とされる。

　常備軍と自由は両立せず，専制を生む恐れがある。トレンチャードとモ

イルに加え，彼らの『論証』と同年に『民兵と常備軍に関する論説』*A Discourse concerning Militias and Standing Armies*（以下『論説』）を発表したフレッチャー（Andrew Fletcher of Saltoun, c.1653–1716）もこの標語を掲げて下院カントリ連合を後押しした。カントリの大攻勢を前にコート陣営は後退を余儀なくされ，しかも，同年 4 月に国王の命で（不承不承）王室長官職を引き受けていたサンダーランドが論争勃発後に直ちに政権を離れたため，ジャントーの支配体制は早くも揺らいでいた。デフォーが『常備軍は自由の政体と矛盾しないことの論証』*An Argument Shewing that a Standing Army with Consent of Parliament is not Inconsistent with a Free Government etc.*（以下『反論証』）を出版したのは，こうした状況下の1698年初頭のことであった。この『反論証』を，ポーコックはジャントーと常備軍の擁護を意図した著作として，すなわちコートの言説に属する著作として取り扱っているが（Pocock 2003: 426, 432–35／訳365, 370–73），その見解は妥当なのか[10]。

『反論証』の冒頭において，デフォーはこの著作の目的が常備軍に関する主張の両極端を排することにあると述べている。トレンチャードとモイルの『論証』ならびにフレッチャーの『論説』は常備軍全廃論として一方の極に据えられ，他方の極には手放しの常備軍擁護論が据えられるのだが，いずれの主張も斥けられるべきものであった。デフォーはこれら両極の中間点を探る。それは，常備軍の「必要」を示したうえで，専制を招くことのない常備軍の適正な規模とはどの程度であるか，また常備軍に対していかなる歯止めを設ければ専制を防ぎうるかを見出すための試みなのである。

まず『論証』に対して，『反論証』は次のような論駁を加える。強大化するカトリック教国フランスに対抗するためにはオランダとの同盟を堅持せねばならず，同盟堅持のためにはオランダを援助しうる態勢をとらねばならない。本国防衛を務めとする民兵ではこの要請に応えられないから，国外派兵が可能な常備軍の維持は必要不可欠な事柄である。過去とは異な

---

10) 『反論証』については，ディキンスンも同様の見解を示す（Dickinson 1977: 97, 329／訳96, 342）。

る現在の国際情勢を踏まえるべきだ。

　続いて現在の国内情勢が論じられる。名誉革命の際にウィリアム3世と仮議会との間で結ばれた取り決めには「平時において国内で常備軍を徴用することは，議会の同意がないかぎり，違法である」と述べられているのだから，当然「平時における常備軍は，議会の同意があるかぎり，違法ではない」ということになるだろう (Defoe 2000, I: 69)。さらに，常備軍は「自由の政体」と決して矛盾するものではない。というのも，常備軍の脅威が問題となるのはその規模が過大な場合であるからだ。上述の条件によれば，常備軍の規模を決定するのも議会の同意ということになる。したがって議会が同意するかぎり，常備軍は何ら自由の政体を脅かすものではないはずである。現行議会，すなわち1697年末時点の下院が要求しているのは1680年9月以降の徴用軍を全解体することであって，これが実現すれば，常備軍は専制の道具に程遠いものとなろう。解体後に残るわずか6000人の軍隊が脅威をもたらすとは考えられない[11]。ここまで小規模な常備軍の暴走を抑えられないとすれば，それこそが本国民兵の弱体さの証明に他ならないではないか。民兵の有用性と常備軍の危険性を並立させる『論証』の論理は，デフォーに言わせれば，明らかな矛盾に陥っているのである。

　つまり，現行議会が6000人規模の常備軍に同意している以上，その存在は合法なのであって，全国民によって受け入れられるはずなのだ。「国民は議会に自由の要求を託した。国王ですら，議会に対してはただ自らの所見を述べうるに過ぎない」(71) としたデフォーは，議会の判断にすべての根拠を見出したのである。

　では，議会がこれほどの権力を獲得するにいたった経緯とはいかなるものであったのか。その経緯ないし歴史を叙述することが『反論証』のもうひとつの目的であり，それは『論説』においてフレッチャーが提示した「古のゴシック政体（old Gothic Model of Government）」論 (73)，あるいは「イ

---

11) Defoe（2000, I: 70）を参照。デフォーは6000という数字を挙げているが，1680年時点の実際の兵力は約8000人（Hoppit 2000: 156）。

ングランド史についての新ハリントン主義的見解」(Pocock 2003：432／訳370) に対する論駁となっている。

　「臣民が武力 (Power of the Sword) を持たないかぎり，君主権力に対する制限は無効である。国民が財力 (Power of the Purse) を持つにしても，国王の手に武力が握られているような政体はみな専制であって，君主政ではない」との文言を引いたデフォーは[12]，フレッチャーの『論説』が常備軍のありかたを問うものではなくして，「あらゆる傭兵はイングランドの国制を破壊せずにはおかず，必ずや政体を専制に変える」という徹底した常備軍否定論，全廃論であることを指摘する (Defoe 2000, I: 72)。そして，「貴族 (Lords or Barons)」の手に武力が握られていた過去を称揚するフレッチャーの歴史観からは，きわめて重要な歴史の一幕であるところの議会の成立が抜け落ちていると言う (72–73)。デフォーによれば，農奴制の解体は「平和と商業 (Trade)」によって庶民が富裕化することから始まった。すなわち「奢侈 (Luxury of the Times)」が貴族の困窮を招いた一方で，商業を通じて豊かになった庶民は農奴の身分を土地賃借権と交換していったのである[13]。かつて強大な権力を手中にしていた貴族は国王の意向も構わずに相互の争いを起こし，最も弱い立場の庶民を苦しめたものだが，徐々に力を増して「自らの権利を獲得した庶民は，国王ならびに貴族に対して力の均衡の存在を認めさせ」，ついに議会が誕生した。これがデフォーの描いてみせる歴史である。曰く，議会権力によってもたらされた「この適切な均衡こそが現在のイングランドの基礎であり，また『論証』の著者が世界最高と絶賛するものなのだ」(73)。その反面として，フレッチャーの賛美する過去の政体は貴族の専制に他ならないとされた。ゴシック政体には一人の暴君の代わりに300人の専制君主が存在し，彼らが自らの専制を維持するために王権を掣肘するだけのことだとデフォーは述べる。

　だから彼によれば，「真の均衡」は国王と貴族の間にではなく国王の

---

12) この箇所はデフォーによる『論説』該当部分の言い換え，要約である。デフォーとフレッチャーの対比については，村松 (2004) を見よ。
13) デフォーとフレッチャーはこの歴史認識を共有したが，価値観は対極的だった。Pocock (2003: 434／訳371) を見よ。

「武力」と国民の「財力」の間に成立する。「国民は国王なくして和戦を決しえず，国王は国民なくして軍を徴集，あるいは維持しえない」(73-74)。現在のイングランドでは「最大の剣は最大の財布に屈した」(76) と言えるほどに国民の富が多大な影響力を有しており，もはや武力でもって財力を屈従させることは不可能である。それゆえ，この国民の財力を背景にした「議会の同意」という歯止めが機能するかぎりにおいて常備軍のあらゆる脅威は除かれると『反論証』は結論づける。現行議会が1680年時点の規模の軍を持つことに同意を与えているのだから，兵力の縮小によって「自由の政体と矛盾しない」常備軍が得られるわけなのだ。

以上のように，デフォーはイングランド，オランダ両国の対フランス同盟堅持の必要に基づいて平時の常備軍維持を確かに支持したけれども，その規模は1697年12月の下院の意向に沿うものであったことを見逃してはならない。彼が説いたのは兵員6000に削減された常備軍の維持だった。これに対して，ウィリアムとジャントー政権は九年戦争当時に引き続き数万人規模を維持するよう主張していたのである[14]。だが，結局は下院側の主張が勝り，常備軍はまず1万6000人に削減される。翌年7月の総選挙後に下院はさらなる兵員削減を要求し，オランダ兵を含む1万人の維持という国王側の望みは打ち砕かれ，1699年2月にオランダ兵の解散が決まる。これによって常備軍の兵員は7000となり，1680年9月の水準近くまで実際に縮小された (Hoppit 2000: 157-159)。したがって，デフォーが議会のカントリ連合と相容れない立場にあったかの如く見なすのは適切と言えない。むしろ彼は，議会の方針に沿って常備軍を適正な規模に縮小すべきことを説き，『反論証』出版の1年後にそれは実現していたのだ。

もっとも，トレンチャードやモイル，フレッチャーら新共和主義者とデフォーとは明らかに立場を異にする。ポーコックが鋭く指摘したように，前者と後者は商業の導入による社会構造の変化という歴史事実の認識において共通していたが，価値判断は逆転していた。商業導入以前の古来の国制に拠り所を求めた前者に対して，後者は導入以後の権力均衡を，すなわ

---

[14] 九年戦争期における陸軍の年平均兵力数は7万6404人 (Brewer 1990: 30／訳40)。

ち議会権力による王権チェックの体制を称賛したのである。このデフォーの歴史観は，ポーコックの言うところの「コート・ウィッグの歴史観」に，つまり理想の政体を志向せず「情念の操縦（managing the passions）」に徹していこうとした人々の歴史認識に連なる側面を，確かにそなえていた（Pocock 2003: 459／訳395-96）。しかし，そのことのみをもって1698年のデフォーと1730年代のコート・ウィッグにいわば直接の対応関係を見出すポーコックは性急に過ぎると思われる。17世紀末から18世紀初頭にかけて生じる国際国内情勢の変転に鑑みてこそ，デフォーの意図が奈辺に存するかを浮彫にしうると考えられるからである。

　『反論証』において意図されていたことは，新共和主義者ないし新ハリントン主義者の常備軍全廃論を極論として批判すると同時に，過大な常備軍に固執した国王の主張をも斥けることであり，それによって議会権力と国王権力の均衡に基づく中道が成り立つ可能性を示すことであった。

Ⅳ―ケント州請願

1　下院と上院の対立

　1699年2月，ウィリアム3世は故国の兵たるオランダ兵の喪失を余儀なくされた。この頃から国王はトーリに歩み寄り始める。ウィッグ偏重を改め，トーリから新たに3名を入閣させたのである。翌年春にウィリアムと不和になったサマーズが大法官を辞し，国王とジャントーの結束が失われた。同1700年秋には，他界したスペイン王カルロス2世の後を襲ってフランス王ルイ14世の孫フィリップがスペイン王位を獲得する（フェリペ5世）。これによって同年3月にイングランドとフランスが調印した第二次スペイン領土分割条約（Second Partition Treaty）は有名無実と化し，フランスの脅威はいや増した。同条約は，嗣子のないカルロス2世の没後，広大なスペイン領土をフランスやオーストリアが分割して継承することを取り決めたものであったが，締結から8か月足らずで，カルロスが全領土を

第3章　デフォーの社会思想（1698年–1701年）

下院総選挙後の議席配分

年	トーリ	ウィッグ	無所属
1695	203	257	53
1698	208	246	59
1701（1〜2）	248	220	45
1701（11〜12）	240	248	25
1702	298	184	31
1705	260	233	20
1708	225	268	20
1710	329	168	16
1713	354	148	11
1715	224	289	—

注：イングランド・ウェールズ選出議席のみ。
出典：Hoppit(2000: 141, 286)をもとに作成。1715年分のみ Speck (1975: 518) の推計に依拠。

フィリップに譲るという遺言を残して他界してしまったのである。こうした情勢のなかで国王はなおもトーリに歩み寄り，12月にゴドルフィンを含む2名がトーリから政権入りを果たす。

1701年1月から2月にかけて行われた総選挙の結果，下院第一党はウィッグからトーリに交代した。1690年代後半の下院ではウィッグが優位を占めていたが，前節で見たように，トーリは少数のウィッグ急進派と手を組むことでカントリ連合を形成し，自らの劣勢を挽回して常備軍削減の要求をコート側に呑ませた[15]。ここでのウィッグ急進派とは，『論証』の共著者で下院に議席を有したモイルや，同じく下院議員であったモールズワースらを指している。

---

15) 下院議席数は，トーリ248，ウィッグ220，無所属45 (Hoppit 2000: 141)。ウィリアム治世のトーリが議席数のうえで明らかな優位に立ったのは，当該議会のみである。これによりカントリ連合勢力はコートを圧倒した。

1695年に議席を得たモイルは，当初，ジャントーを支持したが，ロンドンのコーヒーハウスでフレッチャーやトレンチャードら議会外の急進派と接触して立場を改め，『論証』を出版してジャントーと訣別した。1698年の選挙で落選して以降は議会を離れる。

　キャロライン・ロビンズが「当時における真のウィッグ（Real Whigs）の指導者」（Robbins 2004: 4）と呼んだモールズワースは，すでに触れたように，アイルランドの出身であった。彼は1689年に外交使節としてデンマークに赴いたのち，ジャントーの後援を受けてイングランドで官職を求めるが，デンマークでの見聞を踏まえて執筆した『1692年のデンマーク事情』 *An Account of Denmark, as It was in the Year 1692* が国王の不興を買ったために望みを絶たれる。下院議員には当選したものの，常備軍問題をめぐってジャントーと衝突し，モイルと同年にウェストミンスターを去って，1705年の総選挙まで戻らなかった。

　モールズワースの『事情』は，スウェーデンとの戦争で全デンマークが疲弊していた1660年，コペンハーゲンの三身分議会において平民と聖職者が結託し，貴族を追い落としたことが，かの地に国王絶対主義を招来したと説く。「教皇制と奴隷制は不可分だというほど，キリスト教の全宗派の間でただカトリックのみが一国に奴隷制を導入し確立させるとする誤解が，われわれの間で通用してきた」が，「教皇制が奴隷制を導き入れる点は確かだとしても，前者の助けがなければ後者が入り込めないということはない」（Molesworth 1694: 258–259）。

　貴族身分の凋落がデンマークに奴隷制，すなわち国王絶対主義をもたらしたとするこの発言は，1670年代に匿名で発表された『ある高位者が在野の友人に宛てた手紙』 *A Letter from a Person of Quality to his Friend in the Country* という名の小冊子のなかに見られる，「常備軍，および軍事的恣意的統治は，貴族が衰退したのと明らかに同一の歩調でやって来なかったかどうかについて，わが国の歴史や隣接する北方諸国の歴史をめぐる考察を参照してほしい」（Anon. 1675: 29）との言葉を承継した結果とも受け取れよう。この小冊子の「著者はひょっとするとジョン・ロックだったかもし

第3章　デフォーの社会思想（1698年-1701年）

れない」と，ポーコックは述べている（Pocock 2003: 406／訳346）。そのロックはモールズワースを「たいへん独創的で並外れた人物」と評したが（Robbins 2004: 89），後者の『事情』は，実際，同時代において数多くの読者を獲得し，また後代に読み継がれていった。

さて，トーリが絶対多数を獲得した下院では，カントリ連合を束ねるハーリが議長に選出された。直後の1701年3月，新議会は前年の領土分割条約を国王とかつての閣僚たちの専断の証として糾弾し，条約締結に関与したことを理由にウィリアムの側近ポートランド（William Bentinck, 1st Earl of Portland, 1649–1709）を弾劾。翌月には攻撃の照準をジャントーに合わせ，いまや揃って上院に議席を得ているサマーズ男爵，オーフォード伯爵（Edward Russell, Earl of Orford, 1652–1727），ハリファックス男爵（1st Baron Halifax）ことモンタギュを立て続けに弾劾し，先のコート派の力を抑え込もうとする[16]。この状況に，次に見るアシュビとホワイトの争いが重なりあうことで，事態は両院対立の様相を呈していく。

同年初めの総選挙の際に，イングランド中南部の町エイルズベリ（Aylesbury）で，トーリに与する町長ホワイト（White）が治安官らと共謀して，ウィッグに与する複数の有権者から選挙資格を奪い取るという事件が起きた。選挙権を剥奪されたアシュビ（Matthew Ashby）はこれを不当とし，ホワイトの行いを巡回裁判所（assize courts）に訴え出る[17]。同裁判所はアシュビの主張を認め，彼の選挙権の回復を町長に命じた。だが，この判決を不服とするホワイトと治安官らは，コモン・ロー裁判所のひとつで，上級裁判所に当たる王座裁判所に控訴したのである。そして，トーリ優勢の下院がこの控訴を支持した。

---

16) 実際に裁かれたのはサマーズとオーフォードの2名である（Hoppit 2000: 162–63）。
17) 重大犯罪，特に死刑に値するそれは，ロンドンの外で行われる巡回裁判の場で裁かれるのが通例であった。同裁判は年二度，通常は2月から3月にかけてと，7月から8月にかけての時期に開催され，6つの巡回路が存在した。エイルズベリはノーフォーク州を中心とする巡回路に組み込まれていた町である（ただし，毎年，巡回途上の訪問地は多少変更された）。その儀式的側面を含めて，巡回裁判は中央が地方に感化力を及ぼすための有数の手段であった。Hoppit（2000: 468–69）を参照。

ホワイトを擁護する下院が主張したのは，選挙問題に関して，裁判所は何ら裁定の権限を持たないという点であった。当時の下院は腐敗選挙等をめぐる争議の裁定権を自らの特権と見なしており，これは名誉革命以前において国王に従属する裁判所の選挙介入を防ぐのには有効だったものの，革命後の事情にはそぐわないものとなっていた (Trevelyan 1936, II: 20)。しかし下院はこの特権を手放そうとはせず，裁判所機構の頂点に位置する上院を叩くための有効な手段として，これを最大限活用しようとしたのである。

　逆にアシュビの後ろ盾となったのは，下院議員の時分からエイルズベリに影響力を行使してきたジャントーの一員，ウォートン男爵 (Thomas Wharton, 5th Baron Wharton, 1648-1715) であった。そのため，この一件を単なる地方選挙区の問題として処理することは困難になる。この頃，高教会派トーリ議員のパッキントン (John Pakington, 4th Baronet, 1671-1727) がエイルズベリ選挙区奪取に動いており，このことがウォートンを刺激した (Hoppit 2000: 291)。

2　ケント州請願事件

　さて，ジャントーの弾劾と同月，議会がフィリップのスペイン王位を2月のオランダに続いて承認するにいたると，議会外では，フランスに宥和的なその姿勢に対する不満が募っていく (Ogg 1955: 461)。そして5月，この不満を背景にケント州民を代表する5名のジェントリがロンドンを訪れた。

　彼らが携えていた請願書をめぐって引き起こされたイングランド史上の一事件を，ケント州請願 (Kentish Petition) と呼ぶ。彼ら5名の擁護を念頭に置き，デフォーは『レギオン建白書』*Legion's Memorial*（以下『レギオン』），『ケント州請願の経緯』*The History of the Kentish Petition*（以下『経緯』），『イングランド国民集合体の本源的権利』*The Original Power of the Collective Body of the People of England, Examined and Asserted*（以下『権利』）を著した[18]。主にデフォーの『経緯』に依拠して，まずは請願事件の顛末を

第 3 章　デフォーの社会思想（1698年–1701年）　　　　　　　　　　　　　157

明らかにしておこう。

　1701年4月29日にケント州で開かれた四季裁判所（quarter sessions）の裁判長を務めたのは，デフォーの親しい友人カルペパー（William Colepeper, d.1726）であった。ケント州はイングランド南東部に位置する。ドーヴァー海峡を隔てて大陸と向き合うケント州民は「穀物の種を播いても，フランスが刈り取りにやって来るだろう」（Defoe 2000, II: 51）と口々に唱え，フランスの脅威を前にして対策を講じようとしない下院への不満を募らせていた。これを受けて，大陪審の承諾を得た四季裁判所は「請願書」の作成を決定。緊迫の度合いを強める国際情勢を考慮して国王ウィリアムとの対立を避けるよう，下院に訴える内容の請願がまとめ上げられる[19]。そして大陪審員21名と治安判事23名，裁判長，さらに多数の自由土地保有者の署名で充たされた請願書を携え，1週間後の5月6日，カルペパーを先頭とする5名がロンドンに到着した。

　請願書の提出を依頼するため，翌日，一行はケント州選出のヘールズ（Thomas Hales, 1666–1748）下院議員に面会。彼は請願書を預かるが，5名の了解なしにこれをシーモア（Edward Seymour, Baronet, 1633–1708）ら高教会派トーリ議員の目に触れさせる。提出前の請願書の内容が暴露されたことを知った5名はヘールズの裏切りを悟り，他のケント州選出議員にあらためて請願書を託す。8日，請願書は正式に提出される[20]。

　請願書の提出後，5名はハーリ下院議長に呼び出された。ハーリは請願

---

18)『権利』の表題を正確に訳すなら『イングランド国民集合体の本源的権力』となるが，デフォーは同小冊子本文の冒頭において，これを「イングランド国民の本源的権利（The Original Right of the People of England）」と書き換えている。よって「権利」を採用した。

19) Defoe（2000, II: 52–53）を参照。『経緯』によれば，請願の内容は以下の通りであった。下院議員はジェントリ，治安判事，その他大勢の自由土地保有者の代表なのだから，その声に耳を傾け，現在のイングランドならびにヨーロッパの危機に対処せねばならない。したがって国王の対フランス方針を支持すべきである。

20) まさに同日，ウィリアムはオランダが対フランス協約（1678年）に基づく1万人の派兵をイングランドに要求してきたことを議会に伝えていた。この事実のために下院が請願書に対して過剰反応を示したと考えられなくもない。Backscheider（1989: 79）を参照。

書の署名確認など簡単な質疑を行ったうえで，討議の結果を待つよう彼らに命じる。その待機中に請願を骨抜きにしようと執拗な心理的圧迫を加えてきた高教会派トーリ議員連に対して，カルペパーらは「チャールズ2世の第13年法令［1661年の騒動請願法（Tumultuous Petitioning Act）］に示された議会への請願権」に基づく正当な行為であることを力説して抗した（56）。だが，下院における討議の末にこの請願は「中傷的で傲慢かつ煽動的」（57）と判断され，5名の収監が決定する。

それから6日後の5月14日，『レギオン』が下院議長宛に届けられた（59）。その前書は次の通りである。

> 議長，あなたに託されております同封の建白書は，イングランドの数千もの良民の支持を受けています。カトリック，ジャコバイト，煽動家，コート，カントリといった利害には一切関わりがございません。ただ誠実と真実にのみ関わりを持つものであります。あなたは，20万のイングランド人から，建白書を下院に届けるよう，そしてこれは冗談などではなくまさに真実なのだと議員たちに告げるよう，命じられております。建白書への真摯な敬意が望まれています。正義だけが，そして議員の義務だけが要求され，それはそうする権利とそう強いる力の双方を持つ者たち，つまりイングランドの国民によって，要求されているのです。われわれが議会に出向き，彼らに言い聞かせることもできたのですが，われわれは混乱を招きたいのではなく故国を救いたいのですから，一切の騒動を避けました。もしもあなたが建白書について彼らに知らせるのを拒むなら，すぐに後悔することになるでしょう（41）[21]。

この建白書の登場で下院は震撼し，5名に共感を寄せる国民感情を恐れて姿をくらます議員まで現れ始める。前記のジャントー弾劾裁判において上院の抵抗を受け，弾劾に失敗したことも議員連の不安を煽り，下院は慌しく予算を議決して6月23日に閉会する。P. R. バックシャイダーの言うように，ケント州請願書と『レギオン』という「国民の声」に押されて成立

---

21) 原文では一部に伏字が施されている。

第3章　デフォーの社会思想（1698年-1701年）

したこの予算こそが，国王ウィリアムに「対フランス新同盟」の実現をもたらすものであった（Backscheider 1989: 80）。カルペパー一行は閉会によって無事釈放され，ロンドン市民の歓待を受けた後，7月上旬，ケント州都のメイドストンに英雄として帰還した。

以上がケント州請願事件の全貌である。なお，その著『18世紀のコモンウェルスマン』のなかで，第3代シャフツベリ伯爵について述べながらケント州請願に言及したロビンズによれば，

> イングランド人の諸特権のうちで「最古かつ最大」のもの，すなわち国王に訴え請願する権利に向けられた悪逆不逞の党派からの攻撃に対し，シャフツベリはサマーズとともに，中傷的で煽動的かつ傲慢と決議されることになった1701年のケント州請願者たちを支持した。民主的党派に属するウィッグ貴族らの支持とおそらく同程度に重要であったのは，ダニエル・デフォーの支援であった。その勝利は，政治家たちの御蔭というよりも，むしろジャーナリストたちの御蔭だったのである（Robbins 2004: 124）。

『経緯』の結論ならびに補遺のなかで，デフォー自身は次のように述べている。チャールズ2世の第13年法令は請願を国民の権利として明示しており，それは万人が引用しうる拠り所なのだから，この請願を違法行為と呼ぶような者は議会制定法を踏みつけているに等しい。法の保護のもとにある請願者の拘禁は議会史上最大の愚行であろう（Defoe 2000, II: 63）。「一人の暴君が居宅を追われ，500人の国賊（Traytors）がなかに居座った」（66）。ここでの「暴君」はジェイムズ2世を，「国賊」は下院議員を暗示する。ノヴァクは国賊を「暴君（Tyrants）」に読み換えるが（Novak 2001: 158），それでは視野が国内に限定され，対外的視座が消失してしまう。ここではジャコバイトの含意を読み取るべきであろう。デフォーはフランスに宥和的な党派を非難しているのである。すなわち，国王のみならず議会さえもが専制を生み出しうるのだ，と。

『経緯』の発表は，カルペパーらの凱旋の翌月に当たる1701年8月のこ

とであった。翌9月上旬，イングランドとオランダ，オーストリアが大同盟を結成。その直後，フランスにて亡命生活を送っていた親カトリックの前国王ジェイムズ2世が死去し，彼の子息ジェイムズ・ステュアート（James F.E. Stuart, 1688–1766）がルイ14世の御墨付きを得てイングランド王ジェイムズ3世を名乗ると，世界君主政の野望を衰えさせることのないブルボン家との闘争はもはや不可避とする観測が広がりを見せ，「戦争支持」のジャントーが力を盛り返してくる。ここにいたってウィリアムはサマーズとの和解を試みるが，その見返りにサマーズが要求したのは議会の解散であった。11月から12月にかけて行われた治世五度目の総選挙ではウィッグが勝利を収め，ゴドルフィンは政権離脱を余儀なくされる。コートは再びウィッグに傾斜したのである（Hoppit 2000: 163–65）。

3　デフォーの『権利』

　総選挙後の12月末（もしくは翌1702年1月初め），デフォーは『権利』を出版した。この著作は，解散前の旧議会批判という執筆意図を『レギオン』と『経緯』から引き継ぎつつも[22]，前二者には見られないラディカルな要素を盛り込んだものとなっている。以下ではまず『レギオン』の内容を検討し，『レギオン』と『経緯』の共通項を明らかにしたうえで，『権利』の検討に入りたい。

　『レギオン』では次のような主張が展開される。下院議員は自由土地保有者の「代理人」なのだから，自由土地保有者がその代理人に対して義務の履行を要求する権利を持つのは当然であり，これが先の議会まで認められてきた「請願権」に他ならない。だが現在の下院は「傲慢」を理由として請願者5名を拘禁している。請願が合法な行為であるのに対し，「人身保護法（Habeas Corpus Act）」を無視した拘禁は明らかに違法である。「法を超える権力は，いかなるものであれ，専制的で耐えがたい」（Defoe 2000, II: 42）。つまり，傲慢なのは下院なのだ[23]。国民に奉仕すべき下院は自由土

---

[22] Defoe（2000, I: 126）を参照。結論を除く本論は議会解散（11月上旬）以前に執筆された。

第 3 章　デフォーの社会思想（1698年-1701年）

地保有者の要求に従い，眼前のフランスという脅威に立ち向かわねばならない。「もしもあなたがた下院議員がその義務を怠れば，害を被った国民の憤激の前にさらされることを覚悟して欲しい。なぜなら，イングランド国民はもはや国王の奴隷でもなければ議会の奴隷でもないからだ。我らはレギオン，我らは多数である」(45–46)。なお，結語の「我らは多数である」は新約聖書『マルコ伝』から引用されており，下院を震撼させるほどの激越さをこの建白書に付与した。

　こうした『レギオン』の主張と先述の『経緯』の主張とは，何が共通しているのか。それは実定法（先例）に照らして議会の専横が糾弾されている点である。すなわち『レギオン』は人身保護法に触れて請願者の拘禁を非難し，『経緯』はチャールズ 2 世の第13年法令に基づいて請願権の正当性を論じている[24]。しかしながら『権利』は，「必要なのは法や先例よりも，むしろ道理と事物の本性である」(Defoe 2000, I: 107) と明言した。『権利』のデフォーによれば，請願行為の正当性は「道理と事物の本性」によって，つまり理性を用いることによって実定法や先例を持ち出すまでもなく導き出されるのである。

　請願がなぜ正当性を有するのか，という問いに対して，『権利』は次のように答える。「国民の権利」はすべての権力に先立つものであり，現行権力が存立しえているのは，「公共善（国民の福祉）」実現のため，国民が国王に行政権を，国王，上院，下院に立法権を，上院に司法権を委ねたことによる。したがってもし統治権力が当初の設立目的に反した行動を起こせば，その全権力は直ちに「本源」たる国民の手中に帰さねばならない(113)。名誉革命がその最たる例である。請願とは国民の声に他ならず，その声に従うことがあらゆる統治権力に課せられた義務なのだ。

---

23) 法律の「適用免除権 (dispensing power)」を現在は下院が手にしていると述べて非難。かつてジェイムズ 2 世がこの権利を国王大権として行使することでカトリック教徒の公職就任を可能にしたが，名誉革命の際に「議会の同意なしに法律の適用免除・執行停止権を行使すること」は違法とされた（今井編1990: 252, 256）。
24) ハイエクもまた『経緯』と『レギオン』に着目し，そこに「法の支配」（立憲主義）の原則，すなわち法のもとの平等ならびに権力分立（恣意的権力排除）を見出す (Hayek 1960: 162–75, 466／訳44–62, 195)。

ここで言われている理性とは実定法を超えた自然法を意味するのだろうか。デフォーはロックの抵抗権について論じているのだろうか。それとも何か別の意図があるのか。「1688年から1776年（以後）にかけての英語圏の政治理論における中心的問題となったのは，失政を理由として統治者に抵抗できるかどうかではなく，恩顧分配や公債，軍事力の職業化が統治者と被治者をともに腐敗させるかどうかということであった。そして腐敗は徳の問題であり，権利の問題ではなかった。それは抵抗権をいくら主張しても解決できない問題だったのである。よって政治思想は，不可逆的にではないにしろ決定的に，法中心のパラダイムから徳と腐敗のパラダイムへと移行した」とポーコックは述べた（Pocock 1985: 48／訳90）。この叙述に照らして『権利』を読み解くならば，ポーコックの手でコートの前衛に位置づけられたデフォーその人が，法の支配という17世紀の遺物で外見を装いつつ，内実では統治権力の生む腐敗を論難していた，つまりカントリ派であったと見なせるかもしれない。

　確かに，『権利』は正真正銘のカントリの立場から発せられたかと思しき言明を数多く含んでいる。チャールズ2世時代の恩顧分配を取り上げて議会の腐敗可能性を示しているばかりか[25]，政治的権利の主体たる「国民」を「自由土地保有者」に限定し，土地財産を統治権力の基礎に据えているのである。土地を持たない者は単なる「寄留者」であって，「お情け」によって生活の場を与えられているに過ぎない。納税や雇用面での貢献を考慮した土地保有者が特権を授与したからこそ，都市は議会に代表を送ることができる。いわゆる「一般大衆（universal mob）」は選挙権を手にするべきではなく，信頼に足る人物に投票を委ねるべきだ（Defoe 2000, I: 120–23）。このような言説を目の当たりにしたために，ディキンスンはデフォーをカントリ派の論客と見なすことになったのである（Dickinson 1977: 88–89, 115–18／訳87, 115–17）。

---

25)「チャールズ2世の御世に，宮廷から恩給を受けた議員が180名いたことがわかっている。そのような議会が国制上の三権分立を保ちえただろうか。否である」(Defoe 2000, I: 117)。

第 3 章　デフォーの社会思想（1698年-1701年）

だが，それにもかかわらず，デフォーの意図は別の所に存していたと考えられる。彼は，法の支配にも，徳と腐敗にも力点を置いていない。理性の行使が意味したのは普遍の法や過去の理想的政体に依拠することではなく，現状においてプロテスタント信仰と自由を保持することだった。このことは「聖俗上院議員，ならびに下院議員へ」と題された『権利』の序文中の文句，すなわち「国民の利益はただひとつですから，党派はひとつであって欲しいのです。その党派には公正を固守し，プロテスタントの栄光と利益，そしてイングランドの自由（liberty）のために邁進していただきたいと私は思っております」（Defoe 2000, I: 105）に明らかである。信仰と自由の保持，すなわちフランス対策の必要がデフォーの主張の眼目であり，だからこそ彼は国民たる自由土地保有者にイングランドの利益を体現させ，党派間利害対立に汲々として国際情勢を顧みない議会を批判した。議員が為すべきは自己の支持する党派の弁護ではなく[26]，イングランドの共通利益のために，国民の声に従って現在の危機的状況と向き合うことなのである。議会は代表機関であって独立機関ではない。すなわち「下院は君主の圧政に対する国民の保護者であり，国民の管財人であり，国民の自由の守り手である。しかし，これらの資格が意味するのは，同時に下院は国民の奉仕者（servant）でもあるということだ」（126）。次章であらためて取り上げるが，議会を国民から独立した主体だとする高教会派トーリの見解は顕著な党派的性格を帯びたものであり，フランスに宥和的な姿勢とつながっている[27]。彼がロックの言説を借りて国民の「本源的権利」を強調したのは，こうした偏狭な見解に対して効果的な論駁を試みるためであった。

---

[26] Defoe（2000, I: 106）を参照。ジャントーのサマーズ著『臣民の権利』*Jura Populi Anglicani*（1701年）も槍玉に挙げられている。

[27] デフォーは，ジェイムズ2世時代以来の高教会派トーリ議員にフランス協力者，ジャコバイトの影を見た。『権利』（Defoe 2000, I: 124–25）および『経緯』（Defoe 2000, II: 62）を参照。

V─結び

したがって、イングランドの現実がまさに要請するのは、対フランス大同盟を組織した国王ウィリアムと国民の声を反映した議会との和合であった。これこそが、常備軍論争の際に『反論証』で説かれた国王と議会の真の均衡の成立であり、同じく『権利』で説かれるところの「合法制限君主政（legal limited monarchy）」の実現に他ならないのである。デフォーは言う。イングランド国民は制限君主政のもとで「共和政（commonwealth government）」に比べてより多くの自由を享受している。ゆえに「現在享受している自由を減ずることを望まないかぎり、国民は決して共和政を選ばないはずだ」(Defoe 2000, I: 116–17)。

以上のように、デフォーにおける理性とは、カトリック大国フランスに対抗するという現実的要請のもとで現在に向けて不断に行使され続けるべきものだった。これは変化を認識でき、意図に応じて現状の変革へと向かう力能をそなえている理性である。この理性を、デフォーは国民の声、すなわち世論に具現化させた。ロックの政治的言語を借用することによっては、それ以上の有効な言明をなしえなかったからである。しかしながら、世論が理性の声とは限らない。それは恐怖心や警戒心といった移ろいやすい情念の声かもしれないのだ。浮動的な世論はいつ理性を裏切るか知れない。世論形成主体を土地保有者に限定することで、その浮動性を果たして払拭しうるのか。ケント州請願をめぐるデフォーの議論はこの問いに答えていない。

第4章

デフォーの社会思想（1702年–04年）

I ―筆禍事件

1 高教会派トーリの勢力伸張

　1702年3月，国王ウィリアム3世は没した。直ちに即位したアンは穏健派トーリのゴドルフィンを大蔵卿に据え，ウィリアムの敷いた対フランス路線に沿い，同年5月フランスに宣戦する。以後11年間継続した果てに財政軍事国家を確立せしめるイングランドのスペイン継承戦争は，ここに開始された。

　アン治世の幕開けによって，デフォーはさらなる国内問題と対面した。高教会派トーリの勢力伸張がそれである。ウィリアム治世最後の総選挙においてウィッグに敗北を喫したトーリは，ジェイムズ2世の次女として国教会保守層と浅からぬ結びつきを持つ新女王のもとで勢力挽回を図り，1702年初夏に行われたアン治世最初の総選挙はトーリの圧勝に終わる[1]。これにより，ケント州請願事件の際にデフォーと鋭く対立した高教会派トーリの政治的影響力が以前に増して強まる事態となったのだ。ウィッグの優位は束の間のものであった。一時的な逆転を除けば，1701年初頭の総選挙から1705年の総選挙までの期間，下院は事実上トーリの支配を受けた

---

[1] 下院議席数は，トーリ298，ウィッグ184，無所属31（Hoppit 2000: 286）。

のであり，かたや上院ではウィッグ貴族が一貫して優勢であったから，ここにおいて，下院と上院の対立構図がまさに浮彫となる。

　1702年10月に議会が開会すると，トーリはウィッグの支持基盤のひとつである非国教徒の弾圧に乗り出す。いわゆるクラレンドン法典を構成する自治体法（1661年）と審査法（1673年）は，公職に任命されるすべての者に対してイングランド国教会の一員たるべきことを義務づけており，名誉革命に伴う寛容法（1689年）の制定後も議会はこの姿勢を変えなかったが，非国教徒の一部は，公職任命前にただ一度だけ国教会の聖餐に参列し，便宜的に国教徒の外見を身にまとうことによって，これらの法を潜り抜けようとした。この行いが「便宜的国教会遵奉（Occasional Conformity）」と呼ばれ，高教会派トーリの激しい非難にさらされることになる（Defoe 2000, III: 10–11）。便宜的国教会遵奉禁止法案と呼ばれた非国教徒弾圧法案は，高教会派議員のブロムリ（William Bromley, 1663–1732）らが中心となって準備したもので，便宜的国教会遵奉を違法とし，非国教徒を公職から完全に締め出すことを企図していた。

　この時代のイングランドにおけるカトリック教徒が，選挙権と被選挙権の否定，所有権の制限と懲罰税，武器保有の禁止等の差別的扱いを受け，いわば「非ブリテン人」の身分に置かれていたのに対し，名誉革命以後のプロテスタント非国教徒は「三位一体の教義を認める」かぎりにおいて「自由に礼拝する権利」を与えられ，「独自の教会」の設立を認められていた。大学教育からは引き続き排除されたとはいえ，非国教徒学院のような「独自の教育機関」の設立も容認されており，武器保有権や，財産要件さえ満たせば選挙権さえ付与されたのである。カトリック教徒の置かれた境遇との差異は明らかであった（Colley 1992: 19／訳21–22）。

　ただし，自治体法と審査法によって公職から排除される点は，両者に共通の不利な条件であった。当時のイングランドとウェールズには合わせて35万人以上のプロテスタント非国教徒が暮らしており，彼らは総人口の6パーセント強を占めていたとされる。ただし「エセックスにおけるクエーカーの数は，1680年頃の約2400人から1720年頃の約1650人へと，30パー

18世紀初頭における非国教徒の推計数

	イングランド		ウェールズ	
		総人口比		総人口比
長老派	179350	3.29	6080	1.96
独立派	59940	1.10	7640	2.47
バプテスト派	59320	1.09	4050	1.31
クエーカー派	39510	0.73	—	—
計	338120	6.21	17770	5.74
総人口	5441670	100	309750	100

注：イングランドはモンマスシアを含む。
出典：Watts（1978: 509–10）をもとに作成。Mitchell（1988）によるなら，推計総人口は3パーセントほど減少する。

セント減少した。非国教徒の議員数は，王政復古期の93人から，それより少しだけ短い1705年から27年までの期間のわずか42人へと，落ち込んだ」と指摘されているように（Hoppit 2000: 220），その総数は次第に減少していく。王政復古期以来の2法によって公職から締め出された彼らが案出し，実践した方法が便宜的国教会遵奉であったわけだが，機会主義的とも受け取れるこの行為が，国教会の純潔を声高に唱える高教会派にしてみれば特に許しがたかった。

　高教会派トーリはこのとき，即位したばかりの女王のもとで数多くの宮廷職を手にし，先の下院総選挙での勝利を追い風に，その政治指導力を伸張させつつあった。クラレンドンの次男にしてアンの母方の叔父であるアイルランド総督ロチェスター（Laurence Hyde, 1st Earl of Rochester, 1641–1711），南部担当国務大臣ノッティンガム（Daniel Finch, 2nd Earl of Notthingham, 1647–1730），国璽尚書ライト（Nathan Wright, 1654–1721），王璽尚書バッキンガム（John Sheffield, 1st Duke of Buckingham and Normanby, 1648–1721），王室長官ジャージー（Edward Villiers, 1st Earl of Jersey, 1656–1711），王室家政監査官シーモア，そしてオックスフォード大学選出議員ブロムリらが，その主要構成員であ

る。

　なお，当時の大学は各 2 名の下院議員を選出していた。18世紀半ばにオックスフォード初のイングランド法教授に就任したブラックストン（William Blackstone, 1723–80）は，その『イングランド法釈義』Commentaries on the Laws of England（第 1 巻，1765年）のなかで次のように事情を説明している。

　　大学は一般に，議会へ代議士（burgesses）を送り出す権限をかつては与えられていなかったが，一度だけ，エドワード 1 世の治世の28年目［1299年］に，スコットランドに対する［イングランド］国王の権利について熟考するための議会が召集されたとき，オックスフォード大学はその目的に関して最も分別があって学識のある法学者のなかから 4，5 名を，ケンブリッジ大学は 2，3 名を議会に送るよう，命令する詔書が発行された。とはいえ，つねに 2 名を議会に送り出す永続的特権［1950年まで保持される］を大学に与えたのは，国王ジェイムズ 1 世であった。それは，大学という共同体にとって有用なメンバーだが，土地利害にも商業利害にも（the landed nor the trading interest）関わりのない研究者や学生（students）のためであった［土地利害の代表は州選出議員や上院議員というかたちで，商業利害の代表は都市選出議員というかたちで，すでに議会に送り出されていた］し，また，立法機関のなかで文芸共和国（republic of letters）の諸権利を守るためでもあった（Blackstone 1765, I: 168）。

　ブラックストンは，大学選出議員を土地利害とも商業（貨幣）利害とも異なる第 3 の利害，すなわち「文芸共和国」の利害の代表として捉えていることが，上の引用文からうかがわれよう。では，さらにまた別の利害を有すると考えられる国教会に対して，大学はどのような関係に置かれているのだろうか。彼は「総合体としてのオックスフォード大学とケンブリッジ大学は，それぞれ［王立協会や貿易会社等を含む］こうした［世俗法人（civil corporations）の］なかに位置づけられるように，私には思われてならない。なぜなら，それらが教会法人でも宗教法人でもなく，牧師よりもむしろ俗人

によって構成されているものであることは明らかだからだ」(459) とし，さらに「牧師たちの見解が以前はどのようなものだったにせよ，現在では，たとえカレッジが聖職者のみで構成されていようが，カレッジは俗人の団体 (lay-corporations) であるとする慣習法が確立されている」(471) と述べて，大学を国教会から明確に切り離した[2]。

だが，18世紀初頭の状況はこれと大きく異なるものであった。大学，特にオックスフォード大学は，国教会内の保守層と緊密な関係を有していた。したがってブロムリが1701年の初選出から32年の死去まで30年以上も代表議席の一方を占め続け，他方の議席にも，1701年から03年の半ばまで，ノッティンガムの弟フィンチ (Heneage Finch, c.1649–1719) が腰を下ろしている[3]。

2 サシェヴェレルとレズリ

イングランド国教会はカンタベリとヨークに聖職議会 (Convocation) と

---

[2] より正確に述べるならば，ブラックストンは大学と各カレッジとを区別し，前者を社団として，後者を財団として把握する。「総合体 (general corporate bodies)」としての前者は「各大学行政官，各大学教授に固定給が与えられているとはいえ，寄附に基づく財団でもない。それは，勤務職員が据え置きの俸給をもらっているようなその他の諸法人が，財団ではないのと同じことである。固定給は慈善のための寄附金というだけではなく，仕事と労働に対する報酬でもあるのだ。なぜなら，まず奉仕と義務とがあり，その後に固定給が続くからである。したがって大学は完全に世俗法人であるように思われる。……［他方で，設立者の残してくれた基金を分配し続けることで成り立っている世俗法人，つまり財団が存在し，これには病院などの慈善施設の他に］大学内外のすべてのカレッジが含まれる。カレッジは2つの目的のために設立される。1. 適切な規則や規定を通じて，敬虔な心と学問とを奨励するため。2. 団体のメンバーがより楽に，そしてより勤勉に祈りや研究を行うことができるように援助を与えるため。これらすべての財団は，厳密に言って俗人の団体であり，聖職者のそれではない。たとえそれらが聖職者から構成されていようが，いくつかの点で宗教団体の性質，特権，規制を共有することがあろうが，そうなのである」(Blackstone 1765, I: 459)。

[3] フィンチがガーンジ男爵 (1st Baron Guernsey) となって1703年半ばに上院へ移って以降は，1717年までホワイトロック (William Whitelocke, 1636–1717) がその議席を占めた。当時のオックスフォード大学が「高教会派トーリ主義の砦としての最盛期」(HC, V: 852) を迎えていたのは確かだが，クロムウェル政権で活躍した父 (Bulstrode Whitelocke, 1605–75) の影響を受けていたホワイトロックのように，高教会派の主流とは一線を画した人物も議員に選出されている。

呼ばれる代表者会議を設置していた。ウィリアムの治世においてはほとんど召集されなかったが，アンは毎年のようにこれを召集した。2つの聖職議会のうち，定員55名の一院制を採用するヨークがさほど重要性を持ちえなかったのに対し，上院に22名の主教，下院に145名の牧師を集めるカンタベリは規模の大きさに応じて影響力も大きく，このカンタベリ聖職議会がアンの治世を通じて高教会主義の温床となったのである。高教会主義者たちは「受動的服従，無抵抗，さらに世襲君主政にそなわる神権」を名誉革命と調和させることに執心した。そして彼らが多数を占めるカンタベリ聖職議会の下院は，比較的寛容な姿勢をとる同議会上院を繰り返し攻撃した。それは，ロンドンのウェストミンスターにおける下院と上院の関係に，ある程度まで照応するものと言えた (Hoppit 2000: 231–32)。

ウェストミンスターのブロムリらはこうした国教会保守層とあからさまに結び，議会外で非国教徒弾圧キャンペーンを展開する。その陣頭に立ったのが，高教会派牧師のサシェヴェレル (Henry Sacheverell, 1674–1724) と，宣誓拒否者 (Nonjuror) のレズリ (Charles Leslie, 1650–1722) であった。

前者は後年の「サシェヴェレル裁判」によって知られる。1709年11月5日（ガイ・フォークスの日）にセントポール大聖堂で「偽の兄弟たちからの難」と題した説教を行い，名誉革命体制と宗教的寛容を非難したサシェヴェレルに対し，ウェストミンスターの上院は翌年2月から3月にかけて弾劾裁判の場を設けるが，弾劾を通じて高教会主義者の熱狂がいっそう煽り立てられ，世論がトーリ支持に大きく傾くという皮肉な結果を招く[4]。1702年当時も，この高教会派牧師は饒舌に説教を繰り返していた。前年よりオックスフォード大学モードリン・カレッジのフェローを務めていた彼は，1702年5月31日に大学の付属教会で非国教徒を激しく糾弾する説教を行い，翌月，これを『政治的団結』*The Political Union: a Discourse Shewing the Dependance of Government on Religion in General: and of the English Monarchy on the Church of England in Particular* と題する小冊子にまとめた。そ

---

[4] サシェヴェレルは11月5日の説教を小冊子にして同月末に出版したが，これは「すぐさま11版を重ね，おそらくは10万部を売った」(Hoppit 2000: 233)。

第 4 章　デフォーの社会思想（1702年-04年）

のなかで説かれているのは，概ね次のような点である。

> 人間の見解が行動を統御するかぎり，判断の誤りは実践上の過ち以外の何ものも生み出しえないのである。教会における革新は国家における革新の前触れに他ならない。前者の教義と原理が揺さぶられ，腐敗させられているというのに，後者の力と特権が完全なままということはまずない。一方の基本構造を改変するものは，きっと双方を破壊するだろう。長老会派と共和主義は歩調を合わせているが，それらは，わが国の 2 つの異部門に存在する，一様に無秩序な平等化原理であって，君主政と監督教会［国教会］のいずれにとっても不倶戴天の敵なのである。そしてもし，政権が自らの寛容のうちにあるこの真実を厳しく捉えることがないとすれば，それは彼らの主義にもとっている（Sacheverell 1702: 50–51）。

サシェヴェレルは，国教会を国家の支柱と見なす考えから，前者の危機は後者の危機に等しいとする。教会と国家はあくまで相即不離の関係にある。そして両者の危機の元凶は，名誉革命以来の政権が採用してきた「寛容」の方針に他ならないのである。国家と国教会の危機という「真実を厳しく捉える」こと，つまり宗教的寛容の終焉と非国教徒の弾圧を宣言することこそが，現下の政権に強く求められているのだ。これがサシェヴェレル牧師の説教であった。

　他方，元来アイルランドの牧師であったレズリは，名誉革命の際にウィリアム 3 世とメアリ 2 世に忠誠の誓いを立てることを拒否して聖職禄を剥奪され，以後，「ジェイムズ 3 世」の暮らすフランスのサンジェルマン宮殿とブリテンのジャコバイトとの橋渡し役を務めながら，反ウィッグ，反非国教徒，そして反理神論の論客として活動していた。サシェヴェレルの『政治的団結』と同年に『現教会と現政権を蝕んで転覆するための，穏健派牧師とモダン・ウィッグおよび狂信者とのいわゆる新連合』 *The New Association of those Called, Moderate Church-Men, with the Modern-Whigs and Fanaticks, to Under-Mine and Blow-Up the Present Church and Government* と題す

る小冊子を発表した彼は，その冒頭に次のごとく書いた。

> ヘロデ（Herod）とピラト（Pilate）は何についても意見が合うことはなかったが，ともにキリストと対立したときには友となった。ヘロデの信仰はユダヤ教で，死刑執行人になろうとはしなかったけれども，ローマ人であり，ユダヤ人とその信仰に対する公然の敵であるところのピラトのもとに，キリストを送り返した。穏健派牧師（その性格はやがて明らかになるだろう）と，その公然の敵であるウィッグならびに狂信者との間に，教会に対するこうした類の連合が生み出されていることを，われわれは目の当たりにしている（Leslie 1702: 1）。

レズリは，国教会内の一分子である「穏健派牧師」と，ウィッグ，さらに「狂信者」すなわち非国教徒が「新連合」を形成し，哀れな「キリスト」に当たる国教会を包囲しているというイメージを読者に提示する。これはまさに危機なのだ，この危うい状況に臨んであなたがたは何もしないのか，と読者の情念に訴えかけるのである。

レズリと同じくアイルランド生まれのスウィフトは，1704年5月に公刊した『桶物語』*A Tale of a Tub: Written for the Universal Improvement of Mankind* のなかで，三兄弟の末弟ジャック（Jack），すなわち非国教徒を象徴する人格を「気の狂った」存在として描くが（Swift 1704: 134／訳102），当時ウィッグに与していた彼が一貫して諷刺の姿勢を採用しているのに対し，「国教会以外の聖餐に赴く者はみな排斥されるより他な」く，「行政職から彼らを排斥するだけではなく，議席を持つこと，あるいは議員に投票することによる彼らと議会との直接間接のつながりを，断ち切ってしまうべきである」と発言するレズリの露骨さは（Leslie 1702: 18），高教会派という党派を如実に表現していた。

サシェヴェレルとレズリによる援護射撃を受けた便宜的国教会遵奉禁止法案は，1702年11月，トーリが圧倒的多数を占める下院において可決され，12月に上院へと送られる。寛容が重んじられたウィリアム治世は確か

第 4 章　デフォーの社会思想（1702年-04年）　　　　　　　　　　173

に終焉した。アン治世の幕開けは非国教徒弾圧の危機をもたらしたのである。

3　『最も手間のかからない非国教徒対策』

　その12月，『最も手間のかからない非国教徒対策』*The Shortest Way with the Dissenters*（以下『対策』）と題された小冊子がロンドンに現れる。実に過激な非国教徒弾圧策を提案する『対策』はすぐさま高教会派から熱烈な歓迎を受けるが，この小冊子の匿名の著者こそが，デフォーだったのだ。

　『対策』の冒頭には寓話「雄鶏と馬」が紹介されている[5]。小屋に適当な場所がなく，馬のすぐ横で眠らねばならなくなった雄鶏が「お互いに踏みつけあうといけないので，じっとしていましょうよ」と馬に語るという話である。この雄鶏は弱者の非国教派を，馬は強者の国教会を象徴している。ウィリアム治世14年間は非国教徒が権力の座に就いたが，今や彼らはその地位を失い，国教会に「平和と団結」を求めざるをえなくなっている。ゆえに今こそ非国教徒を懲らしめ，「世界で最も純粋かつ偉大な教会」国教会の基礎を磐石にせよ，というわけである（Defoe 2000, III: 97）。こうした『対策』の語り口は，サシェヴェレルのオックスフォードでの説教やレズリの小冊子などに見られる，当時の高教会派を代表する論客の説法を，巧妙に真似たものであった。

　例えば，17世紀のイングランド史を振り返りながら『対策』は以下のように述べる。「素晴らしき国王」チャールズ1世の処刑は，その父ジェイムズ1世による非国教徒弾圧の手緩さが招いたことであった。最も迫害された非国教徒ですらニュー・イングランド植民地に渡って安楽な暮らしを手に入れたのである。ジェイムズと国教会による寛容が仇となり，「統治の資格も能力も持たぬ薄汚い詐称者」すなわちクロムウェルが武力を背景に君主政を覆してしまった（99）。その後の共和政が土地保有者と国教会

---

[5]「雄鶏と馬」は，高教会派に与するレストレーンジ（Roger L'Estrange, 1616–1704）が出版した寓話集から引かれている。彼はかつて出版物検閲官として非国教会派を悩ませた。

聖職者を大いに苦しめたにもかかわらず，王政復古により即位したチャールズ2世も非国教徒に対して寛大に振舞った。この国王は議会の勧告に逆らってまで彼らに良心の自由を与えようとしたのだ。その報いが「ライハウス陰謀 (Rye-Plot)」のごとき企みとは，いかなるわけであろうか。弟のジェイムズ2世もまた並外れた寛容の姿勢を示し，信仰自由宣言は国教会を困惑させたほどであった。しかし「彼に非国教徒がどう報いたかは，世界中が知っていよう」。先の御代では，非国教徒が「彼らだけの国王」ウィリアムのもとで恩顧を賜り，専横に振舞った。彼らの統治は何と「惨めな」ものだったことか (100)。つまるところ，博愛と慈悲を実践してきた国教会の恩を彼らは常に仇で返してきた。スコットランドにおける「監督教会の窮状」を見れば，長老派等の非国教会派による慈悲が何を意味するかは一目瞭然であろう (101)。

　次のようにも言う。非国教徒の弾圧は困難なことではない。非国教徒の擁護者は，彼らの人口が非常に大きいがゆえに弾圧は不可能だと言うが，フランス王はいっそう多数の「そうした国民」すなわちユグノーを，一人残らず国外へ追放したのではなかったか。戦時においては「共通の敵に対する団結」が必要と説く者もいるが，そもそもルイ14世を敵に仕立て上げたのは非国教徒である。「われわれは彼と争わねばならない理由を知らない」(102)。貨幣改鋳を思い起こしてみよ。旧貨の廃止に反対した人々は戦時に改鋳を試みることの「危険性」を吹聴したが，結果として改鋳は成功を収めたであろう (103)。弾圧の困難は大きく見えているだけのことで，実際には

　　彼らの武力など語るに足らず，彼らのモンマス [James Scott, Duke of Monmouth, 1649–85]，シャフツベリ，アーガイル [Archibald Campbell, 9th Earl of Argyll, 1629–85] もすでに世を去り[6]，オランダ製の聖域 (Dutch-Sanctuary) も消え去った。天は非国教徒撲滅の道をお示しになったのだ。もしこの天佑に

---

6) 初代シャフツベリ伯爵は1683年に亡命先のオランダで死去，モンマス公爵とスコットランド貴族の第9代アーガイル伯爵は1685年の反乱後に処刑。

応じなかったら，われわれは自らを責めることになるだろうし，イングランド国教会の不倶戴天の敵を根絶することによって教会のために尽くす好機を，過去のものとして想い起こすことになりかねないだろう。天が与えた瞬間を逃してしまえば，機会に後ろ髪はない（Post est Occasio Calva）と嘆くことになるであろう（103）。

「あらゆる暴力と不意討ちをもって打ち倒すべき獣」である非国教徒の撲滅は残酷とも「野蛮（Barbarous）」とも呼べまい（104）。なぜならば，国教徒の子孫のために「カルタゴは滅びねばならない」からだ（105）。この大カトーの言葉は[7]，ローマ・カトリックとアングロ・カトリックの結託を暗示する。

では，非国教徒をいかにして除くべきか，と『対策』は問う。科料や罰金では効果がない。「債務者監獄（Counter）の代わりに絞首門を，罰金の代わりに奴隷船を」用意せよ（105）。そうすれば「秘密集会所（Conventicle）」に通う者もいなくなる。厳格な法を定めて少数の首謀者を見せしめに処刑すれば，その他の非国教徒は国教会に帰依するはずだ。そして「信仰心は大いに高まり，分裂したこの国は再びひとつとなるであろう」（106）。『対策』によれば，非国教徒の「指導的牧師の一人」すなわちハウ（John Howe, 1630–1705）ですら，国教会の教義との間に「様態（Modes）や偶有性質（Accidents）」上のわずかな差異を認めているに過ぎず，「実体（Substance）」としては「国教会が真実の教会である」ことを認めているのであった（107）。

デフォーは，サシェヴェレルら高教会派牧師の説教口調をただ模倣するのみにとどまらなかった。1703年1月に現れた『最も手間のかからない非国教徒対策と題された先の小冊子についての簡潔な弁明』*A Brief Explanation of a Late Pamphlet, Entitled, the Shortest Way with the Dissenters* に見られる彼自身の言葉を借りれば，「曖昧で不明瞭な英語（duller and darker English）」でなされる彼らの説教を「平明な英語（plain English）」に直すことで

---

7) 原文では，誤ってスキピオの言葉とされている。

(Defoe 2000, III: 114)，「非国教徒の迫害と撲滅」という隠蔽された彼らの真の意図に光を当てようとしたのである。

> 『新連合』の作者が書いたものを辛抱強くお読みになるなら，絞首門，奴隷船，非国教徒の迫害と撲滅が，この『対策』に見られるのと同じように，おそらく可能なかぎり明白に意図され，企てられ，直截に指し示されているのにお気づきになるだろう。そこには，スコットランドとの合邦に対する，国王ウィリアムの統治に対する，さらにはハノーヴァー家に対する最大限の憎悪があり，またサシェヴェレル氏［原文伏字］の説教には，非国教徒を罵り，そうすることで彼らを人々の憎悪の対象に仕立て上げるための，最大限の叫びと悲嘆とが込められている（114）。

つまり，『対策』にいわば啓蒙された世論が高教会派を受け入れがたい過激派として認め，その不支持を表明すること，これがデフォーの狙った効果であった。だがサザランドは言う。「これはつねに危険な勝負である。あなたは［非国教会派と高教会派の］どちら側からも理解されず，したがってどちらの側からも罵声を浴びせられやすい。また世間の興奮が高まりつつあるときには，時として分別ある人々までもが，あなたが冗談のつもりで言ったことを文字通りに受け取りがちであり，あなたの巧みな反語があなた自身の顔に跳ね返ってくる。1702年がまさにそうであった」(Sutherland 1938: 85／訳113)。デフォーの執筆意図は同朋の非国教徒たちの理解さえ得ることができず，世論もまた彼の期待を裏切ることになるのである。

4 デフォーの便宜的国教会遵奉批判

デフォーは元来，非国教徒は自らの信仰を全うすべきで，便宜的国教会遵奉などという姑息な手段に訴えるべきではないと考えていた。したがって「大きな馬に跨りカスタードを食べた」(Swift 1704: 214／訳153)，すなわち市長の正装のままで長老派の礼拝に参列したとして『桶物語』における諷刺の的となった1697年当時のロンドン市長エドウィン（Humphrey Edwin,

1642-1707)を，デフォーもまた嘲弄気味に批判した。

その批判は，1698年1月頃に刊行された『高位公職者の場合の便宜的国教会遵奉に関する考察』 *An Enquiry into the Occasional Conformity of Dissenters, in Cases of Preferment* の「市長［エドウィン］への序文」中に見られる，「閣下が，午前は国教徒で午後は非国教徒であるというような，そういう信教の自由の原理を喜んで実践されるのでしたら，同時に二様に見えるこの新種の信仰が何を意味するのか，私たちもよくよく考えてみなければならなくなります」との文言に明らかである（Defoe 2000, III: 55）。さらにデフォーは，新たに「ハウ氏への序文」を付した『考察』第2版を1700年11月に出版し，このたびは，先に触れたハウと，その会衆の一人であった「現ロンドン市長」アブニ（Thomas Abney, 1640-1722）に批判の矛先を向けた。共和政期にクロムウェル家の牧師を務め，のちイングランド長老派と独立派のかなわぬ合同に尽力した経歴を持つハウは，当時の長老派を代表する牧師の一人と見なされていたが，デフォーはこのハウに対し，アブニによるエドウィンと同様の「恥ずべき国教会遵奉の実践」を許容している彼は，自らの会衆のみならず「非国教徒全般」についてもそれを認める用意があるのか，つまり便宜的国教会遵奉を原理的に肯定するつもりなのか，と問いただした（39）。

そして以上の批判の極めつけが，『対策』の直前にデフォーが発表した小冊子『便宜的国教会遵奉に関する考察，それが非国教徒に関わりのない旨の証明』 *An Enquiry into Occasional Conformity. Shewing that the Dissenters are no Way Concern'd in it*（以下『証明』）である。ここからはしばらく，この『証明』を読み進めてみることにしよう。

『証明』の冒頭には，次のような印象的な文句が掲げられている。

　　自身の判断を時勢に対立させる者は，反論の余地のない真実に支えられているはずである。もし，他者の意見の流れやその多数さを理由に，彼が自らのかたわらに置かれている真実を認めることを恐れるならば，彼は臆病者であると同時に愚か者である。自身を除く世間のすべてが誤っていると口にする

ことは一個の人間にとって難事だが、実際にそうなのであれば、誰がその発言を止められようか（Defoe 2000, III: 79）。

こう問いかけたうえで、デフォーは、便宜的国教会遵奉禁止法が「イングランドの非国教派利害（Dissenting interest）に対する打撃」となるであろうとの世間一般の考えは「明らかに誤っている」と、果断にも主張するのである（79）。それはいかなるわけなのか。

『証明』は次のように説く。アン女王は即位に当たって非国教徒の「保護」を約束したが、教会の「即座の」統一を切望する「説教屋、つまり太鼓持ちの聖職者（Drum Ecclesiastick）」はこれに異を唱え、「サシェヴェレル氏はオックスフォードでの説教のなかで、あらゆる非国教徒は鐘も書も燭もなしに［破門儀式なしに］破滅の運命をたどると告げ」て、女王や議会に「彼、彼女らの義務」を果たすよう、「イングランド国教会の真の一員ならば、狂信者に対して軍旗を掲げるよう」呼びかけた（81）。だが、非国教徒は決して「狂信者」などではない。デフォーは以下のように訴える。

隣人に対するこれほど大きな敵意と侮蔑の心とが、一国民の胸中に宿ろうとは。その隣人ないし兄弟は、彼らと同一の風土のなかに生を受け、同一の統治に服し、同一の神を信じ、信仰の最も基本的な諸点については意見を同じくしている人々、婚姻によって絶えず混交し、同一の商業に従事し、同一の敵と戦い、同一の友と手を携えることを通じて、同一の共通利害のもとに結びついている人々なのである（82）。

サシェヴェレルのごとき「口汚い説教師や恥ずべき小冊子作者たち、その他の決して少なくはない無知な人々」の手による、非国教徒の「あまりにも不名誉な取り扱い」に対抗するには、非国教徒という存在を「真実の光」のもとに照らし出さなければならない（82）。非国教徒とは、「イングランド人としての権利、あるいはキリスト教徒としての義務が命ずるかぎりにおいて、諸法と統治とに平和裏に服しながら」生活している者に他な

第4章　デフォーの社会思想（1702年-04年）　　　　　　　　　　　　　　179

らないのである。ただし「彼は自身の見解として，正規の礼拝方法には聖書に見出される規則と一致しないと考えられる点がいくつか存在すると認めて」いる，つまり1662年の礼拝統一法に従うことには不都合があると考えている。よって「人定法の適用範囲は良心の問題について彼を拘束するまでにはいたらない」との判断に基づき，あえて「自らの良心の命に，そして人間よりも神に従うことを命じる規則に，純粋に服する」姿勢を貫いてきた（83）。このような者こそが，国教に同意せぬ（dissent）者としての非国教徒である。

したがって「便宜的国教会遵奉禁止法はわれわれにとって無関係のものだと言える」と『証明』は結論づけるが（85-86），ここでの「われわれ」は，自らの良心に忠実であるところの誠実な非国教徒のみを指していた。

> あるひとつの理由から国教会を遵奉しうる者は2つの理由がなくとも遵奉しうるだろうし，そうすべきである。ゆえにわれわれは，国教を頭から奉じることのできない者に分類されて満足している。下院に何らかの利害を有しておられるあなたがたに具申させていただくとすれば，法令を「イングランド国教会への便宜的遵奉を防ぎ，プロテスタント非国教徒をよりよく団結させるための法律」に改称すべき旨，謹んで提案したいと思う。そう名づけられる際には，われわれは法の成立を歓迎することだろう（86）。

自らの良心にのみ従うことを原則とするのなら，国教会を支持するかそれを全面的に拒否するかの二者択一とならざるをえない。ここでデフォーは，問題をあえて便宜的国教会遵奉に局限し，便宜的遵奉の実践の有無を軸に非国教徒を誠実なそれと不誠実なそれに単純に二分する。そして後者のみに不信心者の汚名を着せることで非国教徒の本質を世間一般の非難から救い出し，その存立基盤を確保しようとする。つまり便宜的遵奉禁止法の成立以後も，「あなたがた」すなわち国教徒と，「われわれ」すなわち誠実な非国教徒が，それぞれ信仰上の多数者と少数者というかたちで平和裏に共存しうるのである。

デフォーは，同胞の非国教徒に対して次のように語りかけてもいる。禁止法のもたらす帰結について誤解があるようだが，非国教徒は本来「誠実と正直」によってのみ安寧を得られる存在であるから，公職のごとき「厄介物」からの追放を気にかける必要はない (88)。この法は「われわれを衰えさせることなく強化する。それはわれわれを卑屈にすることなく，われわれに希望を与える」(89)。「便宜的遵奉が非国教徒たるべきことの本質と相容れないことは明白であ」り (90)，そうした行為の根絶こそが望ましい。どのような理由があろうとも，国教徒の装束を便宜的に着用する者は偽善者に他ならないのである。

　　高位に就くため，雇用を得るため，あるいはその他何らかの理由のために国教会を遵奉しうる者は，そもそも国教会を遵奉しうる。そうでないのなら，彼は自らの利益のために，その良心を自由にしうるところにまで達しているに違いなく，光に背を向けて行動しているに違いない。そのようなことをなしうる者ならいかなることでもなしうるであろうし，どの教会と交信しようが，彼には問題にならないのだ (92)。

それはまさに「腐敗 (Corruption)」(92) と呼べるだろう。
　だが，『証明』に見られるこのような言い回しは，『対策』ほどではないにしろ，反語の性格を帯びたものである点を見過ごしてはならない。非国教徒弾圧の危機の最中で，上述のようにデフォーは，非国教徒の居所をイングランドという島国のうちに引き続き確保しようと苦心していた。その居所の安全は目下脅かされ，名誉革命の実現によって確保したかに見えた自由の領域は再び狭められようとしていた。居所のすぐ外に「野蛮」が迫りつつあった。そうした状況下において，非国教徒の拠って立つ地盤を可能なかぎり防護するという意図に従い，公職は「厄介物」と呼ばれているのであって，公職からの非国教徒の追放ないし締め出しそれ自体が正当な事柄と見なされているわけでは到底ない。この点は，次の皮肉交じりの表現からも十分に読み取れるであろう。デフォーは問うている。禁止法の成

第 4 章　デフォーの社会思想（1702年-04年）　　　　　　　　　　　　　　　　　181

立によって損失を被るのは，非国教徒の側ではなく実は国教徒の側ではないのか，と。信仰上の分離と同様，世俗の営みについても完全な分離を行うとした場合，非国教徒なしの国教徒に何ができるかを想像してみるとよい。非国教徒は彼らの間だけで手工業を運営するだろう。そうなれば，国教徒の側が抱える多数の貧民を誰が雇用するのだろうか。誰が銀行や政権に資本を提供し，戦争遂行の費用を賄うのだろうか。「あなたがたがそうしたことを望んでおらず，われわれがあなたがたのうちに暮らし，ともに商取引をし，ともに働き，支払いの授受を交わしあうことを望んでいるのであれば，なぜわれわれは，日々の中傷を受けることなく，愛と団結の伴う平和な生活を送ることができないのであろうか」(87)。反語表現のただなかに，時折，真率な主張が顔を出すこともある。

5　筆禍

　かく論じたうえで，「出版とは世間への訴えであ」り，「真実は普遍的な指示書（General Commission）であるがゆえに，誰でもそれを書き記すことができる」と力強く訴えた『証明』は，「正しいのは誰か，世間に判断させよう」との挑戦的な結語で締め括られた (93)。この結語は，『証明』とそれに続く『対策』の出版によって著者が遭遇する不運を，まさしく暗示するものであった。

　『対策』の弁明のなかでデフォーが述べていたように，高教会派の狙いは，非国教会派の総体を偽善者や狂信者の集団のごとく歪曲して描き出し，それを世論の「憎悪」の対象に仕立て上げる点にあった。デフォーが『証明』において過剰とも受け取れるほど激越に便宜的国教会遵奉を難じた背景には，世間の視線を便宜的遵奉という行為のうえに集中させ，その実践者と非国教徒一般との差異を際立たせることによって高教会派の企てを挫くという，彼のいわば戦術的意図を見出すことができる。あくまでデフォーは，非国教徒の立場に一切の正当性ないし価値を認めようとしないサシェヴェレルやレズリの言説を抑え込むための対抗言説として，便宜的遵奉批判を表題に掲げた一連の著作を世に送り出したのである。だが，世

間は彼のそのような営為をいかに受け止めたか。

 この頃すでに,デフォーは『レギオン』や諷刺詩『生粋のイングランド人』*The True-Born Englishman*（1701年）の著者として「ロンドンで最もよく知られた人物の一人」となっていた（Backscheider 1989: 80）。『生粋のイングランド人』は,ウィリアム3世とオランダを罵倒し排撃したウィッグの論客タッチン（John Tutchin, c.1661–1707）の詩『外国人』*The Foreigners*（1700年）に応酬し,生粋のイングランド人など幻想に過ぎず,その正体は混血に他ならない旨を説いたものである[8]。正規版の他に「8万部の海賊版が売れた」（Novak 2001: 149）とされるこの詩は,18世紀半ばまでに50版を数えるなど大成功を収め,「デフォーの印」と化した（Backscheider 1989: 75）。このデフォーこそが実は『対策』の匿名の著者であると知れ渡ったとき,巧妙な反語的ないし帰謬法的レトリックに振り回された世間は,その声を自らの筆力によって味方にしうると自負するデフォーが全く予期しなかった反応を示すことになる。

 名の通った非国教徒が『対策』の著者だと知った高教会派は,女王を頂点とする国教会体制が嘲弄されたと,つまり監督制の権威が言葉によって激しく揺さぶられたと受け取り,もちろん激怒した。だが驚くべきことに,本来ならば『対策』を支持するはずの同朋までもが憤りを顕わにしたのだ。なぜか。バックシャイダーは次のように解釈する。「『対策』を（初めのように）字面通り読めば,読者はサシェヴェレルに説得されるかのごとく『対策』の議論に説得されるだろう。反語であることやデフォーの著作であることを知れば,読者は非国教徒の存在を不快に思い,便宜的遵奉禁止法案に賛成するだろう。世論は『対策』の著者の行き過ぎについて同意していた。著者がデフォーだと知れると,ウィッグやかつての友人たちさえも同様の見解を抱いた」（100）。字面通りに読まれようが,反語として読まれようが,いずれにせよ『対策』は非国教徒に仇なすものと彼らは

---

[8] ウィッグの非国教徒だったタッチンの政治的立場にはデフォーと共通する面も少なくなかったと言えるが,両者は激しく論争した。Furbank and Owens（2006: 45–48）を参照。

受け取ったというのである。彼が『証明』を極致とする便宜的遵奉批判の言説を展開し続けてきたことも災いした。結局『対策』は非国教会派と高教会派の挟撃を受ける羽目に陥り、両会派に焚きつけられた世論は彼を糾弾する。

こうした世論の動向を見ながら、「同時代人みなから傲岸、厳格、固陋と評された」(107) とされるノッティンガムはデフォーを煽動的文書誹毀罪に問い、1703年1月初頭にデフォーの逮捕状を発行する。逃亡者となった彼は、同月9日、ノッティンガムに弁明の手紙を宛て、「女王陛下に対しまして、私には煽動の意図など全くございませんこと、そして、たとえ軽率にも陛下を傷つけてしまったのだとしましても、これまでと同じくいま現在も、女王のため、心から身を捧げて奉仕しておりますことを、どうかお取次ぎください」と訴えたが (Defoe 1955: 2)、効果はなかった。2月、ノッティンガムは『対策』を焚書に処す。デフォーはなおも逃避行を続けるが、同年5月、亡命ユグノーの織工宅でついに身柄を拘束され、ニューゲートに収監された。

ノッティンガムは、デフォーと何らかの党派、特にジャントー・ウィッグとの関係が『対策』出版の背後にあると疑っており、執拗な尋問を繰り返した。だがデフォーは、「完全に一人で行動し、秘匿情報など何も持たない旨を明言」する (Novak 2001: 184)。公判は7月上旬に開かれ、先述のアブニをはじめ、デフォーに対して決して好意的とは見なしえない人々が判事席に連なった。ケント州請願で活躍したカルペパーが弁護人を引き受けるが、不利を看取したこのデフォーの親友は、有罪答弁を行って慈悲を請うべきだと助言する (186)。しかしそれは「戦術上の失策」であった。デフォーとカルペパーはあくまでも無罪を主張し続けるべきであった。なぜなら、『対策』がサシェヴェレルら高教会派牧師の語り口を巧妙に模倣した文書に違いない以上、「それを煽動的誹毀文書と証明するのは困難だった」からである (Sutherland 1938: 97／訳130)。有罪答弁を行ったにもかかわらず、ついに慈悲は示されなかった。同月9日、デフォーの最も恐れた「さらし台」刑が罰金200マーク（約134ポンド）とともに宣告され[9]、さ

らに今後の「良好な言動」が保証されるまで，引き続き彼をニューゲート監獄に拘禁する旨が決せられたのである（Backscheider 1989: 110）。

　法廷の外部では，信仰上の理由から過去に幾度か投獄の憂き目に遭っていたクエーカーのペン（William Penn, 1644–1718）が，同じく非国教徒のデフォーを過酷な処罰から救おうと政権に働きかけを行った。北アメリカに自らの名を冠したペンシルヴァニア植民地を建設したことで知られる彼は，かつてジェイムズ2世の宮廷に出仕していた関係から女王の幼少時以来の知己であり，宮廷に対して一定の影響力を行使しうる立場にいたのである。またペンは，デフォーの「『生粋のイングランド人』を友人に薦めたこともあった」(114–16)。

　ペンの同名の息子（d. 1720）からその厚意を知らされたデフォーは，判決の執行を待つ7月12日，「一人の見知らぬ虜囚」に「尋常ならざる親切」を尽くしてくれている一人のクエーカーに手紙で深謝の意を伝え，「ノッティンガム卿」による追及に触れながら，自身は何ら「共犯者（Accomplices）」を持たないことを力説した。そして「慎重に取り扱われるという約束」のうえに，自分は「『煽動的に』『故意に』といった全副詞や，法律家らの長大な熱狂的作文さえも含めて，起訴状に対し有罪答弁を行うことに同意したのです」と語り，「そのせいで国教会が侮辱されたと彼ら［高教会派］が考えているのと同様の公然たる方法（Publick Manner），すなわち出版物（Print）によって，イングランド国教会を擁護し，それを公正に扱う用意が，私にはあります」とさえ述べる（Defoe 1955: 7–8）。ここには，さらし台刑の回避を強く望んでいた彼の遺憾の意が見え隠れする。この手紙を読んだペンは大蔵卿ゴドルフィンに面会し，短時日ではあるが刑の執行延期を取りつけることに成功した。この間，デフォーはウィンザー城に移送され，アン臨席の場で弁明する機会を与えられるが，この弁明は「女王を激昂させるだけ」に終わっている（Backscheider 1989: 117）。

　ケント州請願においてデフォーを支えた世論は，2年後に一転して彼の

9）当時の100ポンドは，「ロンドンで1年間，中流の生活を送るのに十分過ぎる額であった」とされる（Backscheider 1989: 102）。

敵と化した。世論がつねに理性に則るとは限らないことを，彼は思い知らされたであろう。逃避行中の1703年4月に友人パタスン（William Paterson, 1658-1719）に宛てられた手紙には，彼の痛切な思いが吐露されている。「私は非国教徒というもの（wholl［sic］body of the Dissenters）に対して軽蔑心を強めました。あのような人々のために自分が苦しんでいるかと思うと，悔しくてなりません」（Defoe 1955: 4）。軽蔑すべき非国教徒は，高教会派の勢力伸張に抵抗する誠実な非国教徒の意図を慮るだけの平静さを欠き，むしろ情念のほとばしりたる非難の嵐を彼に浴びせかけた。そして世論も非国教徒一般の憤怒に同感したのである。世人の声は浮動しがちであり，安易に寄りかかるのは危うかった。理性は，世論とは異なる，あるいはそれを包摂しうるものに拠り所を求めねばならない。普遍の法（自然法）と古来の国制（混合国制）を放棄したデフォーに残された選択肢は，商業のみであった。

II ── 商業の原理

1 デフォーと穏健派トーリ政権

1702年5月，アン女王治下のイングランドはフランスに宣戦した。だが大蔵卿ゴドルフィンと兵站部総監・陸軍総司令官のマールバラ（John Churchill, Duke of Marlborough, 1650-1722）に率いられたイングランド宮廷は，このスペイン継承戦争を継続してゆくに当たって国内外で障害に直面する。後者の障害はスコットランドによって引き起こされたものである。1703年8月，スコットランド議会は同国のよりよい「安全保障」のための法案を可決し，1701年6月にイングランド議会によって（国王ウィリアム3世の裁可を伴って）制定された王位継承法の効力を否定した。このことが意味するのは，現女王の没後において，スコットランドの人々が必ずしもイングランド国王と同一とは限らない彼ら自身の国王を選出するかもしれない，ということであった。王位継承法は，スコットランドとの同君連合の維持を

前提に,「プロテスタント教徒であるところの」ハノーヴァー選帝侯妃ソフィアとその子孫をアンの後継者に定めていた。それゆえイングランド政権としてはスコットランドの決断を到底容認しえない。隣接2国間の関係は極度に悪化した。

他方,すでに述べたように,ウェストミンスターの高教会派トーリ議員たちは便宜的国教会遵奉禁止法を成立させることによって非国教徒弾圧を押し進めるという企図に固執していた。しかし,禁止法案の審議が予算成立を遅滞させれば戦争の継続に困難を来しかねないため,高教会派の行動は「二頭政治者 (duumvirs)」ことゴドルフィンとマールバラ,そして時の下院議長ハーリを苛立たせた (Hoppit 2000: 287-93)。政権安定化の鍵は,これら内外の障害をいかに除去するかにあったのである。

1703年7月末の3日間,王立取引所近傍をはじめとする3か所で,1時間ずつ,『対策』の著者はさらし台に据えられた。「さらし台は柱のうえに設けられた木製の構造物で,可動式の2枚の板が付属しており,頭と両腕をはめ込んで固定できるよう蝶番で留められていた。このような刑罰は不快以上のものであった。さらし台に据えられた者たちは,しばしば,粗野で節度を欠いた風俗の時代に暮らす荒々しい群衆による嘲笑や暴言,さらには身体刑の対象にさえなった。群衆はさらし台の周囲に集まり,時折,哀れな罪人に向かって石やがらくたのような危険物を投げつけたのである」(Richetti 2005: 23-24)。時として命さえ奪われることもあったこの悲惨な刑罰に直面したデフォーが,自作の詩『さらし台頌歌』*A Hymn to the Pillory* を街頭に頒布し,さらし台上から観衆に弁明した事実はよく知られている。この弁明は大成功を収めた。なぜなら,「卵の黄身や腐った魚を頭部めがけて投げつけられる代わりに,彼はさらし台が花束で埋め尽くされるのを目にし,気のよい連中が彼の健康を祝し,足下の路上で乾杯するのを耳にした」からである (Sutherland 1938: 95／訳126)。

その後もなお監獄内に拘禁されていたデフォーの才覚に目をつけたのが,ハーリであった。巧みな反語を駆使した『対策』は世論の拒絶に遭ったものの,その筆力は高教会派トーリの牽制とスコットランド問題処理の

両面において有用と見なされたのである。デフォーを政権の諜報員に任用し，近い将来スコットランドに派遣してはどうか，とハーリから話を持ちかけられたゴドルフィンは，1703年8月13日，これに賛同する（Novak 2001: 197）。その後のハーリとゴドルフィンによるひそかな連携を通じて，デフォーは同年11月に虜囚の身分を解かれることとなり，翌1704年7月，女王によっても正式に赦免された。この年の2月に著名な定期刊行誌『レヴュー』を創刊した彼は，北部担当国務大臣として出版政策を引き受けるハーリ（同年5月就任）を支えることを通じて，また穏健派トーリ政権による他の諸政策の宣伝普及に努めることを通じて，非常に優れたジャーナリストとしての力量を発揮していく。

　この年の夏，デフォーはハーリに宛てて次のように書き送っている。

　　首相（Chief Ministry）設置の利点は証明するまでもないでしょう。議会における混乱，閣僚たちによる数多の杜撰な指揮から生じる政務執行上の過ちや監督上の不注意が，首相の利点をはっきりさせています（Defoe 1955: 30）。

明らかなように，彼は政権指導力の強化を待望していた。イングランドは「国家内にリシュリューのような，マザランのような，コルベール［Jean Baptiste Colbert, 1619–83］のような人々を有してこなかった」が (29)，当時においてフランスと戦い，強力で野心的な太陽王がヨーロッパに世界君主政を打ち立てるのを阻むためには，「首相」職を設けておく必要があった。戦時において，イングランド国民は安定的な政権のもとで団結せねばならなかったのである。

　しかし，同年秋に書かれた別の手紙では，デフォーはハーリに対して「現在最も困難な点は，われわれ自身の間の団結（Union）です」と述べ，なぜなら「この国民は不幸にも徒党（Partyes [sic]）や党派（Factions）に分かたれており」「いくつかの教義については到底和解しえないように思われる」からである，としている。彼は続けて次のように述べた。

一党（One Party）を打ち立てて他を抑圧することによる，そうした団結を提案している方々が，この問題に無知なのは明らかです……。これまで，カトリック教徒，イングランド国教徒，非国教徒はみな，自身が公共の運営を担う機会を得てきました。これらのうちの一者が，反対する諸党の破滅を通じて自らの地位の安泰を得ようとしたときにはいつでも，自らの身を滅ぼすという結果になったのです (50)。

国民の団結がいかに望まれようとも，「一党」支配を打ち立てるような近視眼的な道が採られるべきではない。見解や価値観の多様性を一定程度容認しうる穏健な統治の樹立こそが，選択されるべきである。高教会派トーリの手で提出された便宜的国教会遵奉禁止法案は，とりわけ不寛容な非国教徒統制手段であって，そうした，「非国教徒としての自由もその他の諸権利も制限するような処置は，必ずや彼らを不安にさせ，彼らを恐怖の虜にし」(54)，国民を団結させるどころか，むしろ分裂させるに違いない。高教会派トーリの行動はあまりに党派的であり，デフォーにはそれを看過することなどできなかった。

2　高教会派の後退と付加動議

　事態が以上のような経過をたどる間，便宜的国教会遵奉禁止法案は二度，廃案となっている。1702年12月に下院から上院へと送られた法案は，その修正をめぐって両院の衝突が生じたために廃棄される。翌年11月，高教会派は法案を再提出し，同法案はまたも下院の可決を得るが，上院がこれを否決する。デフォーによれば，最初の法案には「良心そのものを理由にした迫害はキリスト教の諸原理に反し，さらにイングランド国教会の主義にも反する」ことを謳った前文が付されていたが，第2の法案では前文全体が取り去られた。この事実が「法案に迫害の核心が含まれていること」の反映かどうかまではわからないと，デフォーは明らかな皮肉を言う (Defoe 1704: 9)。このとき，女王から政権の舵取りを任されていたゴドルフィンとマールバラは，上院議員として二度とも法案に賛成票を投じた。

第 4 章　デフォーの社会思想（1702年-04年）

だがそれは，高教会派という党派との訣別がその他多数のトーリ議員の離反を招きかねない点を憂慮したために過ぎない。戦時における二頭政治者，あるいは彼らを後援する下院議長ハーリをそこに加えた「三頭政治者」に求められたのは，高教会派とジャントーとの熾烈な争いを抑え，特定の党派からではなく「状況に応じてあらゆる方面から」いわば党派横断的な支持を集めることによる，円滑な議会運営であった（Hoppit 2000: 288）。穏健派トーリに対するこの実際的要請を，デフォーはのちに「国内には和，国外には力」と標語的に表現し，恩人ハーリに伝えている（Defoe 1955: 50）。

　便宜的遵奉禁止法案がもたらす両院の混乱は，ゴドルフィンとマールバラを通じて女王にも伝えられた。女王は，高教会派の過激な言動が国益を損なうとする 2 人の熱心な忠言を聞き入れ（Hoppit 2000: 289-90），同派を宮廷から遠ざける覚悟を固める。1703年 2 月，まず女王の叔父ロチェスターがアイルランド総督を罷免された。翌年 4 月には，ノッティンガムと親交のあったブラスウェイトが陸軍局長を更迭され，のちのボリングブルック子爵（1st Viscount Bolingbroke）であるところの若き下院議員シンジョン（Henry St John, 1678-1751）が後を襲ったのを皮切りに，シーモア，ジャージーが次々と解任される。ついには南部担当国務大臣ノッティンガムまでもが辞任に追い込まれ，彼の事実上の後任にハーリが指名されたのである[10]。1704年12月16日付の『レヴュー』において，デフォーは「自らの権力を用いるか，政府の偽りの保護を受けるかして真実を語る者を滅ぼそうとする，そのような一切の輩から女王陛下は慎重に距離をとられた」と振り返り，高教会派が宮廷から斥けられたことで「われわれは現在，真実に耳を傾けようとする政府のもとで暮らしている」と述べて，穏健派トーリによる統治の安定を讃える（RAF: 606）。

　この年の 1 月には，前章で取り上げたエイルズベリ訴訟がついに上院に持ち込まれ，下院と上院の対立に決定的な局面をもたらしていた。すでに

10）正確には，北部担当国務大臣のヘッジス（Charles Hedges, 1650-1714）が南部担当国務大臣に任命され，ヘッジスの後任にハーリが指名された。

述べた通り、この訴訟にはジャントーと高教会派の党争という性格がそなわっていたためである。4月の解任劇によって窮地に追い込まれた高教会派は、同年秋、便宜的国教会遵奉禁止法案を土地税法案に付加 (tack) するための動議を下院に提出し、自らの意に沿わないウィッグ貴族優勢の上院を狡知によって従えようとする。

それはすなわち、土地税法案に代表される財政法案をめぐっては下院の議決が優越することから上院は修正をなしえず、ただその可否のみを決しうるとする慣習を利用しようというものだった (Hoppit 2000: 289)。当時は土地税が政府にとって最大の財源であり、土地税収は歳入の40パーセント前後を占めていたから (Brewer 1990: 95-98／訳106-7)、土地税法案の否決は対フランス戦争続行の困難を直ちに帰結する。トレヴェリアンが言うように、「もし便宜的遵奉禁止法案を可決するか、戦時税を捨てるかの選択を迫られるとしたら、上院は両方を一緒に通過させるであろう」というのが、高教会派を束ねるブロムリやノッティンガムのもくろみであった (Trevelyan 1936, II: 14)。

土地税法案が財政軍事国家の肥大化を抑制するための法案に他ならぬものであったことは、前章で指摘した。貨幣利害の象徴であるウィッグの非国教徒を排除するための法案をこの土地税法案と組みあわせることには首尾一貫性があり、したがってトーリ優勢の下院の支持を必ず得られるものと、高教会派は予想していたはずである。彼らの準備した付加動議の採決が行われたのは、1704年11月28日（火曜日）のことであった。その数日後、デフォーはノリッジでリネン商を営む友人のフランシャム (John Fransham, d.1753) に宛てて、採決の結果を次のように報告している。

> 先週の木曜日に議会へ持ち込まれていた、便宜的国教会遵奉を滅ぼすためのあの道具は、火曜日の下院で致命的な一撃を見舞われました。土地税法案に統合する (consolidated) と言いますか、付加するのだと彼らは言っておりましたが、そうすることが提議され、かなり激しいやりとりがあったのち、117票差で否決されました。あれは今日もまだ法案のかたちで議会に残ってい

て，彼らは何か修正を加えていました。しかし，先の打撃で致命傷を負ったと見てよろしいかと思います（Defoe 1955: 71–72）。

デフォーが挙げた数字は正確である。付加動議は，賛成134票，反対251票の反対多数により，下院で大差をもって否決された（Hoppit 2000: 292–93）。高教会派の企てはこうして挫かれた。もっとも，これもデフォーが伝えているように，便宜的遵奉禁止法案それ自体はその後に若干の修正を受け，単独で下院に再提出される。そして過去2例と同じく下院を通過し，上院へと送られるが，再度の否決がその結末となった。このたびはゴドルフィンとマールバラも公然と反対を表明する。かくして，付加の失敗によって「致命傷」とは言えないまでも重傷を負った禁止法案は，以後しばらく，議会からその姿を消すのである[11]。

3　マックワースの救貧法案

　高教会派トーリ議員のマックワース（Humphrey Mackworth, 1657–1727）は，ブロムリの主導する付加動議を明確に支持した一人だったが（Snyder 1968: 179），付加が挫折したことで，自らの作成した別個の法案に期待をかけた。イングランドの各教区にワークハウスを設立すべしとした，「貧民のよりよい救済と雇用と定住のための法案」がそれである。

　ウェールズに生まれ，オックスフォード大学モードリン・カレッジに学び，国王チャールズ2世の手で騎士に叙されたマックワースは，鉱山会社（Mine Adventurers' Company）の重役として複数の鉱山とそれに付設した銅や鉛の精錬工場を経営する実業家であり，当時の道徳改革（Reformation of Manners）運動の一端を担った「キリスト教知識普及会（Society for Promoting Christian Knowledge）」の共同設立者でもあった。彼は1701年初頭の総選挙で当選

---

11) サシェヴェレル裁判後の1710年10月，下院総選挙でトーリが圧勝し，高教会主義が再燃すると，翌年12月，上院は便宜的国教会遵奉禁止法案を可決した。これはデフォーにとって「心からの衝撃」であった（Sutherland 1938: 185／訳248）。だがこの一時的な揺り戻しを経て，同法はハノーヴァー王位継承後の1719年に撤廃された。

を果たし，同年『イングランド下院の諸権利の擁護』 *A Vindication of the Rights of the Commons of England* と題した小冊子を出版する。オランダ語やフランス語にも翻訳されたこの小冊子のなかで，彼は制限君主政こそが国王と国民の双方にとって最も望ましい政体と言え，「あらゆる政体を不測の事態に耐え忍ばせる」ために必要であるところの，「絶対の (Absolute)，至高の (Supreme)，そして立法の (Legislative) 権威」が，イングランドでは「権力の賢明な分配」を通じて国王，上院，下院の3部門に付託されているとしたうえで，以下のように主張する。

> 国王，上院，下院はまた各々に付与された個々の権限と権威とを有しているが，それは相互保障 (Mutual Securities) による共通の安全のためである。つまり国王は，和戦を決定し，王国の民兵や軍事力を指揮し，議会を召集解散し，聖職文武のあらゆる官吏を任命する権限を有している。そして手短に言えば，その他のあらゆる権限や特権を賢明かつ善良な国王は望みうるのであり，それによって彼は幸福となりうるし，国外での勢威と尊敬に加えて国内での幸福と愛情を得ることができる。国民の代表である下院は（とりわけ）貨幣を取り立てる権限と，国民の権利と自由を護るのに必要な防衛手段として，悪しき閣僚らを弾劾し訴追する権限を有している。上院には司法権が委ねられており，さらに立法権をそなえるもう一方の部門として，国王と国民の間の権力均衡 (a Balance of Power) を保つことになっている。国王，上院，下院は互いに結合し，公共善 (Public Good) のために必要または有益と三者が考える事柄をすべて行いうる，絶対かつ至高の権力 (Absolute Supreme Power) を有しており，公共善についての唯一の審判者は三者なのであるから，三者は地上のいかなる法的権力によっても統制されはしない。ゆえに，至高の権威の諸部門としての，共通の安全の相互保障者としての，そしてお互いの牽制者としての三者に委ねられている別個かつ各個の諸権限は，その本質において，三者相互を除くすべてのものに対して至高かつ絶対でなければならない (Mackworth 1701: 2–3)。

第4章　デフォーの社会思想（1702年-04年）

　ここで，マックワースが下院の持つ「悪しき閣僚らを弾劾訴追する権限」を特に強調しているのは，1701年の議会においてジャントーの弾劾裁判が行われていたという事情によるものと考えられるが，ここで重要なのは，国王，上院，下院の三者は相互牽制を除く何ものにも統制されないとする，彼の主張である。ファーバンクが指摘するように（Defoe 2000, I: 21），ケント州請願事件を受けて公刊した『権利』においてデフォーが剔抉しようとしたものが，このマックワースの主張に含まれる誤謬であった。

> だがもし，三権力が共同して規範に反する行動をとった場合，国制は痙攣に苦しんで死を迎え，もちろん解体される。あの愚かな格言が拠り所にしている当事者間の相互同意（mutual Consent of Parties）が，国王，上院，下院のとりうる行動のすべてに及ぶわけではないのだから，国王，上院，下院が一切の過ちを犯しえないと言うには不十分である（Defoe 2000, I: 108）。

　したがって，国民の請願行為に象徴される外部からの牽制を欠く場合においては，国制の安定は保てないとデフォーは主張する。前章において明らかにしたように，デフォーはケント州請願事件を，国王のみならず議会さえもが専制を生み出しうる実例として受け取り，それを『経緯』に言語化したのであった。続く『権利』はこの議論を継承発展させ，国王，上院，下院の間での「権力均衡」すなわち三権分立がたとえ実現しようとも，それら三者の「共同」による国民への侵害に対する救済手段が確保されなければ，それは統治権力に対する国民の受動的服従と何ら差異のないものに転化する可能性を否定しえない，としたのである。

　もっとも，『権利』に登場する「国民」はあくまで「自由土地保有者」に限定されていた。しかし，統治権力はそれ自体として存立しうるのではなく，その外部に存する国民の声すなわち世論の支持を受けることによってはじめて成立しうるとした自らのこの主張を，デフォーは非国教徒弾圧の危機という現実に対峙しながら，つまり実践のなかにおいてさらに発展

させる。その主張は，付加動議の矛盾を暴き出すと同時にマックワースによる先の救貧法案に痛烈な一撃を見舞う武器へと，鍛え上げられていくのである。

　1704年11月2日に下院に持ち込まれたマックワースの救貧法案は，イングランドの各教区にワークハウスと呼ばれる公的労役所を設置し，それぞれの教区で手工業品の生産を行うことによって，貧民の雇用促進を図るとしていた。マックワースは前年1月と12月にも同様の法案を提出し，いずれも失敗を見ていたが，このたびは児童教育に関する条項を新たに盛り込み，さらにキリスト教知識普及会の賛助を取りつけることで，いわば万全の態勢をもって議会審議に臨んだのである。のちにウェッブ夫妻が「同様の手法でこれほどまでに成功に近づいたものはない」と評したこの法案は(Webb 1963: 114)，やがて「広範な支持の流れ」とともに下院を通過した。しかし「1705年2月8日に清書された」にもかかわらず，上院においてまもなく否決されることになった (HC, IV: 728–29)。

　法案と同一の表題を持つ小冊子（おそらく1704年4月に書かれたもの）のなかで，マックワースは「いかなる教区，いかなる町区や村区についても，教区や町村の貧民の就業とよりよい救済のためにのみ，貧民監督官(Overseers of the Poor)が何らかの商業，職業，仕事を立ち上げ，利用し，それに従事することは正当とすべし」と説き (Mackworth 1704: 3)，さらに「貧民のよりよい定住のため，個々人ないし集団のすべてが，この王国のいずれかの教区，集落，町村に法定の定住地を有すると裁定かつ判定されるべき旨をここに定める」ことによって，ある教区から他の教区へと放浪する貧民を「彼，彼女，ないしは彼らが最後に合法的に定住していた教区や町村に」「追い払い，移すこと」は正当とすべし，とした (5)。この議論は，新たな社会的現実の展開に即して旧来の救貧のありかたを見直そうとしたものであるというよりもむしろ，まさに守旧的，伝統的なもののように見受けられる。マックワースの真意はどのあたりにあったのか。

　そもそも，ワークハウス設立案自体が高教会派という党派の専売特許だったわけではない。この当時は，ウィッグに与するケアリ (John Cary, 1649

第4章　デフォーの社会思想（1702年-04年）

–c.1720）からの提案を受けて1696年に創設されたブリストルの救貧制度が順調に機能しており，これをモデルに，様々な都市でワークハウスの設置が進められようとしていた。ブリストルの実状を説明したケアリの『ブリストル救貧組合のやり方』 An Account of the Proceedings of the Corporation of Bristol （1700年）には，小林昇が「高賃銀の経済」（小林1976: 32）論と表現した思想の萌芽を見出すことができる。ケアリによれば，たとえワークハウス内の労働に（例えば三度の健康的な食事の提供というかたちで）十分な対価を支払うことで生産費が増大しても，そのことによってワークハウス製品の「質（fineness）」が向上するから，製品を高価格で販売することが可能となる。これに対し，私的手工業者たちは「糸の紡ぎ方が粗いとつねに不平を述べるにもかかわらず」賃金を引き上げようとはしないので，貧民は低賃金を「とるか，それとも失業するか」を強いられる。失業ないし「物乞いは，労働の低賃金（low Wages for Labour）をその最大の原因としている。……［私的手工業においては，ワークハウスにおいて］われわれが児童の食料品のために支払う額の半分しか得ることができない」（Cary 1700: 11–15）。

　また，1690年に出版された『交易論』 A Discourse about Trade のなかで，イングランド東インド会社総裁のチャイルド（Josiah Child, 1630–99）は，マックワースとは対照的に各教区における個別の救貧を「無益かつ無効」とし，救貧事業を「非常によくなしうるのは，全国的な，あるいは少なくとも地方的な財力以外にない」と主張した。救貧制度を改革するため，チャイルドは「交通範囲内にやって来るすべての貧民を，彼らがどこで生まれたか，あるいは最後にどこに住んでいたかに関わりなく扶養し，雇用するのに十分なほど大きく，賢明で，実直で，富裕な財団の提唱」さえ企てる（Child 1690: 77–78／訳142）。彼は次のように言う。

　　貧民を扶養し，彼らを就業させるための正しい方途が講じられるならば，貧民を締め出す策を考案することなど不要で，むしろ逆に，彼らを引き入れる策を考案することこそが必要なのである。なぜなら，よく統御された都市や

> 国に貧民が集まることは，事実上，その都市や国に富が集まることだからである。それゆえ，巧妙なオランダ人は，どの国の出身か，ましてやどの教区の出身かなど調査することもなく，彼らのもとにやって来る人々のすべてを受け入れ，救済し，あるいは雇用している (64／訳131)。

チャイルドは，「貧民」を，イングランド国富の増大にとって有益な人的資源として認識していたと考えられよう。

ウェッブは，デフォーの投げた「経済的幻を打ち砕く最も堅固な石」こそがマックワースの救貧法案を大いによろめかせ，結局は廃案に追い込んだのだと言う (Webb 1963: 114)。「堅固な石」に擬えられるのは，1704年11月半ばにデフォーが出版した小冊子『施しは慈善にあらず，貧民の雇用は国家の災厄』*Giving Alms no Charity: And Employing the Poor A Grievance to the Nation*（以下『施し』）である。この著作によってデフォーは，彼自身の意図としてはマックワース法案批判を念頭に置きながらも，救貧制度そのものがもたらす弊害についての一般的分析を試みることによって，ケアリやチャイルドらによる，この当時の他の救貧制度案に対しても一石を投ずることになった。彼は救貧事業そのものが「公害すなわち国民の災い」をもたらし，「所帯持ちを没落させて貧民の増加を促す」と主張したのである (Defoe 2000, VIII: 174)。この批判は，「あらゆる自然現象と同じく最も明白なかたちで因果法則に従う」ものとしての，彼の商業理解に基礎を置いていた。以下，この『施し』に見られる経済思想について掘り下げた考察を行いたい。

4 『施しは慈善にあらず』

ウェッブは，デフォーが先のケアリとは対照的に貧困の主因を専ら「怠惰」に帰し，働いても働いても貧困から抜け出せない「正直な」人々が存在する事実を看過したと批判する (Webb 1963: 114–16)。だが，『施し』の賃金論は労働需給説に依拠しており，それが必ずしも低賃金肯定論を意味しないことは明らかである。デフォーは，イングランドの高賃金，より正

イングランド南部における消費財価格水準の変動

年代	1640	1660	1680	1700	1720
物価指数	95.5	100	89.3	91.5	94.1

注：物価指数は10年間の単純平均。
出典：Phelps Brown and Hopkins（1956）をもとに作成。

確に表現するなら実質賃金の高水準という現状認識に立って労働供給不足を主張する。したがって，この議論を単純に低賃金論と呼ぶことはできない[12]。

　この点を，ピーター・アールの次の主張によって裏づけておきたい。アールによれば，「1710年代および20年代のイングランド人労働者は，デフォーの誕生した［1660］年代に比べてより多くの貨幣を獲得し，かつより安価な価格で商品を買うことのできる幸福な立場にいた」が，これは1700年代についても概ね妥当する。17世紀半ば以降に加速した農業生産性の上昇が農産品価格を低落させ，労働者の実質賃金が引き上げられたと同時に，これによる購買力の増大に応じて生産量を増やそうとした農業と手工業の両部門が人口増加の緩慢さから来る労働供給不足に直面し，名目賃金さえ上昇を見せたのだった（Earle 1977: 112）。イングランドの高賃金を指摘したデフォーの目は，決して曇ってはいなかったと言える[13]。

　さらに，ウェッブのような見立てに対する疑義としてよりいっそう有効かつ重大なのは，『施し』におけるワークハウス反対論が，高教会派への対抗という文脈を抜きに評価しうる性質のものでは決してない，という点である。ブリストルの成功に便乗するかのようにして準備された全国規模のワークハウス設立法案は，それが高教会派の手で打ち出されたものであるかぎりにおいて，非国教徒抑圧手段へと容易に転換されうることを，デ

---

[12] 『施し』の議論を明らかな低賃金論とした小林（1976: 99）の見解には，したがって疑問がある。
[13] もっとも，デフォー自身は農産品価格下落による実質賃金の上昇という観点を持たないとアールは言う（Earle 1977: 112）。

フォーは即座に見抜いていた。ここでは非国教会派と高教会派の対抗という政治的文脈を重要視することによって，デフォーの社会・経済的洞察が有していた政治的意義の解明を目指したい。彼が商業社会のヴィジョンを打ち出すことになったのだとすれば，それはなぜだったのか。この点が問われるべきである。

『施し』においてデフォーはまず16世紀のフランドル地方に言及し，手工業が商業の基礎に他ならないことを力説する。

> フランドルについて言えることは，富や人口が手工業を低地帯（Low Countries）へと導いたのではなく，手工業がかの地に人口を導き入れたということである。そして巨大な人口は商業を，商業は富を生み出し，富は都市を造り，都市は周囲の土地を豊かにし，豊かな土地はその価値を高め，その地価が政府を潤わせる（171）。

「勤勉な国民」（174）であったこのフランドルの人々から手工業の技芸を学んだことによりイングランドの商業は発展し，その富と人口は増大してきたのである。目下，イングランドの各種手工業品は

> 幸いにも王国の様々な方面に定着しており，それらは心臓へ向かう血液のごとく卸売商の手で各地からロンドンへと運ばれ，小売商の手でロンドンから各地へ少量ずつ分散させられるという商業循環（Circulation of Trade）を経ることで，相互に流通している（182）。

「時と偶然の諸事情から生じる自然的諸帰結」を通じて形成されてきたイングランド手工業の地域間分業は，いまや「公共の利益にとって不可欠のもの」となっており，その改変や攪乱は「取り返しのつかない損害を公共に与えるであろう」（182）。全教区を手工業品の工場に変えようというマックワースの計画は商業の自然的秩序を破壊し，結果的に「国家の災厄」と化すのである。

第4章　デフォーの社会思想（1702年-04年）

デフォーは次の例を提示する。貧しい児童を雇用し，「梳毛紡績業（spinning of worsted）に就かせる」ためのワークハウスが設立されるならば，

> 子供が梳毛糸を1束紡ぐたびに，貧しい所帯や単身者の紡ぐ量は以前よりも1束減少するに違いない。ベーズ（Bays）織物業がビショップスゲート街（Bishopsgate-street）に立ち上げられるとしよう。同時に，ベーズ生産者が以前よりも多くの取引先ないしは消費先を見つけられなければ，ロンドンでベーズが1枚織られるごとに，コールチェスターで織られる量は1枚ずつ減るに違いない（180）。

手工業品の新たな市場が見出されなければ，公的ワークハウスで製造される商品は私的工場で作られる商品と競合し，後者から買手を奪い取ることになる。そうなれば別の貧民が新たに生み出され，貧民の総数は決して減少しないであろう。

　否，減少しないどころか，むしろ貧民の数は増加する。なぜなら，公的ワークハウスとの競合で既存の私的手工業が衰退するばかりか，各教区が自ら手工業品を製造するという状況は「各都市，各州を相互に独立させ，交通を妨げ」，それによって流通業に大打撃を与えるからである（185）。「これによってイングランドの流通業者はみな破滅する」と，デフォーは力を込めて唱える。「羊毛が刈り込まれた土地で織物が作られ，すべての人が自力で衣服をこしらえ，多数の人の手を経ることによって存続している商業が少数者の手に渡ってしまえば，数千の所帯が職を失うのだ」（186）。「イングランドの手工業の美点は，可能なかぎり多数の人の手を経て循環するよう配置されていること」であるから，この美点の喪失はたちまち大量の失業者を生む。それは「独占に違わず破壊的」であった（184）。商業循環は，地域間分業，すなわち相互依存という事情から生じる。救貧法のもとで，各都市，各州，各地方が必要な手工業品をことごとく自給自足するようになれば，直ちに商業循環の流れは断ち切られてしまう。既存の手工業は遠隔市場を失って衰微し，流通業も没落するだろう。

皮肉にも，救貧法がかつてより多くの貧民を創り出す結果となるのだ。

そして，雇用を求める貧民は最大都市ロンドンとその隣接地域に押し寄せるであろう。教区の集在するかの地には，救貧法によって多数のワークハウスないし公的工場が設立されることになるからである。これと関連して，地方からロンドンへの手工業の移転は，既存の地域間分業を崩して商業循環をせき止めるがゆえに害悪とされる。ロンドンの生産拠点に「編み機（knitting Frame）」が導入されたことによって，女性一人が8日から10日かけてきた作業がわずか1日で済み，ロンドン製靴下の莫大な供給増加が生じたことからノリッジの地方編物業が衰退を余儀なくされている近況に触れたデフォーは[14]，この機械導入の場合と同じく救貧法もまた手工業の首都への集中的移転を招き，「単身者」を中心に大量の人口移動が発生すると見る。地方人口が減少していく一方で，首都は「過剰で不釣りあいな人口」を抱え込んでいくのである（182–84）。

それゆえ「貧民を就業させるワークハウス，救貧組合（corporation），救貧基金（parish stock）の類は商業を破壊し，すでに雇用されている人民を傷つけ困窮させるため，不必要」と結論される（188）。それならば，いかにすれば貧民を救済しうるのであろうか。デフォーは断言する。そもそも救済の必要がないのだと。「この国では，最低級とされる職業でも，従業者（Work-men）は自身と家族を養うのに十分な収入が得られる」こと，および「徴兵に伴う困難」が現存するのを見れば，イングランドでは働き手よりも働き口のほうが多いとわかる。デフォーはここで「貧困が人を兵士にし，貧困が大衆を軍隊へと導く」と言う。イングランドの国民は出征せね

---

14) オーエンズも指摘するように（Defoe 2000, VIII: 303），デフォーの言う「編み機」とは，リー（William Lee, d.1614/15）が1589年頃に開発したとされる靴下編み機のことであると考えられる。ODNBによれば，イングランド生まれのリーはロンドンに自作の編み機を持ち込んだものの受け入れられず，フランスに赴き，同地の手工業者に同機の使用法を教えた。リーの没後，彼の編み機とともに数多くの手工業者がイングランドに渡ったとされる。チェインバーズ（Ephraim Chambers, c. 1680–1740）編『百科事典』*Cyclopedia*（1728年）の「靴下（Stocking）」の項は，必ずしも正確ではないとしつつも，靴下編みの原初的技術がスコットランド起源であることを伝える。

ばならぬほど困窮していない。だから容易には徴兵に応じないのである。だがもしも国内に職がなく，食物を得る手立てがなかったとすれば，数千人の若者は銃を手にし，国内で餓死するよりも「敵前で男らしく戦死するほうを選ぶだろう」(187–88)。

「賃金は交易品のごときもので，送金者と受金者，雇用者と従業者の間の釣りあいにより上下する」(175)，すなわち労働市場における需要と供給により両者の均衡点としての賃金水準は上下するのだから，賃金が高水準にあって従業者ないし労働者の生計に余裕を持たせている現状は，労働供給量の不足から生じたものなのである。こうしてデフォーは，イングランドの貧民の大半（すべてではない）を自発的失業者と見なす。貧困と失業を労働需要不足という商業原理上の強制と見なすことはできない以上，彼らは働く意志を有さず「怠惰」であるがゆえに就業していないと判断せざるをえない[15]。よって彼らに必要なのは「施し」ではなく，「自ら働き口を見つけ，それに従事するための」励ましであるとデフォーは明言した (178)。カール・ポランニが言うように，「もし貧民が救済を受けるのなら，彼らは賃金のために働きなどしないであろうし，もし彼らが公的機関で手工業品の製造に従事させられるのなら，私的手工業においてさらに多くの失業が生み出されるだけのことであろうとデフォーは主張した」のである (Polanyi 1944: 108／訳146)。

もっとも，賃金の一般水準について論じるためには全国的労働市場の成立が要件となる。つまり，全国規模における労働の自由な移動が行われていなければ，労働の需給関係から（局地的にはともかく）イングランドその

---

[15] デフォーは貧困の原因を「災難」によるものと「罪悪」によるものに二分し，さらに後者を「奢侈」「怠惰」「傲慢」に三分している。奢侈については，「倹約はイングランド人の美徳ではない」ので，イングランド人はオランダ人と対照的に貯蓄が下手であり，収入のほとんどを飲酒に費やすと彼は言う。「イングランド人は明日のことを考えず，病気，加齢，災害に備えることをしない」と。怠惰については，イングランド人は一般的に勤勉であるけれども，貧民の怠惰は甚だしいとされる。全く働こうとせず酒屋に入り浸る者たちが貧民の大部分を構成し，奢侈に怠惰な気質が重なってイングランドの貧困を生んでいるというのが，彼の論理である。Defoe (2000, VIII: 188–91) を参照。

ものにおける賃金水準の高低を説くことはできない。同じくポランニが指摘するように，1662年制定の「定住法」は労働者が自身の所属する教区を離れて他の教区に移住することを著しく困難にし，全国的労働市場の成立を妨げていた（78／訳104）。デフォーはこの点を看過したわけではなく，労働者の「移住を拒否する権限を教区諸法 (parochial laws) が教区委員 (churchwarden) に与えているため，彼らは出身地方に閉じ込められている」事情にも触れる。しかし，教区に定住した家族を持たない単身者ならば法の規制を逃れうるとして，彼は労働が相当程度自由に移動することを前提に論を組み立てた（Defoe 2000, VIII: 181, 184）。ただし「デフォーの時代における労働単位が家族だということ」がここでの問題であり，実際のところ単身者の就業先確保は決して容易ではなかったという，アールの指摘もある（Earle 1977: 146）。

以上から明らかとなるのは，商業が手工業を，手工業が「勤勉」と地域間分業（相互依存関係）を基礎として組み立てられる『施し』の論理構造である。逆にマックワース法案は「怠惰」ならびに「独立」と結びつけられ，商業に背反するものとして捉えられている。独立は自給自足を意味するが，自給自足を実現しうるのは都市周辺部などの特定地域に限られる結果，それによる商業循環の崩壊は大半の地方を荒廃させるだろう。したがって，マックワースの救貧策は偏狭な都市利害に合致すると言えた。

前述のように，土地もまたこの商業循環に組み込まれている。各種手工業に雇用される人口は，

> 食料品の消費を通じて，どの場所でも地代と地価を引き上げるに違いない。したがって，もしそうした人口が居所を移すとすれば，たとえ食料品が彼らの後に従いえたとしても，その代価は運送にかかる負担で減価するに違いないし，結果的には，それに比例して地価も下がるに違いない（Defoe 2000, VIII: 185）。

デフォーはニコラス・バーボンを読んでいただろうか。ロンドン最初の火

第4章　デフォーの社会思想（1702年-04年）

災保険会社を立ち上げ，また土地銀行の設立者の一人となったバーボンは，九年戦争中に公刊した『交易論』 *A Discourse of Trade* において次のように主張した。

> 地価を引き上げることは，目下，この国がいかにも費用のかかる戦争に従事しているというときには，最も必要なことのように思われる。土地は政府を支え，それを保持する基金だが，……イングランドは島国であって，その面積を増やすことはできないのだから。それゆえ，この国をあのような強国［フランス］に対して防衛するためには，地価が引き上げられることが絶対に必要なのである（Barbon 1690: 91–92／訳61–62）。

戦時には土地保有者の利害と手工業者のそれとは結合されねばならない。国内の商業循環はその結合を実現するための基礎である。逆にマックワース法案は国を分断するであろう。それどころか，高教会派の一員としてのマックワースの真意は，非国教徒の撲滅にこそあるのかもしれない。数多くの地方で見られる手工業の成長は，フランス人亡命者，すなわちユグノーの手で促されてきたからである。1704年12月30日付の『レヴュー』誌で，デフォーは以下のように論じた。

> 信仰上の理由から，あるいは信仰上の理由を装ってこの国に押し寄せたフランス人亡命者たちは……おしなべて工芸者（Mechanicks）であり，生活の糧を得るために直ちに商業に身を投じた。……フランス人亡命者たちは勤労（Industry and Labour）に力を注ぎ，それまではフランス国内で製造されていた種類の毛織物を導入してわが国の手工業に変化をもたらしたのみならず，類似の場合にはつねに生じるように，わが国がフランスから大量に輸入してきた種類のフランス製手工業品の生産をも開始したのである。……そして［いまや］多数の貧民がそうした手工業に日々雇用されている（RAF: 630–31）。

また1704年11月28日付の『レヴュー』誌上において，彼は「野心と利己心（Self-Interest）の力の何と強いことか。信仰が隠れ蓑（Stalking Horse）と化していることはいまや周知である」と慨嘆してもいる (546)。「慈善」の語に覆い隠されたこのような党派的利害を挫き，ロンドンを流通拠点として一体化したイングランドの統一的，国民的利害を象徴させるため，デフォーは商業の原理を掲げたのである。

したがって，彼の商業理解はイングランドを取り巻く内外の状況に対する彼の危機意識と切り離しえないものであった。確かにデフォーはイングランド国民の団結を望んだ。だが，決して一党による支配を提唱しなかったことも，すでに見た通りである。彼が期待したのは，意見や価値観の多様性が十分に保障されるような，穏健な統治の維持であった。もっとも，党派的利害は封じ込められねばならず，国内の商業循環に基礎づけられたイングランドの共通利害こそが認識されねばならなかった。土地保有者と手工業者の利害は，同一の原理，すなわち商業の原理によって律せられていた。政治上の助言者として，デフォーは国務大臣ハーリに対し，有能な政治指導者と見なされるためには商業の原理の把握が必須であると告げたように思われる。逆に，イングランド社会の実情に目を向けることなく古来のキリスト教信仰に固執し，あるいはそれを「隠れ蓑」にさえ利用しかねない高教会派という党派は，決して信用するに値しない存在なのである。

やがてハーリは前述のサシェヴェレル裁判に乗じて女王にゴドルフィンを更迭させ，1711年5月，初代オックスフォード伯爵位を授かると同時に大蔵卿に就任する。以後，ステュアート朝の終焉とほぼ同時に失脚するまでの約3年間，彼が名実ともにブリテンの政権首班を務めることになるが，このハーリ政権下に，消費税の大増税，のちにバブルを生み出す国債引受機関たる南海会社の創設，対フランス自由貿易の是非をめぐるユトレヒト通商条約論争など，経済的含意の決して小さくはない出来事が立て続けに引き起こされる。1690年代以降に加速した大きな変化の流れは，統治そのものを保とうとする「政治家」にとってこそむしろ社会的ないし経済的観点が積極的意義を持つということを，イングランドの，そして大ブリ

テンの為政者に示しつつあった．平板に表現すれば，彼ら初期近代の政治指導者たちは拡大深化を続けていく世俗の領域における諸現象の把握を要請されつつあったわけだが，その要請は勤勉な貧民を含めた一般の人々の自己保存という問題と深いところで結びついていたから，これに応じるためには，人間本性の学のさらなる洗練と，その前提をなす新たな言語の彫琢とが必要であった．

　この社会的経済的であるとともに心理的な問題に対し，デフォーはとりわけ鋭敏であっただろう．なぜなら彼は，見識をそなえた公正な政治エリートを舞台裏から支え，より自由でより安定した社会を実現することにその身を捧げたにもかかわらず，まさにその自由と安定の狭間で同胞の非国教徒たちからさえしばしば誤解を受け，世論に翻弄され，「世界で最も多数の人々に囲まれていながらの孤独」（Defoe 1720: 4／訳522）の享受に傾きがちな，一人の誠実な非国教徒に他ならなかったからである．

5　『レヴュー』における救貧法案批判

　デフォーの『レヴュー』は，ほぼ独力による定期刊行誌として，1704年2月19日にロンドンで発行が始められた．当初は週刊であったが，同年3月下旬から週2回の発行に改められ，さらに翌年1月下旬以降は週3回となる．以後，表題を多少変更しながら，1713年6月11日付の最終号まで発行が継続された．

　1704年のイングランドには，ロンドンの主要新聞として，官報の『ロンドン・ガゼット』The London Gazette（1665年創刊の『オックスフォード・ガゼット』を翌年改称）をはじめ，1695年に出版認可法（Licensing Act）が撤廃された直後に簇生した『ポスト・マン』The Post Man，『ポストボーイ』The Post-Boy，『フライング・ポスト』The Flying Post の3紙や，1699年創刊の『ロンドン・ポスト』The London Post，1700年創刊の『イングリッシュ・ポスト』The English Post，そして初の日刊新聞である『デイリ・カラント』The Daily Courant（1702年創刊）の諸紙が存在した．発行頻度は，『ガゼット』（週2回）と『カラント』を除き週3回である．週単位の発行部数

を見た場合，最多となるのが1万2000部の『ガゼット』で，1万部強の『ポスト・マン』と1万部弱の『ポストボーイ』がこれに続く。『カラント』は5600部ほどである。最少は『フライング・ポスト』『ロンドン・ポスト』『イングリッシュ・ポスト』で，それぞれ週1200部であった (Sutherland 1986: 228, 250–53)。1695年以降は地方都市でも新聞の創刊が相次ぎ，「1700年から1727年までの間に，少なくとも51紙が創刊された」が (Hoppit 2000: 178)，これはコーヒーハウスの激増とも密接に関連した現象である。

デフォーの『レヴュー』は，これら一般の新聞紙とは一線を画す評論誌であった。『レヴュー』の「内容が他紙の如く新しい生のニュースの提供ではなく，重要ニュースについてのデフォーの解説，即ち論説であ」るがゆえに，それを「紙」ではなく「誌」と呼ぶべきだと説いたのは天川潤次郎である (天川1966: 70)。発行部数こそ週800部程度にとどまったが (RAF: xix–xxi)，同誌は「コーヒーハウスに不可欠の備品」(Swift 1708: 2) のひとつとなり，回覧や音読を通じて，実際の部数を大きく上回る読み手を獲得する。さらにデフォーは，出版政策を「比類なき人心操作手段」(Downie 1979: 40) と捉えていた北部担当国務大臣ハーリの命を受けて1704年秋にイングランド東部地方の視察を行い，ノリッジのフランシャムを含む各地の人物との間に友好関係を築きつつ，諜報網兼出版物流通網を着実に構築した。翌1705年7月中旬，デフォーはいっそう大々的なイングランド旅行に出発し，南部（レディング，ソールズベリ，ウェーマス等）から西部（ダートマス，ボドミン，トーントン等）を経て，ブリストル経由で北部（リヴァプール，マンチェスター，リーズ等）に赴き，ノッティンガム，ノーサンプトン，ケンブリッジ，コールチェスターを通って同年11月初頭にロンドンへ帰還している (Backscheider 1989: 184–85)。この旅行の過程で前年を凌ぐ規模の諜報網が形成され，デフォーは国務大臣ハーリに宛てて道中の見聞を詳細に報告した (Defoe 1955: 108–13)。

それはデフォー自身の望みと一致していた。「諜報 (Intelligence) はあらゆる公の業務 (Publick bussiness [sic]) の精髄」と考える彼は，1704年秋の視察に先立って，「イングランドのジェントリと名家の人々を，居住地，

第 4 章　デフォーの社会思想（1702年-04年）

人柄，各々の地方における利害関心を含めて網羅する一覧表」「イングランド国教会聖職者を，その聖職禄，人柄，品行を含めて網羅する一覧表，ならびに非国教会派に関する同様の一覧表」「各都市と各自治区における指導者を，支持党派を含めて網羅する一覧表」をそれぞれ作成し，定期的に更新するべきことをハーリに提言していたからである。デフォーによれば，「フランス人が秘密厳守（Secrecy）と諜報の 2 点でわれわれを凌いでいることは明らか」であり，リシュリュー枢機卿は秘密厳守という「徳目（Vertue [sic]）」の偉大なる主人であった（Defoe 1955: 36, 39/Defoe 2000, I: 157–59）。この徳目につき，デフォーは1703年のノッティンガムとのやり取りを想起しながら，前国務大臣をそれとなく批判する。

> 私はある晩，1 通の郵便物 [『対策』弁明の手紙か] のことで国務大臣の事務所を訪れたことがありますが，もし私がフランスの諜報員だったなら，[海軍司令官の] ジョージ・ルック [George Rooke, c.1650–1709] とマールバラ公爵に宛てられたノッティンガム卿の手紙をポケットにしまうことができたでしょう。それらは郵便局（Post Office）に運ばれる前で，門衛（Doorkeepers）の机の上に無造作に置かれていたのです（38–39/159）。

自らをリシュリューに擬えていたような節が，デフォーにはある。彼はやがてイングランド政権の諜報員としてスコットランドに赴くことになるが，北ブリテンに滞在中の1707年 3 月18日にも，彼はハーリに宛てて「ここでの手腕におきまして，私は完璧なる密偵です。私は老年のリシュリュー枢機卿役を務めています」と書き送った（Defoe 1955: 211）。

デフォーは，歩きながら，時には駆け回りながら著述する人間であった。彼自身が赴きえない場所でも，各地の友人たちが彼に代わって情報を収集した。数年後に彼がまとめ，ハーリに送付した友人の一覧表には，非国教会派牧師を中心に，イングランドのほぼ全域とアイルランドのダブリンを押さえるかたちで60名以上の人物が列挙されている（115–18）。こうして周到に準備された諜報網兼出版物流通網を通じて，例えば下院総選挙前

のような特定の時期に,『レヴュー』の特定の号がロンドンから各地に「5000部」送られる場合もあった。これは通常の発行部数（1回当たり）の10倍以上であり，「ある人々」の援助なしには実行しえないことであった (Downie 1979: 69)。デフォーの『レヴュー』と小冊子は，穏健派トーリ政権による世論操作の有力手段のひとつだったのである。

　もちろん，高教会派も沈黙してはいなかった。同派のスポークスマンであるレズリは，『レヴュー』に遅れること半年の1704年8月に手紙新聞『リハーサル』Rehearsal を創刊し，都市部ではなく地方で人気を博する。レズリとデフォーは互いに「リハーサル氏」「レヴュー氏」と誌上で呼びあい，両者は「いつもの論戦相手と化した」(Clark 2007: 54)。この『リハーサル』と『レヴュー』，そしてタッチンのウィッグ系評論誌『オブザベーター』Observator との間で，以後数年間，三つ巴と呼びうる論争が展開されていく。

　さて，マックワース法案が「下院を熱狂裡に通過した」(天川1966: 138)のち，デフォーは1704年12月12日付の『レヴュー』誌上において，交易ないし商業の観点からイングランドとフランスとの関係を論じ始める。明らかにこれは法案審議の進捗を意識したためであろう。同号以降，少なくとも同年12月30日付の『レヴュー』までは，道徳改革を主題とする26日付の号を唯一の例外として[16]，法案批判の文脈のなかで著述がなされていると見てよい。ただし，12日付とそれに続く16日付の両号は，戦時における「対フランス貿易ないし通商の全面禁止」(RAF: 599) が，諜報，陰謀，国外送金の防止という点で何ら効果のない旨の論証に終始しており，法案やワークハウスには一言も言及がない。だがそれは，両号の議論が法案批判の文脈の外にあることを意味しない。そこで主題となっている「貿易の禁

---

[16] もっとも，先に触れておいたように，国教会系組織として17世紀末に設立されたキリスト教知識普及会の「創設者の一人であるとともに初期の最も活動的なメンバーの一人」であった人物こそがマックワースに他ならず (HC, IV: 725)，この時期の同会は，非国教徒の関与する世俗的な道徳改革運動に介入してその主導権を握ることで，危機に瀕していると彼らが認識していた国教会の基盤強化を図ったとされるから (山本1996: 15–16)，商業を主題としない26日付の『レヴュー』もまた，マックワース法案をめぐる文脈と間接的には結びついていると言える。

第4章　デフォーの社会思想（1702年-04年）

止」は，商業に対する政府の干渉が必ずしも所期の効果をもたらすとは限らないという事実の最たる例として挙げられており，ここでの議論はいわば概論として，以後の号で展開される特論としての救貧法案批判の前提になっているからである。

　起点となる12日付の『レヴュー』において，デフォーは次のように議論を進める。「先の戦争」すなわち九年戦争と「この戦争」すなわちスペイン継承戦争の双方に際して，対フランス貿易が停止されたことにより，イングランド側に「巨額の損失」が生じているけれども，諜報活動や不審者間の通謀を防ぎえてはいない。先の戦争時，穀物の対フランス輸出禁止は何か効果を上げられただろうか。穀物はフランドルやオランダに送られ，そこからフランスに「2倍の価格」で転売された。結局穀物はフランスに渡ったし，それによってオランダがもうけたのだ。鉛についても同様である。鉛はリスボンやヴェネツィアを介してフランスに渡り，フランス軍の銃弾となった。オランダやポルトガル，ヴェネツィアが「貨幣」を手にする一方で，「イングランドはつねに貧しく，そして正直なまま」なのだ。デフォーはこう述べてから後半で議論を転じ，「カトリックの三王妃」と結婚したイングランド三国王，つまりチャールズ1世，チャールズ2世，ジェイムズ2世の治世において生じた「フランスの決定的影響」が，アイルランドとイングランドの対立や国内の陰謀，そして「公の奢侈（Publick Luxury）」による「宮廷の堕落」を招いた主たる要因であった旨を強調している（599–601）。

　後半に見られる「フランスの影響」論は，「堕落」や「奢侈」を否定的に語るとともにこれらを専らフランスに結びつけ，カントリ論者の宮廷批判をフランス批判の文脈に接合するという意図によるものと考えられる。したがってこの主張は，対フランス強硬姿勢というデフォー元来の立場の延長線上に現出したものであり，そこにはフランス宥和的な高教会派やジャコバイトに対する批判が包含されている。それは高教会派批判という大枠においてマックワース法案と関連するものの，あくまで挿話的な叙述と言えるだろう。16日付の次号では，すでに引用した穏健派トーリ政権へ

の賛辞，言い換えれば高教会派への別辞が「フランスの影響は終わった」の言葉とともに述べられたのち，文脈は再度，前号前半で展開された商業論に引き戻される (606)。そこではまず，商業が以下のごとく「月世界」に擬えられた。

> 商業は決して多くの人々が読み知っている主題ではなく，ほとんどの人が理解していないのだが，にもかかわらず，われわれが月世界を知っているという程度にそれについて知っているに過ぎないような大勢の人々が，理解しているかのように振舞う事柄である。つまり，われわれは月世界について聞いたことがあり，そうした場所が存在するはずだと信じてはいるのだが，こちらとあちらとの間には郵便も駅馬車もないから，あちらについての情報は何もなく，それについて頭を悩ませることがないのと同じである (606–7)。

これに続き，「対外通商のあらゆる機微に通じた」交易委員会委員の「当代で最高の教養と最も洗練された能力」を称えたデフォーは，対フランス貿易収支が九年戦争前の年80万ポンドの赤字からスペイン継承戦争後の年150万ポンド超の黒字へと一挙に好転するだろうとの，実に楽観的な見通しを読者に提供する。そして「もしこれが真実なら，諜報を防ぐためとして戦時における通商の全面禁止に努めているわれわれは，実に耐えがたい商業的過誤を犯していることになる」はずだ，と読者の理性に訴える。諜報の防止を語るのはきわめて不合理なことである。パリの知人に手紙を書くとして，通常なら5日で着くところをジュネーヴの知人を介して20日もかけて目的地に届けるというのは，何という「損失」であろうか。そもそも「全キリスト教世界との貿易を全面的に禁止しないかぎりは」諜報を防ぐことなどできないのだ (607–8)。

ここで，同30日付の『レヴュー』に見られる言葉をひとつ先取りして上の主張を読み解くとすれば，商業はいわば「潮流 (Tides)」と呼びうるもの，ということになる (632)。つまり，商業はそれ自らの流れを有しており，そしてそれは「月世界」のごとく，よく見知っている気にはなってい

第4章　デフォーの社会思想（1702年-04年）

ても，その実体を容易にはつかみ取ることのできないものなのである。貿易の禁止に象徴される商業への干渉が，商業そのものにそなわる性質の慎重な考察を抜きにして行われるのであれば，イングランドにとってきわめて重大な「損失」が発生しかねない。

　19日付の号からは，以上の主張を前提として，イングランドの現状に議論が及ぶことになる。オランダがイングランドを引き離していると，イングランドの手工業品が他国に競り負けていると，貧民の雇用口がないと，フランスが航海を妨げていると，スコットランドが北方を脅かしていると慨嘆する「近視眼的な（Short-sighted）人々」すなわち高教会派における商業理解の欠如と，それに起因する事実認識の明確な誤りが，そこで指摘されるのである。ただし「権力や党派の怒りを恐れることなく」「自らの言葉で語る人間（l'Homme de Parole）」を自負するデフォーの態度は，あくまでも「分別，事実，あるいは事物の本性（Nature of the Thing）」に従おうとする中庸のそれであった。それが一種のポーズだとしても，である。デフォーはここで，「われわれの貿易はここ数時代を通じて最も繁栄した状態にあり，われわれの信用（Credit）は最高度に，現金は最大量に達し，商人はかつてないほど底上げされている」と吹聴する商業礼賛者のイメージを作り出し，全面的な商業否定者のイメージとともにそれらを「両極端」として斥ける（613）。この論法は前章で見た『反論証』と同様のものだが，主眼は明らかに，商業否定者の具体像である高教会派への批判に置かれている。

　デフォーは次の3点を挙げて高教会派に論駁した。オランダはイングランドの商業にとってむしろ助けになっていること，貧民の雇用口が不足しているのではなく雇用口に対する貧民の数が不足していること，公的ワークハウスは雇用全体を損なって貧民を増加させること，の3点である。第1の論駁点は，彼が『反論証』において国土防衛の観点からその必要性を論じたイングランドとオランダの同盟を，さらに商業論の文脈のなかにおいて支持することを狙ったものと言えるだろう。イングランドの商業を傷つけているものは「オランダの狡猾さではなくわれわれの愚かさであるこ

と，オランダの精勤 (Diligence) ではなくわれわれの怠惰や奢侈であること，オランダがわれわれを引き離しているのではなく，われわれが自らを滅ぼしていること」が強調され，読者は国外から国内に目を向けるよう誘われる。そしてこれに続く第 2，第 3 の点こそが，マックワース法案に対する明示的な批判に他ならないのである。彼は言う。目下審議中の救貧法案が議会を通過すれば，イングランドの手工業に対する「決定的な痛撃 (last ruining Blow)」となり，商業は徹底的に破壊されるだろう，と（613–14）。

その 4 日後の『レヴュー』では，前号を引き継いで，辛辣とも言える激烈な法案批判が展開された。以下，引用のかたちでその主張を紹介しておこう。

ワークハウスはどれも，おそらくは，それらが建設された特定の都市や町，あるいは村に，個別の恩恵ないし便益をもたらしているであろうこと，そして確かに，そこで雇用されている貧民，そこに収容されている児童にとってはそうなのであり，したがって，そのような慈善の外観は実に見栄えがよく見事であることを私は認める。だが偽善者よ，商業をめぐる災い (Woe) はあなたがたに降りかかるのだ。本質的かつ実質的に自国の内部を貪り食い，パンを求めて正直に労働する精勤者を飢えさせる一方で，偽の外観で愚かさを粉飾する者たちよ。数多くの家族を路頭に迷わせたのちに，あなたがたは没落した孤児たちを流浪者として拾い上げ，その数を自らの慈善の実例として得意気に語るであろう。あなたがたの感化院 (Houses of Correction) はあなたがた自身に向けられるべきであって，あなたがたはその場所で近視眼的な政策について懺悔すべきである。あなたがたが労働貧民を破滅させ，勤勉に水を差し，貧困に基礎を与え，流浪者を増大させたのだ。こうした謎のすべてが解明されることになるだろう。もっとも私は，下院に宛てた『施しは慈善にあらず，貧民の雇用は国家の災厄』と題する小論において，このことをさらに長く論じたばかりなのであるが。この告発に心を動かされたいずれかの方が，公明正大な返答をしてくださるのを願っている（619–20）。

第4章　デフォーの社会思想（1702年-04年）

すでに12月2日付のフランシャム宛の手紙のなかで「いま私の手許にサー・ハンフリー・マックワースの貧民雇用法案に反論する小著がありますから，よろしければ何部かお送りしましょう。手工業者であり雇用者でもある君たちみなに関係する内容ですし，君たちがまさに破滅させられようとしているときにこそ，知っておくべき内容ですから」（Defoe 1955: 72）と述べられている通り，「マックワースの貧民雇用法案に反論する」ことをその執筆動機として明言された「小著」すなわち『施し』は，前述の諜報網兼出版物流通網を通じて，ロンドンの「下院」のみならずイングランド各地に配布されていた。12月23日付の『レヴュー』は，この小冊子の主張をごく短く繰り返したものである。

　すなわち，マックワース法案の支持者を意味する「あなたがた」の手によるワークハウスの建設は，直接的かつ短期的には特定の地域に恩恵をもたらすにしても，間接的かつ長期的には全国規模における貧民総数の増加を帰結するに過ぎない。ロンドンの一地域で実際に運営されていたワークハウスの例を『施し』と同様に引きながら，デフォーは，同法案が生み出すのは地方から首都への「手工業移転」と「流浪貧民の就業ならびに精勤貧民の飢餓」に他ならず，それは慈善の本来的目的に背馳すると説いたのである（RAF: 620）。明示的な言及はないものの，この議論が，土地をも包摂した商業循環という，『施し』における経済論の中心概念を踏まえて展開されていることは確実である。

　そして12月30日付の『レヴュー』では，すでに見たように，海峡を渡ってきた亡命ユグノーたちはみな何らかの手工業者であったこと，彼らがイングランドの羊毛産業に目をつけて各種毛織物製品の生産を始めるとともに，帽子，ガラス，紙，絹織物，帆布等のフランス十八番の手工業をイングランドに移植して手工業品の総生産量を日々増大させ，多数の貧民を雇用していることが論じられ，イングランド商業の基礎たる手工業を支えているのは非国教徒に他ならないことが力説される。これによってフランス製手工業品の輸入額は大幅に減少するだろう。さらには，九年戦争以来のフランス産ワイン輸入禁止措置がイングランド国民にポルトガル産ワイン

を飲む「慣習（Custom）」を身につけさせたために「嗜好（Palates）」が移り変わっているから，これもすでに述べたように，対フランス貿易は（もし解禁されるならば）大幅な出超を実現するに違いない[17]。「いま実際にフランスと講和を結んだとしても，われわれはフランス製ガラスや帽子，絹織物（Lustrings）のどれも輸入しないであろうし，ワインの輸入量は5分の1足らず，ブランデーも3分の1足らずとなり，リネンさえ半分になるはずだ」（630–32）。

したがって，商業をより自由に振舞わせたとしても，イングランドは何ら損失を被りはしない。貿易の解禁がもたらす利益は，それが諜報を通じて国家に与えるかもしれない損害よりもはるかに大きい。商業は国家の損失の根源ではなく，むしろ力の根源である。翌年1月6日付の『レヴュー』において，「外国為替（Foreign Exchanges）」制度に基づく国際的な「信用」取引網の発達が国外送金の禁止をいかに無意味なものとするかを論じたデフォーは，さらにこう述べた。「われわれにフランスと貿易させるがよい。われわれは貿易を通じてフランスを無力化するだろう，そして貿易が戦争と変わらぬ迅速さをもってフランスを打ち負かす手段であることを，誰もが認めるだろう」（671–72）。商業はもはや統治権力の侍女ではない。それは逆に統治権力を支える基盤として，軍事力に劣らぬ確固とした力をそなえている。『反論証』で示された国王の「武力」と国民の「財力」との間の「真の均衡」は，ここにおいて商業論の文脈中に取り込まれ，新たな装いを与えられる。すなわち，マックワースの説くような「至高かつ絶対」の統治権力による商業の支配は事実上不可能であるという認識が，ここにおいて明確にその姿を現すにいたる。商業という「潮流」の

[17) 1705年1月2日付の『レヴュー』では，九年戦争後からスペイン継承戦争前までの短い戦間期に，対フランス貿易が月9万ポンドもの黒字を計上したと述べられる。この黒字こそが貿易をめぐる事情の変化を如実に示すものである。いまや「フランスがわれわれから鉛，馬，皮革，穀物，羊毛を輸入せねばならない一方で，酒類を除けば，われわれがフランスにしつこく求めるものは何もないのだから」「フランス産ワインならびにブランデーに対する高率関税を維持するかぎり，われわれがフランスと損な貿易をするはずがないことははっきりしている」（RAF: 666–67）。

第 4 章　デフォーの社会思想（1702年-04年）

進行を押し止めることはできない。たとえ経路のひとつをふさぎえたとしても，それは新たな経路を自ら切り開いていくに違いない。よって，われわれがなしうること，そしてなすべきことは，商業の行く手をさえぎることではなく，その経路を巧みに調整し，流動の方向性を制御していくことなのである。

　デフォーが商業の自由について語る際，そこに非国教徒の自由を重ねあわせていたことを，あらためて論証する必要はないだろう。非国教徒は同時代における貨幣利害の象徴のひとつであった。先の12月30日付『レヴュー』において，デフォーは非国教徒こそがイングランド手工業の主要な担い手であり，ひいては同国商業の支え手である点を強調した。目下のところイングランド在来の手工業が堅実な成長を見せており，多数の雇用機会を提供しえているものとすれば，議会立法を通じた救貧事業は喫緊の重要性を持たない。それをあえていま推進しようとするマックワースの真意はどこに存するか。それは非国教徒の迫害と撲滅にこそあるのではないのか。手工業に基礎を置く商業の「原理」を提示したデフォーは，この原理が指し示すイングランド商業の将来に楽観的見通しを与えることによって，その見通しを覆しかねないマックワース法案の無益あるいは害悪を徹底して論難した。そしてそれは，非国教徒のための自由をイングランド国内に確保するという彼の意図に沿うかたちで行われた。商業が自らの「原理」を持つように，非国教徒は自らの「良心」を持つ。両者はデフォーにおいて一体化している。「専制と迫害，一方は所有の，他方は良心の抑圧であるが，それらはつねに商業を滅ぼし，諸国を貧しくし，諸地方の人口を減らし，君公から位を奪い，平和を破壊する」と『施し』は述べた（Defoe 2000, VIII: 171）。つまり，非国教徒に対する寛容という要素が，彼の商業社会観の根幹をなしているのである。

　さらにデフォーは，土地利害と貨幣利害ないし商業利害とを，相互依存的，相補的要素として描き出すことを通じて，土地税法案と便宜的国教会遵奉禁止法案の結合には矛盾が見られること，つまり後者が前者をより強固にするどころか逆に蝕みうることを，鋭く示唆してもいる。すでに明ら

かにしたように、『施し』で展開された商業循環論は土地もまた商業と密接不可分な関係にある点を明らかにした。この議論に従うなら、在来手工業の衰退が人口減と食料品の価格下落を通じて地価の低落を引き起こし、ひいては国家歳入を減少させて統治権力の存立基盤を掘り崩す。土地と商業（貨幣）を相互補完的に把握するこのようなヴィジョンが、コートかカントリか、あるいはウィッグかトーリかを問わず、同時代のイングランド人の間で広く共有されていたことを如実に示す出来事が、高教会派の提出した付加動議の敗北だったと言えるであろう。この動議を大差で否決したのは、土地利害の象徴に他ならないトーリが圧倒的に多数を占める下院であった。

前章でポーコックを引きながら述べておいたように、カントリの論客もコートの論客も、商業に依拠する社会という事実認識そのものを過つことはまずなかった。土地が徳の基礎として最も重要な要素であり続けてきたこと、そして将来もそうありうることが否定されたわけではないが、そうした価値の実現を追求し続けるかぎりにおいて、むしろ、商業とともに歩む道を拒むことはできなかった。高教会派が固執する「土地以外に富のない社会」のイメージは、したがって、もはや著しく現実通用力を欠くものとなっていたのである。

6　プロテスタントと商業

ここにいたってついに、1701年の『権利』にはらまれていた問題は乗り越えられたと言えよう。3年前のデフォーはイングランドの共通利益を自由土地保有に体現させ、自由土地保有者の声を世論として党派的主張に対置したが、土地所有枠の設定のみでは世論の浮動化を抑制しえなかった。彼にそれを教えたのが『対策』の失敗である。理性は、情念の支配を被りがちな世論にただ寄りかかるのではなく、世論を積極的に安定化しうる作用をそなえたものを発見せねばならない。デフォーは商業が土台とする勤勉と相互依存の原則にその安定化作用を見出した。勤勉は世人を情念の浮動性から解き放ち、相互依存は固陋かつ独断的な党派の闊歩を許さないだ

第 4 章　デフォーの社会思想（1702年-04年）

ろう。つまりは，土地さえも包摂した商業循環がイングランド国内の世論統一と政権の安定をもたらす基盤として認識されたと言える。

　同時に，商業にはプロテスタント諸国間連合の紐帯としての役割が付与されている。16世紀のフランドルにおいて，アルバ（Fernando Álvarez de Toledo, Duque de Alba, 1507–82）によるカトリック国スペインの統治がいかに商業を抑圧したかを，『施し』は力説した（Defoe 2000, VIII: 170–74）。オランダとイングランドはともに商業の恩恵を享受しうるプロテスタント国として手を結び，商業の原理に背くカトリック国フランスの統治領域拡大を阻止すべきなのである。こうして両国の同盟は商業による強固な裏づけを得ることになった。さらに，これより数年後のイングランド＝スコットランド合邦に際しても，デフォーは商業結合による恩恵を喧伝して合邦実現に大きく貢献する。商業は対フランス連合の象徴，プロテスタントの象徴に祭り上げられたのだ。

　こうしたデフォーの言説に典型的に表れているように，ウィリアム3世のイングランド上陸以来，同国はフランスの脅威に対抗する「ヨーロッパの勢力均衡」の保護者としての，そして「自由で，プロテスタント的で，商業的な世界秩序の擁護者」としての自己イメージを獲得していったと言うことができる（Penovich 1995: 241）。スウィフトの『桶物語』が，「逆境にある者には，暗中にある者と同じく，色の違いがわからない」と述べたように（Swift 1704: 125／訳96），大ブリテン島内は文化的にも宗教的にも少なからず非同質的であったにもかかわらず，大陸の「カトリック国」フランスという他者の存在を強く意識したことが「プロテスタント」としての共通の自意識を生み出し，いわば理念としての「ブリテン人（the British）」が誕生したと説くのはリンダ・コリーである（Colley 1992: 11–54／訳13–58）。デフォーの言説が高教会派トーリの封じ込めを狙ったプロパガンダの性格を色濃く帯びていたように，同質的な国民意識は一種の刷り込みを通して形成が促進された。デイヴィッド・アーミティッジの言葉を借りれば，「元来はイデオロギーであったものがアイデンティティとなった」とも表現しうるだろう（Armitage 2000: 198／訳271）。

とはいえ，信仰としてのプロテスタンティズムに魅力がなければ，世俗のイデオロギー的言説が広範な影響力を振るうこともなかったはずである。スペイン継承戦争の趨勢を決めた1704年8月の「ブレニム（Blenheim）[＝ブリントハイム（Blindhheim）]の戦い」に勝利を収めたのは，マールバラ率いるイングランド軍とその同盟諸国軍だった。1704年12月9日付の『レヴュー』のなかで，デフォーは「マールバラ公爵とその同盟軍の驚異的な成功」について次のように語っている。フランス軍を率いていたタラール元帥（Camille Tallard, Comte de, 1652–1728）は，兵力において劣るマールバラがまさか複数方面から攻撃を仕掛けてくるとは思わなかっただろう。もしマールバラが敗れていたとしたら，その行動は狂気の沙汰と非難され，「あらゆるコーヒーハウス」で「10万人の陪審員」によって糾弾されていたに違いない。だが，「成功と彼の異常な行動とが結びつくことで，その試みが合理的かつ実現可能なものと証明された」のである。その成功の背後には，「合理的推測（Rational Conjectures）」や「確率計算（Calculation of Probabilities）」の領域を超えた，何かいっそう「偉大なもの（great things）」が存在しているように見える，と（RAF: 593–94）。

　神の祝福を受けたイングランドは将来にわたって商業的繁栄を謳歌しうるといった信念を抱くことは，決して困難ではなかった。自国の躍進を目の当たりにしたことで，プロテスタンティズムは自己陶酔と結合したのである。「この社会では，プロテスタンティズムは単なる大言壮語や不寛容，それに排外主義以上のものを意味していた。プロテスタンティズムによって，男性も女性もその大半が，歴史において自分たちが一定の位置を占め，価値を有する存在であることを実感した。プロテスタンティズムによって，彼らは自分たちが真に享受している利点の数々を誇りに思うことができ，そしてプロテスタンティズムが彼らに，困難と危険に脅かされたときでもそれに耐え抜く力を貸し与えたのである」（Colley 1992: 53／訳58）。デフォーは確かに，この時代のこの文脈から自由ではなかった。その文脈には，トーリのブルー・ウォーター政策，つまり海軍の軍艦による自国商業の防衛策に満足しえず，常備化した陸軍を牽引車とする度重なる

大陸戦争へと（明確な企図を伴わないにしろ）国民を誘導していく側面がそなわっていた。自らが召命を受けたという選民意識は，外敵に対する団結のスローガンのもと，やがて新しい帝国化を招くことになるだろう。カルヴァン派の「狂信」を鋭く諷刺したアングロ・アイリッシュの著述家スウィフトは，それを予見していたのかもしれない。デフォーはこうした文脈から自由ではなかったが，しかし全くとらわれていたわけではなかった。彼には，自ら経路を見出す「潮流」としての商業という認識があり，その商業こそが統治を支えるという洞察があったからである。商業は「専制と迫害」に対峙し，平和のなかに「プロテスタンティズム」を実現する。「貿易が戦争と変わらぬ迅速さをもってフランスを打ち負かす手段であることを，誰もが認めるだろう」とした彼の言葉の含意は，以後の経験を踏まえた商業認識の深まりとともに，やがて彼自身の思想のなかでいっそう大きな広がりを占めることになるだろう。

III―結び

　イングランドは国内の党派的対立を解消し，一致団結してカトリックの大国フランスの勢力拡大に対処せねばならない。この現実認識に基づき，デフォーは平時の常備軍維持を条件付きで支持し，隣国の脅威を訴える世論を軽視した議会の傲慢を非難し，カトリックに宥和的な党派を嘲弄し，イングランド国内の利害統一および政権安定の基盤に商業を据えた。

　つまり，ルイ14世による専制の脅威がかたわらにあったからこそ，商業に対するデフォーの認識は深められたのである。1698年の『反論証』における商業は，旧貴族を没落させて新興の土地保有者を生み，議会とりわけ下院の成立を可能にした要因として扱われていたにとどまる。この時点では下院の判断に信を置いていたと考えられるデフォーも，ケント州請願事件に際しては下院の専制を目の当たりにし，議会外の意見，すなわち世論に救いを求めた。だが，世論形成の主体は土地保有者に限定されており，商業活動が土地保有に従属する関係がなお継続していた。『対策』の反動

を踏まえたデフォーが『施し』において手工業を商業の基礎と定め，抑圧に抗する自由の条件を私的所有一般に広げたとき，自由と土地保有の結びつきは発展的に解消され，商業活動に携わるあらゆる人民が自由を享受しうる主体と認められるにいたったのである。このとき，土地はむしろ商業循環の一大要素として商業に包摂されることとなった。繰り返しになるが，デフォーの商業認識はあくまで，フランス絶対君主の世俗的専制統治および宗教的迫害という外圧やそれに連動した内圧としての高教会派トーリに屈することのない，不撓の意志によって深化させられたものである。ゆえに，商業はプロテスタンティズムと緊密に結びあわされた。

　危機の意識が彼を駆り立て，理性は現状を処理するために用いられる。この理性は天賦の普遍性を帯びたものとしてではなく，個別の問題と向きあうなかで経験から作用を受けつつまたそれに逆作用しうるものとして現れた。現実を照らすこうした散文的理性の働きにも，カトリック専制に対する誠実な非国教徒という自己意識が必要であったのだとすれば，理性的主体という自己規定ないし自負は，情念に発する衝動を意識下に措定したうえで成り立つ観念だったのではないか。商業の原理の機関部を形づくっているのは，自己保存を第一義に求める利己的情動であるように見える。ポーコックが，コート・ウィッグの理念にとって「情念，世論，想像力は実際に人間行動の機関部 (motors) であり，人間の認識の源泉であった」と述べた通りに見えるのである (Pocock 2003: 459／訳395)。

　それでは，デフォーはコート・ウィッグであったか。彼は理性に対する情念の優位を認め，後者の操縦という新たな役目を前者に課したのか。換言するなら，彼はヒュームが大成すべき新しい人間本性の学に道をつけた近代人なのか。それともディキンスンが示唆したように，デフォーはカントリないし新ハリントン主義の陣営に与してギリシア都市国家以来の共和主義を理想化し，古典的徳に服従する務めを情念に強いたと言えるのか。ディキンスンは，デフォーの『投機的議員選挙に抗議する自由土地保有者の嘆願』*The Free-Holders Plea Against Stock-Jobbing Elections of Parliament Men* (1701年) を引き，デフォーが「諸州の自由土地保有者とジェントリ

第 4 章 デフォーの社会思想（1702年-04年）

の味方をして，州選出議員に比べ都市選出議員が過多であると抗議した」と述べ，腐敗しやすい都市選挙区に議席配当が偏った現行の選挙制度の不公正さを「カントリ論者」デフォーが指弾したと主張する。つまり議会改革の視点を彼から読み取ろうとするのである。新興の地方手工業を衰退に追い込みかねないという点で旧都市利害の表明とも言いうるマックワースの救貧法案が下院を熱狂裡に通過したという事実を，下院の代表機能上の欠陥によるものとして，すなわち都市選出議員数に比して州選出議員数が過少であることに由来したものとして捉えるならば，カントリの立場から選挙制度の改善を要求した著作のひとつに『施し』を数え入れることもできよう。もっとも，ディキンスン自身は『施し』に言及していないが (Dickinson 1977: 117–18／訳116–17)。

　本章では，前章からの議論を受けて，デフォーはコート・ウィッグの理念に到達したのだと結論づけたい。すなわち，彼は高教会派トーリに対抗することを意図して個々の事件や論争に関与しながら情念の理性化という問題に図らずも取り組み，経験との「相互作用」(Pocock 1985: 28／訳50) を通じて，商業による情念の洗練という方法に到達したと考えられるわけである。議論の端緒において，ポーコックのようにデフォーを一貫して近代派，コート派として扱う姿勢に疑義を呈したうえで，1698年のデフォーが商業に基礎を置く社会のヴィジョンを有していなかったことを明らかにした。そして，ケント州請願事件と『対策』の失敗を踏まえた『施し』や『レヴュー』において，初めて全体像としての商業社会のヴィジョンが登場することを示した。このようなヴィジョンは，変転著しい現実との 7 年間にわたる緊張関係を抜きにしては生じえなかったであろう。もっともポーコックは，『反論証』のうちにはまだ「デフォーの近代性が，より多くの自由という概念の他に何らかの新しい道徳概念を有した形跡は見られない」ため，前商業的道徳を否定した「デフォーがもし代替となる倫理を準備できなければ，商業の政体 (commercial polity) は新しい形態のマキアヴェッリ的徳 (virtù) を探し求めざるをえなかっただろう」ことも指摘している (Pocock 2003: 435／訳373)。つまり，商業による情念の洗練が徳の代

替的倫理たる「作法（manner）」をもたらし，逆巻く諸情念が馴致されることで，商業（近代）社会に生活する個人は他者との関係性（相互依存）の飛躍的増大のなかで自己の人格さえ「富裕化」する機会を豊富に獲得し，古典的な自律のありかたを脱することからくる人格の欠損を十二分に補填しうるかもしれないという（Pocock 1985: 37–50／訳71–98），ある種の認識論的転回は，1698年よりも後年に実現した点をポーコックは認めているのだが，にもかかわらずこの年以降の数年間に見られた言説の変化に関する分析を省略し，『反論証』から『生粋のイングランド人』を経て一足飛びに『レヴュー』へと跳躍してしまうのである。ここに前章ならびに本章における議論が成立する余地があった。

　17世紀から18世紀への移行期，すなわちウィリアム治世末期からアン治世初期にかけての時期は，危機をはらんでいた。国内外の強大な敵手を前にしたデフォーは情念という荒馬を操る手綱さばきを修得せねばならなかったが，それは彼が意識的に努めたことというよりも，当面の論争の必要から生じたことであった。商業の原理は論争の手段として編み出されたのであり，原理としての普遍的性格はいわば擬制，フィクションだったのである。やがて危機の時代は過ぎ去り，ウォルポールの平和に彩られた安定の時代が訪れることになる。この1720年代ないし30年代において，フィクションはフィクションとしての出自を天賦の普遍性という外衣によって覆い隠すだろう。商業は人間に賦与された社交性を実現するための理性的営為と称えられ，利己的人間と社交的人間とが両立しうる『ロビンソン・クルーソー』の世界が築き上げられる。そして，その普遍世界において，情念の理性化の過程は一応の完結を迎えるのである。「近代人」の物語はここに始まる。

第5章
デフォーと合邦のレトリック

I ─ はじめに

1　本章の目的

　本章の目的は，イングランド政権の諜報員の身分で1706年秋からスコットランドに滞在し，イングランド＝スコットランド合邦の成立（1707年5月）に一方ならぬ貢献をしたデフォーの『大ブリテン合邦史』（1709年，エディンバラ刊）の検討を通じて，合邦の直接的な政治経済的背景に接近すると同時に，そこにおいて展開されるデフォーの思想の諸特徴をつかみ出すことにある。

　この『合邦史』は，後年，スコットランド出身の著述家チャーマーズが「［ロビンソン・］クルーソーをさほど楽しめなかったとしても，この出版のみでデフォーの名を不朽のものにした」と評したように（Chalmers 1790: 35），きわめて多作なデフォーの，その生涯を通じての代表作のひとつと見なしてよいものである。

　合邦とデフォーとの密接な関連については，すでに多数の歴史研究，とりわけ国外において盛んなデフォーの伝記研究が，多くの面を詳らかにしてきた[1]。国内においても，天川潤次郎の大著『デフォー研究』には合邦問題を扱う独立の章が設けられており，『合邦史』の叙述に基づきながら，

合邦の前史から合邦条約の交渉過程，さらには合邦の経済的背景までを視野に収めた，詳細な検討が行われている。したがって，本稿はこれらの先行研究を尊重しつつ焦点を大きく絞り，『合邦史』におけるレトリックの使用という問題に強く光を当て，これを掘り下げたい。特に重要と考えられるのは，後年のアダム・スミスによる用法が最もよく知られるところの「見えざる手」の語の使用である。

なお，本章では二重の意味において歴史内在的な検討を試みる。第1に，テクスト成立の背景に横たわる史実を基礎とし，テクストの行間を読み解くことを目指す点において，第2に，テクストを構成する一定の語彙に着目し，その歴史貫通的な縦の継承関係ではなく，同時代における横の継承関係を考察する点において，それは二重である。ただし，これら2点は截然と分かちうるものではなく，相互に絡みあうものであることも，もちろん認識している。

第2の点については，デフォーが対抗言説として強く意識していたと考えられる，同時代における最有力の共和主義者ないし新ハリントン主義者の一人であるフレッチャーの所説を取り上げることによって，『合邦史』というテクストの持つ性格のいっそうの明確化を期した。

2　デフォーとフレッチャー

のちに対抗関係に立つことになるデフォーとフレッチャーだが，両者の間には，実のところその経歴上にひとつの重要な交叉点が存在する。両者ともに，モンマス公爵の反乱軍に加わっていたのである。

モンマスが叔父の国王ジェイムズ2世に対して反乱を起こした1685年は，フランスではナントの勅令が最終的に撤回され，多数のユグノーがフランス国外に亡命した年に当たるが，この年以前からすでにモンマスと顔見知りであったフレッチャーは，その助言者の一人として，公爵とともにオランダからイングランドに上陸した。ヒュームの『イングランド史』に

---

1) 伝記ではないが，デフォーのスコットランド関係の著述を抜粋してまとめたMcKim (2006) も資料集として役立つ。

第5章　デフォーと合邦のレトリック

よれば,「ドーセットシアのライム（Lime [Lyme Regis]）に上陸した際,モンマスはわずか100名の従者を持つに過ぎなかったが,彼は非常に著名であったので,4日のうちに2000を超える人馬を集めた。彼らは実に,そのほとんど全員が最下層の人々であった」(Hume 1763, VIII: 220)。現代の歴史家は,6月11日の上陸時における従者数を82名とし,10日のうちにそれが3000名に達したとする。上陸の報を受けたロンドンでは,テムズ河の航行監視を伴う市域の封鎖措置が直ちにとられ,反乱軍への武器供与の可能性を疑われた非国教徒宅が次々に捜索されて,200名に及ぶ人々が逮捕された。このような厳戒態勢にもかかわらず,デフォーを含む数百名がロンドンを抜け出し,反乱軍に加勢したのである (Backscheider 1989: 37-38)。デフォーがロンドン商人として中流層に属し,かつ妻帯していたように,反乱軍を構成した人々の大半は一定の財産を有する所帯主であったとされるから,「そのほとんど全員が最下層の人間であった」とするヒュームの叙述には疑問符がつく。

　イングランドに上陸したフレッチャーは,行軍の途中,馬の無断使用をめぐって非難されたこと,特に杖での打擲を受けたことに立腹し,軍資金提供者の金細工商デア（Thomas Dare）の命を奪ってしまう。「軍に加わったばかりのある人物に,その人物の馬を急用で使ったことを理由に侮辱され,フレッチャーは持ち前の激情に駆られてその人物に発砲し,即座に射殺した」とヒュームが述べている通りである (Hume 1763, VIII: 221)。この一件で彼は軍からの離脱を余儀なくされており,デフォーが騎兵隊員としておそらく参戦したセッジムア（Sedgemoor）の夜戦に,フレッチャーの姿はなかった。

　1685年7月6日夜,サマセットのセッジムア平原において,濃霧のなか,1発の銃声をきっかけに始まった反乱軍と国王軍の戦闘は,行軍を急ぎ態勢を乱したうえに平原の地理を見誤った前者の潰走に終わり,その後数週間のうちにモンマスをはじめとする1500名近くが捕われた。デフォーは『蛇のごとく賢く』*Wise as Serpents*（1712年）のなかで,敗北した公爵が残酷な斬首刑に処されただけでなく,「大多数は非国教徒の」反乱加勢

者に対しても「極度の厳罰が加えられ，おびただしい数の人々が絞首刑に処され，追放され，自らの身の安全のために郷土から逃亡することを余儀なくされた」と，当時を回顧する (Defoe 2000, III: 288)。首尾よく捕吏をかわし，血の巡回裁判 (Bloody Assizes) を免れた者は数百名に過ぎなかった。幸運にもそのなかに含まれたデフォーは，1687年5月，正式に赦免される (Backscheider 1989: 38–40)。かたやフレッチャーは，1686年1月，エディンバラで反逆罪に問われ，財産没収のみならず極刑の宣告を受けたが，彼はそのときすでに大陸を流浪していた。名誉革命とともに帰国した彼は，翌1690年に財産を回復する。

　すでに見たように，やがてフレッチャーはスコットランドのみならずイングランドのカントリ人脈とも接触し，九年戦争後の常備軍論争に際して精力的なジャントー政権批判を繰り広げることによって，いわゆる新ハリントン主義者の一人として頭角を現した。すでに常備軍論争でフレッチャーの「傭兵」批判と向き合っていたデフォーは，イングランドとスコットランドの合邦問題をめぐっても，完全合邦 (incorporating Union) 以外に選択肢などありえないとする一方の極論と，独立国スコットランドにおける過去の軍事的栄光を取り戻すべきだとする他方の極論との間に構築されたところの，幅のある言説空間のなかで，フレッチャーという強力な論客を再び敵手とせねばならなかった。フレッチャーは，ハリントンの言説を継承しつつ発展させた新共和主義者として，古来の徳とともに歩みゆく自律の姿勢を基本に据えていたが，しかし徳を，商業や勤勉といった，あまりに猛々しい論者からすれば柔弱にしか見えない活動と肯定的に結びつけて論じえた，稀有のカントリ論者だった。だが，その言論活動の主眼を「イングランドとスコットランドの相互関係のインバランス問題」(田中 1991: 50) に置いた彼は[2]，母国スコットランドの政治的地位の向上をいかに実現するかという問題意識のもとに，まずもって国制のありかた，つまりいかなる統治構造が諸国ないし諸地域における「平和」ないし「共通の

---

[2] フレッチャーをめぐる本書の知見は田中 (1991) 第1章に多くを負っていることをお断りしておきたい。

平安（common Tranquillity）」のいっそうの実現にとって望ましいかを（「永遠平和は人間同士では保ちえない」ことを認めるにしても）考察しようとしたがゆえに（Fletcher 1704: 64-65），商業の論理そのものの彫琢を二の次にした。これに対して，新しい言語としての商業の言語を身につけていたデフォーは，古典的共和主義の伝統に立脚したフレッチャーとは異なる観点から社会という対象を眺めることができたと言える。

　合邦問題が沸騰しつつあった1704年にフレッチャーが打ち出したのが，ヨーロッパ地方再分割に伴う勢力均衡に依拠した侵略戦争防止案と，それと緊密に結びついたブリテン三王国の連邦制合邦（Federal Union）案である。彼は前年にスコットランド議会議員に選出され，合邦をめぐって数多くの演説をものしていた。民兵による自衛を前提としたこの案は，合邦による諸地域の完全な統合と地域内の統治権力一極集中（そして常備軍設置）を説く完全合邦論者の言説とはもちろん異なるが，しかし，かつて手にした雄々しき剣による自律という二度と手に入らないだろう幻影を追い求める完全独立論者のそれとも相違するものであった。「フレッチャーは完全な分離独立でもなければ，統合的合邦でもなく，部分的合邦，連邦的ないし連合的合邦を望ましい体制と考えた」（田中 1991: 48-49）。彼によれば，「最も適切な道は，十分な自衛力を有する政府がみな，征服に打って出ることが不可能かあるいは不向きな状態にされるというもの」で（Fletcher 1704: 70），それはすなわち，ヨーロッパ地方を各々10から12の自治都市を持つ10の地域にあらためて分割することにより，富や地の利に基づく互いの勢力を人知によって拮抗させ，自然に湧き上がりがちな領土拡張の野心を牽制しうる仕組みを構築することを意味した。これらの地域のひとつはブリテン島とアイルランド島を合わせた領域のうえに割り当てられるが，その際に求められるのが巨大都市ロンドンの縮小である。フレッチャーが言うには，「適度な領域の都市は容易に統治される」のに対し，「おびただしい数の人々の集合のなかでは諫言がつねに耳に入らず，頻発する邪悪な手本が法以上の力を持つ」（81-82）。ロンドンは弱った体のうえに置かれた大き過ぎる「頭」のようなもので，「衰えつつある身体の他の部分に正

しい割合で分配されるべき滋養分をひとりで吸い上げ，過剰な滋養であふれ返った状態になっているから，狂乱と死とが不可避的に帰結する」(85)．大陸との海峡に近く，侵略に対してもろいと考えられるこの首都の過大な人口を広く分散させ，各々適正規模となった諸都市の防壁を強化し，かつ「海軍力」を用いて海岸線を守備することで (79)，ブリテン地域は自衛力を確保するとともに，人々の過度の集合のなかで膨れ上がりがちな野心に振り回された挙句の侵略に打って出ることもなくなるだろう．

　以上が，ヨーロッパ諸地域間における勢力均衡と，各地域内の諸都市間における勢力均衡という，二重の構造からなるフレッチャーの連邦制合邦論である．それは地方分権論であるという点で完全合邦論者の議論と異なり，また戦時ではなく平時における「共通の平安」の増大を志向するという点で，軍事共和国を夢想した人々の言説とも性格を異にしている．フレッチャーが言うところの共通ないし公共の平安のもとで営まれるものは商業活動であったろうし，彼が求めたのは勤労の安定的持続を可能にする前提条件の整備，そしてそのための立法であっただろう．彼はあくまで国制問題を基礎に据えたが，その目には平和のなかでそれぞれの職業に勤しむ人々の姿が映っていたはずである．平和の構想は，いわば全ヨーロッパ的な，あるいは世界的な視野のもとでなされねばならない仕事であった．彼は次のように述べている．従来の過ちは，自らの属する「たったひとつの社会」のみを視野に収めた統治構造が形づくられてきたことにこそ存すると．だが，隣国への侵害が「現在は，そして見かけ上は」自国の利益になりうるとしても，それは悪しき手本を示すことでやがて自国への侵害に転化するのだから (68)，実は「どの国についても，その真の利益と善とは他の国々のそれらと同一である」と考えられる．よって「われわれ自身にとってと同じだけ隣人たちにとっても有利となるような」統治のありかたを積極的に模索していくべきであり，そうすることによってこそ，大軍を擁する「フランス王」のためにすさまじい重荷となっている現下の「世界戦争」のごとき「動乱や悲痛から，人類を最もよく保護することができよう」(66–67)．とりわけ隣国イングランドに比しての母国の不遇を憂え

た愛国的共和主義者としてのフレッチャーの横顔は，少なくともヨーロッパ大の視野をそなえた彼の連邦論の枠組のなかで評価されねばならない。もはや特定の国や地域の利害のみに焦点を合わせていればよい時代は終わったのであり，彼はそのことを十分に理解していたのである。

　そして実はデフォーも，このフレッチャーの構想に似たヴィジョンを公にした。1709年4月19日付の『レヴュー』においてである。そのなかで，彼は「国際紛争の調停機関の設立を早期に提唱している」（天川 1966: 182）。前年に国務大臣ハーリとその腹心である陸軍局長シンジョンの下野という事件が起きたが，その背後には，スペイン継承戦争をめぐる「三頭政治者」間の対立が横たわっていた。先述の通り，戦争初期のイングランドは，デフォーの言葉にあるように「国内には和，国外には力」の方針を採り，穏健派政権のもと，フランスというカトリック大国に対して党派横断的な団結をもって臨まんとしたが，やがて国内党派間のバランスは崩れ，政権内の協調にきしみが生じ始める。すなわち，ブリントハイムさらにラミイ（1706年5月）と続くヨーロッパ大陸での華々しい戦勝の立役者マールバラと大蔵卿ゴドルフィンが，徐々に政治的影響力を盛り返しつつあったウィッグと結んで対フランス戦争の続行を訴えたのに対し，ラミイ戦勝後のハーリは，フランスの威勢を挫くという所期の目的は達せられたと見て，早急の講和を主張したのである。前二者とハーリの間の溝は埋まらず，1706年12月，マールバラの娘を妻とするサンダーランドの息子 (Charles Spencer, 3rd Earl of Sunderland, 1675–1722) が，義父とゴドルフィン，そしてジャントー・ウィッグを後ろ盾に，女王とハーリの反対を押し切るかたちで南部担当国務大臣に就任すると，政権中枢に深刻な亀裂が走り，ついには後者の下野を生んだ（Downie 1979: 74–78）。

　デフォーは下野以前のハーリと歩調を合わせ，すでに『レヴュー』誌上で迅速な平和実現を求める議論を展開していたが，その議論の極点において出現したのが，上記の号における諸国家連合体の設立案である。彼は「突飛な考え」であることを承知のうえで次のように説いた。目下の対フランス戦争はヨーロッパの「勢力均衡」を保つためのもので，戦争終結に

際しては，一時の泰平ではなく恒久の平和を保障するため，ヨーロッパ各国からなる「連合体」を形成すべきである。この連合体は各国を統一体として機能させるような「基本法 (constitution)」の制定により，自らを「王国と王国の間であろうが，主権者と臣民の間であろうが，ヨーロッパにおいて絶えず生じうる不和や争いのすべての調停者」となす公権力を手にし，その権力をもって「ヨーロッパから戦争を追放する」ことができるだろう。そして「以後，最も強き者を挫き，最も弱き者を扶助することが可能となる」と (Defoe 2008: 55–58)。この案は，例えばサン＝ピエール (Abbé de Saint-Pierre, 1658–1743) 著『ヨーロッパ永遠平和の草案』よりも4年ほど早く提示されたもので，かなり先駆的な平和構想のひとつには違いないが，フレッチャー案に比べて抽象度が高く，また，対等な諸国家間権力の相互牽制を意味する「勢力均衡」を前提にした共通善の志向よりも，普遍的で基底的な「基本法」制定による権力一元化の要請が目立っているように思われる。

　平和構想上のこの違いは，両者のロンドン観の相違を踏まえるとその理由がはっきりするかもしれない。前章で取り上げた1704年刊の『施し』において，首都ロンドンに「過剰で不釣りあいな人口」が集住する，という表現をデフォーは用いたが，それは手工業の移転を原因とした商業的帰結に他ならないと述べられるにとどまり，何らかの立法措置による積極的な人口規模の縮小を訴えかけるような議論の組み立てになっていないことは明らかである。さらにデフォーは，財貨流通の一大拠点たるロンドンの役割をきわめて重視していた。ロンドンは商業循環の「心臓」なのである。彼のこの認識は後年の『商人』で掘り下げられた。「人々の集合体」が存在することは商業を大いに助けるので，「王国内にひとつの巨大な首都を有することは商業にとって非常に大きな強みであり，その強みは，同数の人間がいくつかの場所に［分散して］住まわされている場合よりもいっそう大きい」(Defoe 1727, pt. 2: 122)。首都ロンドンは，消費，国内流通，外国貿易，貨幣循環，信用供与の中心地である。ロンドンを起点に，この巨大都市の「莫大な需要 (prodigious Demand)」に応えるために循環を始める商

業によって，おびただしい数の人間が雇用され，広大な土地が耕され，ブリテン島の隅々にまで恩恵が行き渡る。しかしもし首都とその周辺地域が「相互に隔たり，各々でいわば自給する10ないし15の個別都市」に分割されたとしたら，「たとえ養われるべき同数の人間が存在したとしても，そのために生じる商業ないし事業は半分にもならないだろう」(136)。消費される食料品の「量がたとえ同じであっても，すべてがひとつの中心に向けられることから生じる商業上の影響は，事情を一変させるほどのものなのである」(126)。つまり，莫大な人口を抱え込む中心都市があるからこそ，むしろ諸地方にいっそう多くの富がもたらされるのであって，その逆ではない。

　一見して明らかなように，こうしたデフォーの議論は，先に見たフレッチャーのロンドン縮小論に対する痛烈な批判としての機能を果たす。彼が具体的にイングランドと対照させるのはスペインである。そこでは首都と呼べるような中心都市がなく（マドリードは「村」と呼ばれる），各都市が互いに隔たっており，それぞれが周囲20ないし30マイル圏内から必要財貨を調達する結果，その総人口に比していかに小規模な商業しか行われていないかをデフォーは論じた（123-25）。フレッチャーはロンドンを過大な「頭」と呼び，それが身体たる諸地方に本来ならば送られるべき滋養分を過剰に消費していると述べたが，デフォーはこれを逆転させて，ロンドンを「心臓」と呼び，むしろこの巨大都市が諸地方に滋養分を送るか，滋養となるべきものをより多く生み出すための契機を与えていると主張したのである。都市を中心に奢侈的消費が行われるからこそ，余剰が生み出され，商業はいっそうの成長を見せ，雇用が創出され，貧困は除かれる。その意味において，自負心や虚栄心といった「悪徳」は商業上の「徳」となる。

　ここでデフォーは，富の増大と雇用の増大とが歩調を合わせて進行する商業社会のヴィジョンを明白に打ち出しており，その社会においては，雇用量と消費水準の向上が普遍的尺度となって豊かさを測る。首都を中心に回転する巨大な商業循環が諸都市と諸地方をつなぎ合わせ，さらに世界各

地の商業循環が互いに連結される。そこでは，雇用量のさらなる増大をもたらす商業の成長が最も望ましい事柄とされ，この基礎のうえに公共の平安は築かれるであろう。彼は1728年刊の『構図』において，「商業は富の基礎であり，富は力の基礎である」と説き，同時にこう述べた。「それはイングランド同様，ヨーロッパの全商業国について，それぞれの程度に応じて妥当するだろう……。商業が増大するにつれて，人々の悲痛は減り，貧民は手工業に，航海に，そして商業が彼らに提供する諸々の日常労働に雇用された。人々は次第によりよい暮らしをするようになり，貧困はより少なくなり，以前ならば飢えるしかないと言われていたような人々を養うことができるようになった」(Defoe 1728: 50-52／訳60-61)。商業は，イングランドのみならず，フランスやオランダをはじめとする「ヨーロッパの全商業国」がそこから等しく恩恵を引き出しうるところの，富と力の源泉である。各国はただ，それぞれが従事する商業の「程度」を異にするに過ぎない。デフォーは商業の成長を「レース」に擬える (109／訳109)。トラックのうえを各国は富のいっそうの増大を目指して走っており，先頭をゆく国もあれば最後尾をゆく国もある。しかし，それらはみな同じトラックのうえに自らの足で立っているのであり，つまりは，商業という共通の営みを基底に据えることで，ともに富裕化する道が各国各主体に用意されているというわけである。ここには，商業というフレームワークが普遍化してしまえば，一部の国や地域が富の過半を吸い上げるか，あるいは限られた量の富の大部分が少数の者の手に集中することになりかねないという，カントリ論者に見られるような危惧はない。デフォーの国家間平和構想に見られる一元的な「基本法」の理念は，彼のこうした商業観に適合的なものと見ることができるだろう。

　フレッチャーとデフォーはほぼ同時代の社会変化をともに目の当たりにしていたが，統治の言語を操った前者が論理的に把握し記述しえた現実は，商業の言語を扱った後者がそうしえた現実と同じものではありえず，おそらくは前者の目以上に後者の目が，対象のいっそう明確な像を結んでいた。前章で確認したように，デフォーがその言説の基礎とした商業の自

第5章　デフォーと合邦のレトリック　　　　　　　　　　　　　　　233

由は，非国教徒の自由と，あるいは「プロテスタンティズム」と密接に関連した理念であり，まずもってカトリック専制に対する自己保存の情動に結びつけられていたと考えられるが，同時に彼は商業を自然と重ねあわせ，探究の対象たる自然に対するかのように商業に対した。それは商業を「潮流」と捉える認識につながり，潮流は自らその方向を見出していくとされた。統治による強制を通じてその流れを押さえこむことはできないけれども，あるいは空に浮かぶ「月」のごとき，全く手の届かないわけでもなければ容易につかみ取ることもできないこの商業という対象に対する考察を真摯に続けていくかぎりにおいて，統治はそれを自らの支えとして活用しうるだろう。「貿易が戦争と変わらぬ迅速さをもってフランスを打ち負かす手段であることを，誰もが認めるだろう」とした1704年の彼の言葉は，商業の自由がイングランド一国の統治に与える「力」の面に対する着目を如実に物語っているが，その後の数年間に生じた国内外情勢の変化のなかで，彼の言説は商業のそなえる「平和の友」としての性格を強調するようになっていく。若き日にカトリック専制に対して剣をとったフレッチャーとデフォーは，前者はスコットランドの独立という極の側に引きつけられ，後者はイングランド＝スコットランド完全合邦という極の側に引きつけられるかたちで，合邦論争という言説空間のなかで互いに強敵として相まみえ，刃を交えることになる。しかし，前者が統治の言語を用いて語った平和構想は，カトリック大国フランスがその勢力を後退させていくなか，商業の言語に巧みな後者の手で，後者の観点からやがて語り直されたのである。

　長い前置きとなったが，以下，フレッチャーの言説との関連に留意しつつ，デフォー著『合邦史』を読み進めていきたい。

II─『合邦史』の成立

　最初に，『合邦史』とはいかなる背景のうえに成立したテクストか，それを著者デフォーの境遇に即して明らかにしておきたい。

この『合邦史』は，アダム・スミスの蔵書の一冊であったことが知られている[3]。スミスの同名の実父（Adam Smith, 1679–1723）の友人で，エディンバラ哲学協会の副会長として18世紀前半のスコットランドを代表する知識人となるクラーク（John Clerk of Penicuik, 2nd Baronet, 1676–1755）は，若き日にスコットランド側の合邦条約起草委員を務めた際，デフォーと親しく交際した。後年，彼は『回顧録』に合邦の経緯をつづったが，そのなかで次のように語っている。

　　この［1706年後半のスコットランド］議会でなされたことについては，ダニエル・デフォーという人が書いた実に正確な歴史が公刊されているので，ここで語る必要はない。彼はイングランドの首相ゴドルフィン伯爵によってスコットランドに派遣されたが，それは，この地で万事がどのように進んでいるかについて，随時，首相に正確な説明を提供するためであった。したがって彼は諜報員（Spy amongst us）だったのだが，そうとは知られていなかったし，もし知られていたなら，エディンバラの群衆が彼を八つ裂きにしていたことだろう（Clerk 1895: 63–64）。

　合邦条約起草委員とは，1706年4月から7月にかけてロンドンに参集し，条約締結の交渉に当たった人々のことで，イングランドとスコットランドがそれぞれ31名を指名した。以下で記すように，この委員会が起草した条約案が，同年10月以降，スコットランド議会の審議にかけられる。後年のクラークは，デフォーがイングランド政権の「諜報員」として若き日の自分に接触したことを悟ったが，それでもなお，デフォーの『合邦史』を「実に正確な歴史」と讃えたのであった。
　ゴドルフィン首班のイングランド政権において北部担当国務大臣を務め

---

3) 初版に続き，1712年にロンドン版，しばらく時を経て1786年にチャーマーズ著のデフォー小伝を付したロンドン版が出たが（Wilson 1973, III: 48–49），スミスは初版を所蔵していた。彼の所蔵本はその後，1920年にロンドンに滞在していた新渡戸稲造の手を介して日本に渡り，東京大学経済学部のアダム・スミス文庫に収められた。スミスの蔵書についてはMizuta（2000）を参照。

第5章　デフォーと合邦のレトリック

るハーリのもと，デフォーが諜報活動に従事していた事実は，政権内ですら秘匿されていたと言ってよい[4]。若きクラークをはじめとするスコットランド人はそれを知る由もなかった。政治的影響力を増しつつあった高教会派トーリを嘲弄する反語的諷刺作を発表したことで1703年に逮捕され，時の政権の手でさらし台にかけられたデフォーは，数年後にスウィフトがただ「名前は忘れたが，さらし台にかけられた奴」とだけ述べて彼を暗示したことからもわかるように（Swift 1708: 2），イングランド長老派に所属して政権に抗った誠実な非国教徒として著名であり，同じく長老教会を信奉するスコットランド商人たちの間では，「交易と両国の利益について実によく理解している」イングランド商人としても，一目置かれていた（Backscheider 1989: 207）。さらし台以後のデフォーが政権に仕えていたことは，誰しも知らなかったのである。

　スコットランドの愛国的共和主義者として知られるフレッチャーら，有能な反合邦論者に対抗しうる書き手としての活躍をデフォーに期待したロンドンのスコットランド商人たちは，この頃に『スコットランドとの合邦に対する国民的偏見を除くの論』*An Essay at Removing National Prejudices against a Union with Scotland*（1706年から翌年にかけて全6部刊行）をはじめとする彼の著述活動を支援し始めており，彼らが，信頼するデフォーを合邦条約起草委員に引きあわせたのは自然の成り行きであった。1706年5月初め，ロンドン滞在中のダルリンプル三兄弟がこの商人人脈を介してデフォーに接触する。長兄ステア（John Dalrymple, 1st Earl of Stair, 1648–1707）以下，兄弟はみな起草委員であった。

　続いて若きクラークとデフォーが会見して意気投合し，同年7月，起草委員会が条約案をまとめ上げる直前に，クラークは故国に宛てた書簡において，商人として農業改良にも詳しいデフォーがその知識を「私たちに教授する」ため，近くスコットランドに赴く意向であることを嬉々として伝えた（208）。事実その年の10月にスコットランドを訪れたデフォーから，

---

[4] 例えば1704年9月，何も知らされていなかった南部担当国務大臣ヘッジスは，ハーリに対し，デフォーの逮捕を打診している。Downie（1979: 68）を参照。

農業改良家として知られたクラークの父 (John Clerk of Penicuik, 1st Baronet, 1649/50–1722) は新しい農業知識を仕入れたと言われる。父クラークは月世界に仮託して当世を諷刺したデフォーの著書『コンソリデーター』*The Consolidator* (1705年) を愛読し，息子は同じくその『神の掟によって』*Jure Divino* (1706年) にイングランド政治を学んだ (Novak 2001: 309)。

だが，スコットランド訪問に際してのデフォーの真意は，イングランドを発つ直前の同1706年9月13日，彼がハーリに宛てた書簡中の文言に，はっきりと示されている。彼は政権の諜報員としての自らの心構えを次の4点にまとめて書き出し，直接の雇用主に当たるハーリに確認を求めたのである。すなわち「合邦に反する処置，あるいは党派形成についての情報を得，それらを防止すること」「会話や，理に適った手法を尽くし，人々の心を合邦へと向けること」「合邦への，またそれに関わるイングランド人や宮廷への，異議，中傷，非難のすべてに，文筆や論述を用いて応答すること」「スコットランド教会に対する［イングランド国教会側の］謀略なるものに関し，人々の警戒心や不安を取り除くこと」の4点である (Defoe 1955: 126)。

さて，スコットランドを愛する者として振舞え，というハーリからのひそかな指示にしたがい，商人の仮面をつけてスコットランドを訪問したデフォーは，同国議会女王名代クイーンズベリ (James Douglas, 2nd Duke of Queensberry, 1662–1711) の親類クラーク父子の熱烈な友情を手にし，エディンバラの議会討論を継続的に傍聴する機会を得た。このたびは単身だが，将来的にイングランドの家族を連れて移住し，この地の改良に貢献したいのであって，ゆえに自らの意志で国境を越えて来たと公言していた彼は，交易や農業に精通しているとの専らの評判も相まって，合邦条約案の商業条項を検討する議会設置委員会に，スコットランドの利益を慮る定住希望者として招請されさえもした。その席上，合邦後もスコットランド産エールの販売に支障が出ないよう適用税率に配慮すべきとしたデフォーの提案が感銘をもって受理され，酒類に関する内国消費税の統一を謳う条約案第7条は，より柔軟に解釈されることと決まる[5]。

加えて，流通障壁の撤廃による市場圏の拡張を通じてスコットランド・イングランド両国が受け取る商業的恩恵を核に，合邦の互恵性を力強く訴える彼の著作が続々と出版されて好評を博し，そのスコットランド頌詩『カレドニア』*Caledonia*（1706年）の購読者一覧には，先のクイーンズベリや後述するシーフィールド（James Ogilvy, 1st Earl of Seafield, 1663–1730）らの有力者を筆頭に，大半のスコットランド貴族と合邦支持議員たちが名を連ねた（Backscheider 1989: 224）。

議会では，1706年11月2日，完全合邦を規定する合邦条約案第1条をめぐって激論が交わされる。議事録によれば，まず条約起草委員を代表してシートン（William Seton of Pitmedden, 1673–1744）が立ち，次のように演説した。「2つの王国は1つに合同されるか，さもなければ完全に分離されるか，のいずれかしかないのです」。「この国は貧しく，通商を保護する武力もありませんから，交易と保護を分かちあうことのできる何らかの強力な隣国との間でそれらを共有するまでは，通商から大きな利益を上げることはできません」。「確かに，[フレッチャーの説くような]連邦制合邦という言葉はとても当世風で，ものを考えない人々を欺くのにはたいへんふさわしいようですが」，「君主政体に習慣づけられた2国において，果たして連邦制合邦が実行可能なものでしょうか」，「スコットランド・イングランド間の連邦協定は，この島の平和を保障し，外敵の陰謀と侵略に対してこの島を防衛するに十分なものでしょうか」。「完全合邦をめぐる歴史的所見を1点だけ示しておきましょう。従来，1つの王国に合同することによって，2つかそれ以上の数の独立王国ないし国家は共通の主権者のもとに存続し，政府による保護を等しく享受しながら，政治体の各部分が……その天然の産物の価値，あるいはその住民の勤労に比例する富とともに栄えてきたのです」（HU, II: 28–31）。

シートンの合邦推進論を受けて，ベルヘーヴェン（John Hamilton, 2nd Lord

5）イングランドではエールが強弱に大別され，高低2種の消費税率が定められていた。合邦後，スコットランド産エールに高税率が適用されるのを防ぐため，デフォーは第3の中間税率を提案した。Furbank and Owens（2006: 68）を参照。

Belhaven, 1656–1708) が次のような反対演説をぶった。「私には，われらが古来の母なる『カレドニア』が，元老院の中央に座し，威張って周囲を見渡し，王衣を身につけて致命的な一撃を待つカエサル，『お前もか』を最期に呼吸を絶つカエサルのように見えるのです」。「私はこの栄誉ある議院に思い出させたい。われわれが，この君主国を打ち立て，諸法を作り，時代に応じてそれらを修繕し，変更し，そして改正してきた高貴なる先達たちの継承者であること，国の事情や状況の求めに応じつつ，いかなる外国勢力，いかなる外国君主からも助力や助言を受けずに，2000年の間，生命と財産を危険にさらしながら，われわれに自由な独立国を手ずから残してくれた先達たちの継承者であることを」。「すべては統御にかかっています。小国は［国内の団結と］調和を通じて大きく成長するものです」。「完全合邦とは，統治の実体的な点と形式的な点の双方について，ある変化が起こるわけですから，2個の金属が溶けあって1個の塊になるのと同じで，混合前の形状や実質を保つことはないと言えるはずだと，私は考えます。しかしながら，いまこの条約文書を見ますと……イングランドの国制，同一の議会両院，同一の土地税，同一の関税，同一の消費税，諸会社による同一の交易，同一の国内法と司法裁判所は堅固に維持され，かつ，われわれの国制はすべて制限されるか，消滅を余儀なくされるのがわかるのです」(34, 36, 40, 43)。ベルヘーヴェンは完全合邦を対等の合同と見なすシートンら条約起草委員の楽観を批判し，それは大国イングランドによる小国スコットランドの征服に他ならないと警告したのであった。彼の大演説は議場の動揺を誘い，他の諸議員から賛否両論が提起されたという。

　2日後に第1条は議会を通過した。上のような激論はしばしば見られたものの，議会における条約案の審議は概して順調に進んでゆく。1707年1月7日，合邦後のウェストミンスターにおけるスコットランド選出議員数を規定した第22条の通過を確認したデフォーは，翌々日，ひそかにハーリに宛てて「合邦の喜び」を報告した (Defoe 1955: 191)。そして1月16日，全条項の検討を終えた議場において，女王名代クイーンズベリが伝来の笏で条約案に触れる。この時点で事実上，合邦は成ったのである。

第5章　デフォーと合邦のレトリック　　　　　　　　　　　　　　　　239

　デフォーはその後も11月までスコットランドに留まり，エディンバラ道徳改革協会に加入して同地の人脈を強化するとともに，活発な商業投資を試みている (Backscheider 1989: 234-35)。一時帰郷ののち，翌1708年2月のハーリ下野を受けて「首相」ゴドルフィンの指揮下に入ったデフォーは，再び密命を帯び，スコットランドでその年の大半を過ごす。さらに1709年秋，彼は息子ベンジャミンを連れて北ブリテンを再訪するが，周囲のスコットランド人の目には，彼がいよいよ定住に向けた歩みを加速させているかのように映ったことだろう。1706年12月24日付の評論誌『レヴュー』において「合邦の歴史」の執筆意図を公言して以降 (Defoe 2005: 775)，彼が書き進めてきたものがようやく形になったのはこの時期であり，1709年10月，エディンバラ市議会はこの奇特な定住希望者の労作に対して報奨金を贈呈した。そして翌年3月，ベンジャミンがエディンバラ大学に入学を許可される頃には (Backscheider 1989: 264)，『合邦史』の刊本が購読者たちの手許に行き渡っていた。

　このように，デフォーはあくまでもスコットランドのいっそうの発展のために合邦を支持する一商人として振舞い続けたのであり，『合邦史』はそうした信頼に足る人物の手になる誠実な歴史書として世に送り出された。デフォーはこの書をエディンバラにおいて刊行したが，それは，彼にとって第一読者となるべきはスコットランドに暮らす人々であったことを意味する。この点は，基本的だがきわめて重要な事実である。

III―『合邦史』の諸論説

　では，簡単ながら『合邦史』の構成を紹介しよう。献辞，序文，4論説，1706年10月から翌年3月にかけてのスコットランド議会議事抄録の順で続き，これに公式資料集を含む2部構成の付録が添えられて，浩瀚な史書を形づくっている。

　次に，4論説各々の性格を示し，本稿が特に着目する第2論説と他の3論説との差異を明らかにしておく。「ブリテン諸連合概史」と題された第

1の論説は，1707年以前に見られたイングランド＝スコットランド連合の試みの数々について解説したものである。例えば，イングランド王エドワード1世による連合の画策は「二王国合邦の最初の企て」(HU, I: 84) であったし，ヘンリ7世の娘マーガレットとスコットランド王ジェイムズ4世との婚姻は「それ以降のほとんどすべての企ての土台を築いた」ために「合邦の母」と呼ばれるべき出来事である (95)。エドワード6世とスコットランド女王メアリとの結婚は「フランス人とカトリック派」の妨害によってかなわなかったとはいえ，エリザベス女王の死はスコットランド王家にイングランドの王冠をもたらし，不完全ではあるが「一種の合邦，つまり同君連合」を達成した (97–98)。

デフォーは続けて，同君連合が以下の2点についてスコットランド側に不快感を懐かせたことを指摘する。すなわち，宮廷の移動によって外国人の訪問者数が激減して国内消費が減り，かつイングランドに長期滞在せねばならない貴族層の国外消費が増え，加えて雇用を求める人口のイングランドへの流出が起きたために「スコットランドにおける交易の衰退」を招いた点と，スコットランド人はイングランドの政治的支配に服すかたちとなったにもかかわらず，交易上はなおも様々な制約を課され，「利益なき服従」を強いられた点である。こうした「偏頗な，単なる国王の合同」を改め，「より完全な合邦」を実現するために，さらなる交渉が試みられる (98–99)。

1604年の合邦交渉は両国がそれぞれ数十名の交渉委員を指名して行われたが，イングランド国教会に肩入れして「故国の繁栄に反対する」国王ジェイムズ1世の独断的行動が議会審議を混迷させてしまった (101)。こののち，「イングランドのいくつかの法令」すなわち1660年から63年にかけて制定された航海諸法によって，「その時点までの約56年間，イングランド人と同じく，全イングランド領植民地との通商の自由を享受していた」スコットランド人は，「外国人」として「フランス人やオランダ人同様に」植民地貿易から排除されたため (99, 101)，不満を高めたスコットランド側から合邦交渉が切り出され，国王チャールズ2世の支持を得て本格

第5章　デフォーと合邦のレトリック　　　　　　　　　　　　　　　　　241

的な交渉が開始されたのが，1670年のことである。この交渉に際して両国は数名ずつ委員を出し，両国は合邦してひとつの君主国となるべきこと，「君主国の名は『大ブリテン』とするべきこと」について合意が形成されたが (106)，合邦後の大ブリテン議会における両国代表議員比率に関する議論をスコットランド側が躊躇したために交渉が停滞し，それ以上の進展を見なかった。

　結局，デフォーによれば，1707年以前に試みられた合邦の企てのほとんどが「教皇制，フランスの利害，国内の専制や宮廷の陰謀」によって妨げられてきており，「それらのみが合邦の敵であった」。「全王国をローマ教会と連合させる」つもりであったジェイムズ2世が，王家に対する，そしてスコットランドの教会制度に対する「周知の2つの革命」によって倒れ，ウィリアム3世・メアリ2世の即位とスコットランド長老教会の確立が成ったのちに，続くアン女王の治世における一度目の「流産」(1702年の合邦交渉失敗) を乗り越えて，完全合邦はようやく実現される運びとなるのである (111)。

　第2論説「合邦交渉を招来した両王国の諸事件について」は，第1の論説で展開された前史を受けて，ウィリアム3世・メアリ2世の治世，さらにアン女王の治世において生じた様々な事件を取り上げながら，合邦実現の条件が整うまでの過程を描いたものである。具体的には，「スコットランドのアフリカ会社ないしインド会社の設立とそれをめぐる2国間の様々な利害衝突」「グレンコー事件」「王位の継承と制限に関する諸困難」「スコットランドの安全保障法」「スコットランドの安全保障法に由来する危害を防止するための法律と題されたイングランドの法律」「ウスター号の拿捕と船長グリーン他数名の処刑」という，6つの事件が取り上げられる (112–13)。この論説は，本章が立てた『合邦史』におけるレトリックの使用という問題に対して最も重要な意義を有するが，それは，継起する史実の背後にそれらを結びつける論理を見出し，始点と終点を持つ物語としての歴史を編み上げるという姿勢が最も強く現れているのが，当論説であるからに他ならない。

残る2つの論説には，資料の解釈と事実の記録という性格が特に色濃く出ている。「合邦と呼称されるにふさわしい最終交渉について」と題された第3論説は，すでに触れた1706年の合邦条約起草委員会における討議過程を克明に記し，これにデフォー自身の見解を添えたものである。第4論説は，デフォーが諜報員として実際に収集した情報に依拠しながら，合邦交渉に対するスコットランド社会の反発について記録したもので，題名は「スコットランドにおける交渉の進展について」となっている。上記の理由からこれらの論説の検討は他の研究に譲ることとし，本稿では第2論説をめぐる考察に集中したい。

Ⅳ—ダリエン計画をめぐって

『合邦史』第2論説において第1に挙げられている事件は，いわゆるダリエン計画の頓挫である。周知のこの計画は，クラークによって「スコットランド出身だが幼少よりイングランドで育った，かなり優れた会計士であり企業家である」と批評されたパタスンの提案に基づくもので (Clerk 1895: 61)，スコットランドの対アフリカ・両インド貿易を一手に引き受ける会社を設立するとともに，東インド貿易を太平洋経由で実現するため，パナマのダリエン地域にスコットランドの植民地を建設するという，気宇壮大とも，夢想的とも呼びうる計画であった。

デフォーはこれを評して「陸上を経て南太平洋へ，そしてそこからインドへという彼らの貿易については，かなり自慢げに語られていたにもかかわらず，おのずから答えの出るものであったし，あまりにも実現可能性に乏しい奇行ゆえ返答するにも値しないような，別の，ダリエン河によって南太平洋とメキシコ湾との間に航路ないし交通路を設けるといった夢想と，ほとんど同等であるように思える」とする (HU, I: 115)。太平洋経由が企てられたのは，喜望峰を回ってインド洋経由で東インドへといたる商路を，当時はイングランド東インド会社が統制していたことによる。この貿易独占に風穴を開けようと，パタスンを役員の一人に迎えて1695年6月

第5章　デフォーと合邦のレトリック　　　　　　　　　　　　　　　　　　243

に設立された「アフリカ・両インド貿易のためのスコットランド会社(Company of Scotland Trading to Africa and the Indies)」は，しかし激しい妨害を被ることになった。

パタスンはジャントー・ウィッグの有力者モンタギュと協同してイングランド銀行を創設し，その翌年にはダリエン計画の立ち上げに合わせてスコットランド銀行の設立を後押しするなど，イングランドとスコットランドの両国を股にかける有能な実践家には違いなかったが，議会戦術を駆使する老練な東インド会社を抑えることはかなわなかった。

当初，スコットランド会社は国内のみならず国外からも広く資本提供を受けつける方針をとり，1695年11月にまずロンドンで出資を募るが，東インド会社の圧力を受けたウェストミンスターが同社に対する法的制裁手続を進めたため，イングランド退去を余儀なくされる。また，同社の設立を承認するスコットランド議会制定法が自身の外征中に成立したことを快く思わない国王ウィリアム3世の対応も冷厳で，1697年4月，パタスンによるハンブルクでの資本調達の試みは，国王の命を受けた同地の弁理公使リカウト(Paul Rycaut, 1629–1700)のネガティブ・キャンペーンに阻まれた(Preble 1968: 85–89)。

さらにリカウトは，諜報員を用いてひそかに入手したダリエン計画の詳報を，イングランド交易植民委員会で辣腕を揮うブラスウェイトに伝える(93–94)。同じく委員のロックが討議の場で計画を執拗に問題視したことも影響して[6]，1697年8月，委員会はついに「アメリカにおけるスペインの利益を損なうだけでなく，鉱脈と財宝を夢見ながら特にカリブ海のイングランド植民地に暮らす人々を引き抜いてしまいかねない」ダリエンの植

---

6) 交易委員会の場でブラスウェイトとロックは激しい対抗関係にあったが，ダリエン計画のような重要問題への対処に当たっては，両者の意見に食い違いは見られなかった。特にロックは計画を相当に敵視していたようである。Steele (1968: 23–25, 37–38) を参照。

なお，リカウトはかつてのスミルナ領事で，レヴァント会社の一員であったノース (Dudley North, 1641–91) から「トルコ人の信仰と習俗についてのサー・ポール・リカウトの書物は実に皮相的で，多くの場合間違っていた」と酷評された (North 1744: 133)。

民地建設計画をイングランド人が援助することは認められない，と結論した（Armitage 1995: 109）。そして1699年，各イングランド領植民地に対し，スコットランド会社への一切の支援を禁じる国王布告が出されるのである。

　以上の事情から，スコットランドは単独でこの困難な遠征計画を敢行せねばならなかった。内地での資金調達に限っては，エディンバラでの出資受付開始日（1696年2月26日）にフレッチャーが1000ポンドの提供を約したのをはじめとして実に順調に進み，受付の締切られた同年8月1日までに，40万ポンドに上る資本がハイランドとヘブリディーズ諸島を除く各地域から会社に寄せられた。

　1698年初夏，フレッチャーは『スコットランド事情二論』を出版している。このうちの「第一論」において，彼は，スコットランドの土地税収を在ロンドンの国王の常備軍維持に供することはやめ，この資金を目下進行中のダリエン計画に投資するよう説いた。このフレッチャーを，クラークは次のように評している。

　　若い頃にオランダで過ごしたことのある，共和主義的信条を持った人物で，亡き国王ジェイムズのもとで財産を没収されたが，その後，国王ウィリアムのもとで議会制定法を通じてそれを回復した。彼の気質は少し変わっていて，雄弁にひどく傾きがちな人物であった。彼は議会で多数の演説を行い，それらはすべて出版されているが，即座の答弁をなすのはあまり得意ではなかった。しかし彼は実に正直な人物で，その理性が気分，激情，偏見に支配されてしまう場合を除けば，自分の言ったこと，行ったことのすべてに誠実であった（Clerk 1895: 49）。

　すでに述べたように，デフォーはフレッチャーら共和主義者が用いる言説への直接的対抗を要請されつつ筆を執ったのであるから，ここで最有力の共和主義者の著作を取り上げておくことは，デフォーの言説について考察する際に欠かせない前提と言えよう。

第 5 章　デフォーと合邦のレトリック　　　　　　　　　　　　　　　　245

　フレッチャーは言う。前年に九年戦争は終結し，もはや常備軍は不要のはずだが，それはなおも維持されようとしている。「この国で平時における常備軍の維持が企てられている真の理由」は何であろうか。それは，「世界で最も富裕な 2 国」すなわちイングランドとオランダの防衛のためではないのか (Fletcher 1698: 25–26)。平時の常備軍を維持するため，スコットランドは年 8 万4000ポンドの，イングランドは年35万ポンドの税を課されることになるが，後者の有する国富が前者の30倍に達することを考慮に入れれば，これは比率からして明らかに公平性を欠き，前者の負担額は過大である。この巨資が仮に産業に投下されるならば，いかほどの利益を回収できることであろうか。「毎年，農業，手工業，交易に費やされる 8 万4000ポンドは，スコットランドで数多の事柄をなすであろう。それらの軍を構成することになっている士官や兵士のすべてを（別の暮らし方にはなるが）養うだけでなく，この国をはるかに豊かにするだろう」(27)。

　　手工業，農業，交易に雇用される人々は兵士たちと同様に消費し，おまけに彼らの勤労（labour and industry）は国に富の余剰をもたらすが，逆に兵士たちは支払える量の倍を消費し，怠惰に暮らす (28)。

産業投資が勤労を通じて国富を増し，さらに多くの人員を雇用していく一方で，常備軍は怠惰と過剰消費しかもたらさない。スコットランドでは，かねてより「その才能を交易や農業において生かし，国に改良を，その世襲財産に増大をもたらすべきであった」ところの貴族やジェントリの子弟たちが「怠惰で，ほとんど犯罪的で，ほぼつねに無益な種類の生活」に，つまり堕落した傭兵の生活に耽ってきたが，そうした状況から脱却せねばならないのが現在のスコットランドなのである。したがって「平時における何らかの常備軍維持は不要なだけでなく，この国の福利厚生にとって破壊的でもある」と，フレッチャーは断言する (28)。

　かつてスコットランドには 6 万から10万の屈強な民兵がいたが，やがてヨーロッパの様相は変化し，民兵制の衰退と傭兵制の成長が趨勢となっ

た。各国は傭兵を雇い入れる「金の力」で名声を保たざるをえなくなり，「大規模な交易」なしには，その力を保てなくなった。「この大変化に際して，われわれの状況はとりわけひどく，とりわけ不幸であった。幾分かはわれわれ自身の過ちによるが，また幾分かは他国［イングランド］に国王が移動したことによる」。以来，スコットランドは「ヨーロッパのなかで唯一，通商に身を入れていない地方」として，周辺国に見下されている。こうした状況から立ち直り，「この国に名誉と安寧を取り戻す」には（10-11），いま，何を試みればよいか。

> 誰の考案というのでもない，ただこの国民の気風の不意不測の変化を通じて，彼ら全員の思いや好みが，まるで高次の力によって団結させられ，導かれたかのごとく，交易に向かわせられたように思われるし，その促進のために，互いの気脈が通じあったようにも思われる。そして交易こそが，われわれを現在の惨めでさもしい状態から解放してくれる，唯一の手段なのではなかろうか（12）。

　良港を有し，資源の豊富な海や湖に恵まれながら，それらから利益を引き出せずにいたスコットランド。貧民の雇用に全く注意を払わず，交易や手工業において雇用のない数多の家族を「帰国の意志を持たせぬまま」毎年国外に流出させてきたスコットランド（12）。だが，あたかも「高次の力」に導かれたかのように，突如として内的革新を経験したこの国の人々は，交易を促進し発展させるべく，ついに「希望のすべて」を賭してダリエン計画に乗り出したのであった（10）。
　無論，この国民的事業には大きなリスクが伴う。荒波で船が失われるかもしれず，長期の航海や気候差から病人が出るかもしれず，計画を導くべき指導者たちが命を落とすかもしれず，新鮮な食糧に事欠くかもしれず，海上や陸上から攻撃を受けるかもしれず，その他，開拓者にはつきもののあらゆる災いが降りかかるかもしれない。フレッチャーは特に「食糧や最低限の必需品のわずか数日間の不足が，しばしば最も偉大な事業を台無し

第5章　デフォーと合邦のレトリック

にしてきたし，この種の事業の大部分がそうなった」として，必需品の絶え間ない供給の必要性を訴える（9）。それを可能とするためにはいっそう十分な資金が必要であろうし，ゆえにこそ，彼は土地税収を計画の支援に振り向けるよう，強く主張したのであった。

> イングランドとオランダの交易を保護する軍事力の維持を目的として王国に土地税を課すのではなく，われわれはそれを，われわれ自身の交易の進展のために徴収すべきである。そして（国民はこのインド貿易に実に広範な関心を寄せているので，神が許さぬその崩壊は，まず間違いなく，それとともに王国の全交易の崩壊を引き起こし，今後何か大きな事柄を試みようという思いを，絶えず挫いてしまうことになるだろうから）その支援のために12か月分の土地税が賦課されるべきである。その資金が会社の交易を通じて生んだものは何であれ，国の抱える公共の苦しみを和らげていくだろうし，いつ何時でも，純利益から配当を得られるであろう。会社は，期待していた，つまり外国人から得られたかもしれなかった資金供給を不当にも妨げられたのだから，会社が議会に救済を依頼するのは全く理に適っており，議会が救済決議を適当と見なせば，会社は直ちに，土地税信用に基づく資金貸付を獲得できるだろう（17–18）。

しかしながら，議会は決してこのような救済決議を行わなかったのである。

　1698年7月，最初の遠征隊がダリエンに向けて出立した。そのなかには，前年9月に友人による資金横領の責任を問われて役員の地位を失い，個人の身分で参加したパタスンの姿もあった。およそ1200名の遠征隊は，同年11月，新カレドニアの建設予定地に到着する。だが，熱病やスペイン軍に襲われて隊員は次々に倒れ，同行していたパタスンの妻子も死の床につく。遠征隊は結局，植民地建設を中断し，故国に引揚げざるをえなかった。先行隊の悲劇の報が本国に伝わる前の翌年6月，第二次遠征隊が船出するが，再びスペインの攻撃を受け，1700年4月に植民地を完全放棄して

帰国の途につく。この間，船隊の大半が失われた。こうして遠征は挫折し，多額の投資金を一挙に喪失したスコットランドでは，イングランドとその東インド会社に対する怨嗟の声が高まったのだった。

デフォーはパタスンの友人であったから，ダリエン計画をめぐる事情を知ることに困難はなかったはずである。1703年，政権批判によって窮地に陥ったデフォーが「ある紳士」すなわち当時の下院議長ハーリの人格を賞賛する内容の書簡を寄越したとき，この書簡を旧知のハーリに回送してデフォーが政権の諜報員となる一契機をこしらえたのは，このパタスンであった（Defoe 1955: 4-7）。ただし，一部前述したようにデフォーの計画評は決して好意的なものではない。彼の第2論説は次のように主張している。

「イングランドの東インド貿易が，貿易を絶対主義的に管理して大いに圧政を布き，その他の商人を苦しめた，排他的な一会社による偏狭な諸規制を長らく被ってきた」事実にスコットランド会社が目をつけ，その排他的会社，すなわち東インド会社の「束縛を脱して東インド貿易に参画しようという提案に，イングランド商人たちが飛びつくであろう」と見込んだ点は，もっともであった（HU, I: 113-14）。しかし，スコットランド会社の役員たちはその後の見通しに甘すぎた。大計画を掲げて他国商人の助力を期待したのはよいが，「彼らがもし，このことがイングランド政府の反発を招くこともなく，公共の懸念を引き起こすこともないと予想していたのだとすれば，あまりにも近視眼的だったか，他者が眼前の事情に関して非常に無知だと，信じ込んでいたに違いない」（114）。東インド会社は早速議会に働きかけてイングランドからの出資を妨げ，利権の侵害を恐れるスペインに配慮した国王も，前記の布告を通じてイングランド植民地からの計画支援を禁じた。もっとも，「役員たちが正しい行動をとってさえいれば，そうした布告は何ら損害をもたらさなかったはずだ」とデフォーは注記する（115）。では，その「正しい行動」とは何か。

　ダリエンに拠点を構えたスコットランド会社が資金か信用状のいずれかを携

えていれば，通交を禁ずるイングランド側の布告にもかかわらず，決して食糧に困窮することはなかったし，その他の災害に出くわすこともなかったのである（116）。

イングランド領ジャマイカやオランダ領キュラソーなど，スコットランド会社が十分な購入手段を有していたなら，国王布告にもかかわらず商取引に応じるはずの地域も存在した。実際，食糧を積んだ帆船が数隻，彼らのもとを訪れたが，現金も手形も持たないのを知って立ち去ったというではないか。困窮の要因は「かの地の取引業者を刺激するに十分なもの」を備えていないことにあった。仮に禁止措置がとられていなくとも，資金不足の人々に食糧を供給してくれるほど気前のよい農園主や商人を周辺植民地に見出すことができたとは考えにくい（116）。

つまり，ダリエン計画には，企図についても，その遂行方法についても，大きな難点があった。独占企業体たる東インド会社が自らの貿易に対する侵害を過剰に騒ぎ立てるのは確かに問題だが，スコットランド会社が自らの無計画を棚に上げ，失敗はイングランドの妨害に専ら起因すると不平を唱えるのも当たらない。いずれの立場も「物事の根拠や理由の探究」を欠いているのである（116）。前者はその「圧政」が何を招いたかを，顧みるべきであろう。後者は，資金不足による食糧難が計画の失敗を決定づけた「根拠や理由」となったことを，認めるべきである。

こうした議論は，資金や信用の不足による計画の破綻を最も警戒したフレッチャーの言葉をまさに彷彿とさせる。デフォーがフレッチャーの「第一論」を読んだという直接の証拠は見当たらないが，彼の蔵書録中に見出されるフレッチャーの議会演説集は，その傍証となるであろう（Heidenreich 1970: 64）。

V―グレンコー事件と王位継承問題

1692年2月13日未明，ハイランドのグレンコー谷を根拠地とするマクド

ナルド (MacDonald) 氏族の数十名が，スコットランドの法務長官と国務長官を兼ねるダルリンプル（のちのステア）の命を受けた軍の部隊に殺害された。これが，第2に挙げられている「グレンコー事件」である。

　名誉革命直後のハイランドでは氏族の半数以上がジャコバイトであったとされるが (Hoppit 2000: 249)，こうした状況を警戒するイングランド政権は，1692年1月1日を期限として，ウィリアム3世およびメアリ2世に対する忠誠の誓いをハイランド諸氏族に要求した。だが，手違いからマクドナルド氏族の長による宣誓が遅延し，そのことが宣誓拒否の嫌疑を招く。そしてウィリアムの裁可を得たダルリンプルがマクドナルド氏族懲罰令を発し，軍による凶行を招いたのである。この惨劇は，スコットランド事情に関する国王の無知とわずかな手違いによる誤解とが，過剰な警戒心を惹起したために引き起こされたものと見てよい。

　デフォーは亡き国王ウィリアムの弁護に努めている。スコットランド軍総司令官リヴィングストン (Thomas Livingston, c.1651–1711) に下された懲罰令は正当な見地からのもので，虐殺について「国王自身は完全に潔白であると思われ」，「国王や，国王に雇われた者たち，それに国王のもとで指示を出した人々に対する非難は，党派的に用いられた」という (HU, I: 120–21)。現代の歴史家によれば，事件後，国王個人に対する非難は実際上ほとんど見られず，事件は専らダルリンプルを政権から追い落とす口実に利用された (Riley 1978: 206)。なお，事件後に法務長官を辞職したダルリンプルの後任が，ステュアート (James Steuart of Goodtrees, 1635–1713)，つまり同名の経済学者の祖父である。のちに条約起草委員の一人としてロンドンを訪れるダルリンプルにデフォーが面会したことには，すでに触れた。

　第3の「王位の継承と制限に関する諸困難」は，1701年6月にイングランド議会法として成立した王位継承法，正式には「王権のさらなる制限と臣民の権利および自由のよりよい保障のための法律」をめぐる対立を指し，第4に挙げられた「スコットランドの安全保障法」と密接に関わっている。

　すでに前章で触れたように，王位継承法はアン女王の後継者をハノー

ヴァー選帝侯妃とその血統者に定めていたが，この法がエディンバラへの諮問なしに制定されたことがスコットランド側を憤らせた。これに反発したエディンバラの議会は，1703年8月，王国の名誉と主権，議会の権限，国民の自由と交易等がイングランドを筆頭とする外国勢力によって保障されない場合，女王の没後，「スコットランド王家の系統で，真のプロテスタント信仰を抱く」国王をイングランドとは独立に選出することを定めた安全保障法案を通過させた（Browning 1953: 678）。この法案では，「通商の自由，航海の自由，植民地建設の自由」が強く要求されており，イングランドの航海法に対する積年の憤りはもちろん，直近のダリエン計画の恨みも露骨に表明されていたが，翌年の法律文からはこうした文言が消える（Trevelyan 1936, II: 236）。

さらに，同議会は「戦争と平和に関する法」と「ワイン法」を制定して，反イングランド姿勢と自律への志向を明確にする。前者は，女王没後における戦争の遂行，条約ならびに同盟の締結については，スコットランド議会の同意を必要とする旨を定めたもの，後者はイングランドのフランス産ワイン輸入禁止令に対抗し，その輸入を認めるものであった。

この時期の両国では，イングランド国王すなわちスコットランド国王であると強弁するイングランド優位論者に「スコットランドの太古性，自由，独立」を掲げる論者が切り返し，両陣営間で「ペンとインクの戦争」が繰り広げられたとデフォーは言う（HU, I: 124）。実際，スコットランドの歴史家アンダースン（James Anderson, 1662-1728）は，フィルマーやブレディ（Robert Brady, c.1627-1700）を古来の国制論に基づいて論駁したことで知られるイングランドの法律家アトウッド（William Atwood, d.1712）の打ち出したスコットランド王権劣位論に応酬し，ホッジス（James Hodges）なる人物とともに，1705年，スコットランド議会から多額の報奨金を贈られている[7]。このような史実に関し，「イングランド国王が［1533年，ヘンリ8世治下に定められた］上告禁止法（Act in Restraint of Appeals）によって要求する主権ないし帝権（empire）は，三王国時代［＝1533年から1707年まで］のイン

---

7) Takeda（2007）はデフォーとホッジスの間にも論争が行われたと見る。

グランド史への鍵であり，『長い18世紀』を通じていまや［第一次選挙法改正が行われた］1832年にまで拡張されているところの，初期近代史のさらに長大な期間への鍵でもある」ことを指摘しているのは，かのポーコックである（Pocock 1995: 322）。

VI―ウスター号事件が語るもの

　第5の事件を取り上げる前に，デフォーが最後に挙げている「ウスター号の拿捕と船長グリーン他数名の処刑」という出来事について，見ておきたい。

　1704年7月，イングランド商人グリーン（Thomas Green, c.1678–1705）を船長とするウスター号が，カルカッタからロンドンへの帰途フォース湾に停泊したところ，突如，スコットランド会社役員の指示によって拿捕された。フランスの私掠船を警戒したグリーンはドーヴァー海峡を避けて迂回路をとったのだが，それが裏目に出た。これより半年前，東インド会社の特権侵害を理由にスコットランド会社所属のアナンデール号がダウンズ錨地で拿捕される事件が起きており，ウスター号を東インド会社船と見た役員はその報復措置に出たのだった。だが皮肉なことに，ウスター号は「まさしくダリエン会社と同じく東洋の暴君［東インド会社］に敵意を燃やす，もぐりの貿易船，『独立資本船』」だったのである（Trevelyan 1936, II: 250）。

　デフォーが東インド会社の貿易独占に苦言を呈したことはすでに述べたが，彼は同時に次のようにも語っていた。

　　東インド会社の資本を公開のものとし，実に巨大で，実に利益の大きい貿易を増進するための数多の試みがなされたが，会社はそういう試みをすべて阻害し，侵害者を誰も寄せつけなかった。もっともそれは，政府に対する200万ポンドという莫大な貸付金によって，ついに新東インド会社が特許状を獲得し，［旧東インド］会社に対抗して設立されるまでのことであったが。激しく取っ組みあいながら競いあった両社が，いったいどれほど，全国民を困

惑させたことか（HU, I: 113–14）。

　デフォーの言うように，ダリエン計画を阻止した際に劣らぬ「活発なロビー活動や贈賄行為」を展開した旧東インド会社であったが，「財政的に逼迫した政府に8分利子で200万ポンドの貸付を申し出た」新東インド会社側に先手をとられ，1698年9月，東インド会社は新旧2つに分裂する（Hoppit 2000: 275）。

　この間の事情とその後の展開については，スミスが『国富論』の最長段落中で詳説しているが，それによれば，旧東インド会社は政府に4分利子で70万ポンドの貸付を申し出たものの拒否され，新会社の設立を許したとはいえ，1701年まで独自に貿易を継続する権利を保持していたし，また，巧妙にも新会社の資本金に「会計係の名義」でひそかに31万5000ポンドを出資するという手も打っていた。旧会社の姿勢がこのように敵対的であった以上，「1702年に女王を第3の当事者とする三者協約を結び，2つの会社がある程度連合」するまでの数年間に，「両社を破滅寸前にしたと言われる」ほどの熾烈な競争，あるいはつぶしあいが生じたのである（Smith 1789, III: 133／訳（III）93）。

　ここで強調しておくべきは，交易植民委員会主導の海賊討伐が大々的に繰り広げられたのも，この同じ数年間だったということである。1700年6月に「われわれが海賊との戦争状態にあることは間違いない」と述べたのは，当時のヴァージニア植民地総督であった（Steele 1968: 57）。この時期のインド洋では海賊が植民地商人に東インド産品を横流しし，東方の特権貿易に揺さぶりをかけていた。海賊の脅威は，敵愾心を高める新旧東インド会社が互いを海賊行為加担の廉で難じ，そろって信用を落としたことから，ますます深刻化する。これを受けて交易委員会はマダガスカル沖合の海賊基地攻略を計画し，1699年，このインド洋遠征計画は実行に移される。だが，巡航した艦隊は抑止力として機能したものの，海賊の巣窟と化していた小島の攻略は果たされず，さしたる成果は上がらなかった。その翌年に「海賊対策法」が成立し，植民地で捕縛した海賊をイングランド本

国の法廷で厳格に裁くことが可能となるにいたって，対海賊戦争は終息に向かうが，1701年初めの恩赦で監獄から解放された彼らの一部は，再び海賊行為に手を染めていく。

ウスター号は海賊船ではなかった。しかしデフォーによれば，船の拿捕によってスコットランド逗留を余儀なくされ，船長への不満を強めた「乗組員のうちの数名が，酒に酔ってかどうかはわからないが，自分たちが海賊行為を働いたことを暗示する何らかの言葉を漏らして，特に，その場で流血があったことをほのめかす実に怪しげな話をつい口に出した」(HU, I: 127) ために，行方不明のスコットランド会社船スピーディ・リターン号がインド洋でウスター号に襲われ，船長以下皆殺しに遭ったという噂が何処からか持ち上がる。同号は，ほとんどの派遣船を不幸にも沈ませたダリエン計画から辛くも帰還した「わずか3隻」中の1隻であったから (Whatley 2006: 166)，スコットランド人の反イングランド感情はさらに刺激された。噂はそのまま容疑に変じ，グリーンら乗組員は逮捕され，スコットランドの法廷で有罪を宣告される。これは全くの濡れ衣であった。スピーディ・リターン号が襲撃を受けたのは事実だが，それはマダガスカルの海賊の所業だったことが，イングランドに生還した同号の元乗組員の口より語られていたからである。

しかし，エディンバラのスコットランド枢密院は女王からこの真実を知らされながらも，グリーンらの有罪を妄信して彼らを許すなと唱和する世論に屈し，1705年4月11日，グリーン他2名の処刑を断行した。「暴力的な方法」に取りつかれつつあったエディンバラの民衆は，枢密顧問官や治安判事たちに「デ・ヴィット」(Johan de Witt, 1625–72) と同様の末路をたどらせかねなかったと，デフォーは言う (HU, I: 129)。「少数の最も優れた心の持ち主を除けば，上から下まで，情念に判断を曇らされていた」(Trevelyan 1936, II: 251)。この出来事は，当時のスコットランド国民が懐いていた反イングランド感情の強さを，如実に示すものと言えよう。

事件の経過をたどるなかで，デフォーは「群衆が枢密院を動かしたと言うつもりはない」としながらも，「正義を求めて絶叫する」群衆ないし民

衆が「治安判事らや枢密院さえも，公然と脅迫した」のは確かであるとして，処刑当日に起きた次の一件を挙げている。

> 枢密院の評議が終わってすぐ，大法官は退出して，馬車で街路を下っていた。交差点に差しかかったとき，誰かが大声で「治安判事たちはごまかしただけだ。枢密院は罪人の処刑を延期した」と唱え，それは野火のように，あっという間に人々の間に広まった。激怒した彼らはすぐさま後を追って街路を駆け下り，ちょうどトローン教会 (Trone-Church) のところで馬車を止めて，ガラスを割り，従者に暴行して，大法官を馬車の外に引きずり出したが，大法官の身の危険を案じた友人数名が彼を人家に連れ込んだので，彼自身は傷つけられずに済んだ。閣下 [大法官] が，あの者たちは処刑されることに決まったと彼らに断言しても，無駄であった。そのときの彼らは聞く耳を持たず，街全体がどよめいていて，市の民衆だけでなく，近隣のあらゆる地方の民衆までもが一緒になってやって来ており，彼らを鎮めることができるのは，ただ，囚人の血だけであった。処刑がその後直ちに行われていなかったら，どのような災いが生じたか，わからない (HU, I: 129-30)。

スコットランド大法官シーフィールドは，このとき「グリーンの有罪に重大な疑問を感じていた」が，そのような感性は例外でしかなかった (Trevelyan 1936, II: 253)。デフォーによれば，グリーンらの処刑は「あらゆる事柄が重なりあい，一人の人間のみならず一個の国民さえもが，別のときならたとえ同じ証拠があっても信じないはずのひとつの信念に取りつかれてしまうような危機，ないしは事態の転機」に直面したスコットランド人の特殊な心理状態の帰結であった。彼はフレッチャーの「不意不測の変化」「高次の力」を想起させる言語を用いて，さらに次のように述べる。

> その際，人はある種の超自然的作用によって動かされているように思われ，あたかも見えざるものに導かれるかのように，摂理によってなすべきことを教えられた何らかの特定の事柄を遂行するが，それは彼自身のために，彼の

計り知れない叡智によってのみ知られる（HU, I: 128）。

つまりスコットランド人は，いわば黙示録的な救済の物語のなかにいるのであって，そこでは罪なき人の犠牲もまた，特定の役目を果たすのである。だが，このような言説から，預言書を脇に抱えた伝道者としての素顔を直ちに読み取るのは性急に過ぎる。デフォーの用いる終末論的語彙は，必ずしも彼自身がそうした世界観の虜であったことを意味するものではない。著者の作業すなわち叙述とは，そもそも，各時代における読者層の一般通念（そこにおける語彙の連関）に訴えかけることを前提としているからである。

エディンバラで刊行された『合邦史』の読者となるのは，まずもってスコットランド人である。デフォーはフレッチャーにおいて典型的に現れている共和主義的，カントリ的な思想と語彙に十分配慮しながら，それを摂理のレトリックと結いあわせることによって，「名誉と安寧」の回復を求めるスコットランドの人々の自律心と自負心を満たすような「歴史の糸」を紡ぎ出し（HU, I: 126），救済の物語を編み上げたのである。

Ⅶ──外国人法の撤廃と「見えざる手」

1704年8月，女王が安全保障法に裁可を下したことから，イングランドの反スコットランド感情もまた大いに高まりを見せることになった。この頃の両国の状況を，デフォーは次のように記述している。

この時期，双方の党派によって高められた両国民の怒りはまさしく最高潮に達し，すべてが苛立ちと憤慨に向かい，落ち着いた人はいずれの側にも見られないかのようで，両王国全体の善に少しでも関心を払う人々は，ただ戦争が不可避であるということのみを予想していた。そして実際，このような事態があとほんの少しでも長く続いていたら戦争を避けることはかなわなかっただろうし，ブリントハイムの戦いを前にしたその年，フランスとの戦いの

きわめて激烈で重大な局面を迎えていたヨーロッパにとっては最悪の時期に，戦争となってしまったことだろう（HU, I: 135）。

　すでに述べたように，ブリントハイムの戦いとは1704年 8 月13日にバイエルンを舞台に行われたスペイン継承戦争上の一大会戦を指す。戦闘でフランス側はイングランド側の 3 倍以上の兵員を失う大敗を喫し，このことが戦争の大局に深甚な影響を及ぼした。ブリントハイムの勝利はイングランドにとってもスコットランドにとっても少なからぬ意味を持ったが，それによって直ちに両国間の緊張が緩和されるわけではない。安全保障法は成立した。そしてこれ以降，スコットランドは全国を挙げて民兵を徴募し，南西部のエアーシアだけでも「7000」の民兵軍が組織されていく（Trevelyan 1936, II: 247）。デフォーの言うように，この時期，大ブリテン島内乱の危機は最高度に高まっていた。

　1705年 3 月，ウェストミンスターは「安全保障法に由来する危害を防止するための法律」とデフォーが呼ぶところの，外国人法を成立させた。同年12月24日までにスコットランドが安全保障法を撤回しなければ，イングランドはクリスマスの日をもってスコットランド人を（一部を除き）外国人と見なし，かつ，リネンや石炭，牛といったスコットランド主要産品の輸入停止を行う旨を定めたのが，この「私に言わせれば最も愚かで，不当とすら言える法律」である（HU, I: 135）。すでに見たように，翌月にはスコットランドの群衆に取り囲まれたグリーンが公開処刑された。こうした状況が続くなら，デフォー曰く「全世界といえども，両国民の間の戦争を防ぐことはできなかったはず」だった（137）。

　デフォーは，ここにおいて「神の摂理」すなわち「見えざる手（an Invisible Hand）」の力が働いたと言う。「これらの混乱がまさしく両国民に分別をもたらすものとなり，つまりは彼らにより落ち着いた気質をもたらす当のものとなった。生まれ故郷の真っ直中で血みどろの戦争が起こり，没落と荒廃の相当部分を必然的に分かちあうことになるという結末が，双方の最も思慮ある人々の両目を開かせた」というのである（137）。

デフォーは続ける。1705年初夏の下院総選挙の結果は「イングランド政権を完全に変化させ」(138)，スコットランドとの合邦に強硬に反対していた高教会派トーリの多くが落選した。そして新議会の場において，スコットランド国民は「自由の国民であり，彼らが望ましいと考えるならば，いかなる国とも自由に貿易を行うべきである」点が力説され，「このような主張は，かつて権力を掌握していた者たちの専制主義からいまや完全に回復した行政の支持を受けて，すぐさま議会を外国人法の撤廃に向かわせ」た。こうして「いまやスコットランドは公平な処遇を期待できたし，自由と名誉の伴う交渉の場をも手にした」のである (141)。

　1705年11月，イングランド議会はスコットランドが合邦条約起草委員の任命に同意したことを受けて，外国人法の撤廃を決めた。そして翌年4月，合邦条約起草委員会が招集される。既述のように，デフォーは高教会派トーリの論敵としてスコットランド人の間で名声を博していたが，スコットランド長老教会を目の敵にしていた高教会派に悪のすべてを背負い込ませ，最後に舞台から降ろして救済の物語を完結させるかのごときこの叙述は，スコットランドの「自由」や「名誉」の強調と合わせて，かの国の読者によって好印象とともに記憶されたに違いない。

　合邦条約案は，1707年1月にエディンバラの議会を通過したのち，同年3月，瞬く間にウェストミンスターでも承認された。条約は5月1日に発効し，これによってスコットランド議会は解体して，ウェストミンスターに61（下院45，上院16）のスコットランド代表議席が新たに設けられた。また，植民地を含む「大ブリテン」領内の貿易自由化，通貨・度量衡・税制等の財政制度と公法の統一がなされ，さらに，合邦以前に契約されたイングランド国債の償還を，以後は間接税引き上げのかたちでスコットランドも負担することの代償金や，ダリエン計画の損害補償金として，約40万ポンドがスコットランド側に支払われた。この代償額の計算にはパタスンとクラークが携わっている。

　なお，スコットランド長老教会制度と大学制度は，ほぼそのままの体裁で保持される。

Ⅷ──結び

　アダム・スミスは，のちに『道徳感情論』のなかで「ヨーロッパのいっそう多くの主権国家の自由と独立について，国王ウィリアム［3世］は真の熱意を抱いていたように思われるが，それはおそらく，当時それらの自由と独立を専ら脅かしていた国家，つまりフランスに対する，彼の特段の反感によって，大いに強められたことだろう。同じ精神の少なからぬ部分が，アン女王の最初の政権に伝えられたように思われる」と述べているが (Smith 1790, II: 101／訳（下）136)，ウィリアムの対フランス路線を引き継ぎ，目下スペイン継承戦争を遂行しつつあった合邦前夜のイングランド政権にとって，北方ブリテン情勢の安定化こそ急務であった。そして，デフォーはその「アン女王の最初の政権」の諜報員を務めたのである。

　この政権はトーリを直接の支持母体としてはいたが，スペイン継承戦争という膨大な戦費を要する大陸戦争をたたかうため，1690年代にジャントー（コート）・ウィッグが始めた財政金融革命を継承せねばならなかったし，同時にカントリの反対を抑えて予算編成を迅速に行うため，公信用の膨張を警戒しながら社会経済的変化の舵取りに努める必要があった。コートの精神を相互依存＝信用と革新，カントリの精神を古来国制＝徳と自律として把握するならば，当時の文脈においては，そこにリベラルと功利を原則とするウィッグと，主従関係と権威を原則とするトーリという別の対立軸がクロス・オーバーして，社会思想は複雑な展開を示すことになる。そこにおいて，土地と交易ないし商業とは対立関係によって捉えられはしなかったが，信用体系への全面的依存は巧妙に回避されていた。

　もっとも，変化の過程は不可逆と認識されていた。ゴドルフィンそしてハーリは，特定の党派的利害への固執による変化の停止，あるいは変化以前に存したとされる理想状況への回帰ではなく，当初から穏健路線を志向することによって，その舵取りを試みたのである。つまり，過渡的状況のなかでコート的なるものとカントリ的なるものを折りあわせることに，政

権の最大の課題を見出していたと言えよう。変化自体は不可逆であっても，変化の幅と速度は操舵手の技量に少なからず依存しているだろうから，ブリテン内における党派横断的な支持を獲得するという至上命題のもと，説得の術を駆使した実践が求められた。

　諜報員としてこの実践の役割を直接に引き受けたのが，デフォーであった。北方ブリテン出身の新ハリントン主義者フレッチャーの愛国的，共和主義的言説のうえに現れるような，いわば最大のカントリとしてのスコットランドとの合邦は，このような路線上において初めて実現をみたのである。よって，デフォーの『大ブリテン合邦史』は，最大のカントリとの直接の交渉のなかから生まれ出た説得の書物としての性格を，史書としてのそれ以上に色濃く有していると言えるだろう。古来の国スコットランドに暮らす人々の自律心を巧妙にくすぐるレトリックを交えながら，スコットランド救済の歴史物語として編まれたものこそが，この『合邦史』だったのである。

結びにかえて

　本書の結びにかえて，デフォー研究の今後の見通しをめぐる筆者の所見を，ここで述べておきたい。叙述に当たっては，近年のデフォー研究のひとつの水準を示していると考えられる 2 冊の研究書，すなわちマニュエル・ションホーンとキャサリン・クラークのそれを取り上げ，両著の内容を紹介しながら，王政復古期に青年時代を過ごしたデフォーの思想の深部に，前近代的なるもの，非近代的なるものを見出そうという彼らの試みが，どこまで妥当性を有しているかにつき，簡単ではあるが考察を加えるというかたちをとりたいと思う。

Ⅰ ─国王観

　ションホーンは，「ダニエル・デフォーが生涯を通じてイングランドの立憲君主政とその混合政体の，とりわけウィリアム 3 世と1689年革命の，強力な支持者であったことは否定できない」としながらも，17世紀末から18世紀初頭にかけて，「『たとえ不合理であろうと，革命に黙従しながらもなお，統治に対する神の何らかの是認を渇望していた』大勢のイングランド人が存在していたように思える」と述べ，「ダニエル・デフォーは，われわれが読むことのできるイングランドの著述家なら誰もがそうであるという程度に複雑で矛盾を抱えた著述家であり，そこには数多くのデフォーがいる。そしてある一人のデフォーにとって，『近代的』ないし『ロック的』政治パラダイムは人を過たせるプロクルステスの公式なのであった」とする（Schonhorn 1991: 161）。

　この解釈は，ションホーンがデフォーの国王観に焦点を合わせ，そこに「武人王（warrior-king）」の理念を見出したことから導き出された。「ある一人のデフォー」が理想とする国王とは，『旧約聖書』の神によって軍事的統治を是認された存在であり，それは指導者における至高の権威の要素に

武器を含めなかったプラトンにとっての「哲人王」とも，軍人を失政への奉仕人として糾弾したエラスムス（Desiderius Erasmus, c. 1466–1536）にとっての「平和なキリスト者君主」とも異なるものである。ションホーンによれば，デフォーは「人民を専制から救う『旧約聖書』の武装した預言者のごとき，軍人たる救い主」としての国王を理想としており，具体的には古代イスラエル王サウル，ダヴィデ，あるいはソロモンのような，「征服者たる王」を思い描いていた（4–5）。

デフォーが国王ないし君主を「武装した預言者」に重ねあわせていたのだとすれば，彼がマキアヴェッリの『君主論』をいかに読んでいたかが，問題となりうるであろう。なぜならマキアヴェッリは，自ら先頭に立って新しい制度を導入することほど困難なことはないがゆえに，運命ではなく，自らの「力量（virtù）」を頼みに君主となろうとする者は，いざというときに備えて武装しておかねばならない，と主張しているからである。古代イスラエルのモーセが成功したのに対して中世フィレンツェのサヴォナローラ（Girolamo Savonarola, 1452–98）が失敗したように，「軍備ある預言者はみな勝利したが，軍備なき預言者は滅びてきた」（マキアヴェッリ 1998: 46–47）。

II—蔵書

ここで注目すべきはデフォーの蔵書である。1731年4月のデフォーの病没から半年ほどして，ロンドンの書籍販売業者ペイン（Olive Payne）が『フェアウェルとデフォーの蔵書目録』*Catalogue of the libraries of the Reverend and learned Philips Farewell, D. D. late fellow of Trinity-College, Cambridge; and of the ingenious Daniel De Foe, gent. lately deceas'd*（ラテン語表題省略）を公にした。表題の通り，これはデフォーの蔵書とケンブリッジ大学トリニティ・カレッジのフェローであったフェアウェル（c.1688–1730）の蔵書とを一括して紹介したもので，書籍を判型，言語，大まかな主題の別によって分類したうえで各々に番号を付し，書名，刊行地，刊行年の基本情報を

結びにかえて

掲載している。目録の扉には,「書籍の状態は実に良好」であり,「1731年11月15日の月曜日」以降「たいへん安価」に売却されると記されているが,これはつまり,2人の蔵書がその後競売にかけられたことを意味する。さらにペインは,「様々な国々,特にイングランド,スコットランド,アイルランドの歴史や遺物に関する珍しい書籍の集成」「議会事情,政治,農業,商業,航海,自然誌,鉱山,鉱物などについての珍しく貴重な数百の小冊子」が蔵書中に含まれている旨を注記している。

20世紀後半,ヘルムート・ハイデンライヒがこの目録を再編集し,詳細な序文を添えて出版した。彼はその序文において,ペインの原目録には1745点分（主目録1476点と補遺278点の和は1754点だが,重複あり）の番号が付されているものの,実際には,小冊子を含めて約2200点の蔵書が収録されていることを明らかにする (Heidenreich 1970: xii)。この2000点を上回る数の書籍のうち,「正確にどれだけの割合がデフォーのものであったかについては,書籍販売業者［ペイン］が2つの集成を完全に再配列したせいで語れない」(xii–xiii),つまり不明である。しかしながら,「デフォーはフェアウェルの約30歳年長であり,一定の資力を有する独立人でもあったのだから,彼がフェアウェルよりも早期に書籍収集を始めていたと,そして売却品中に占める彼の割合は相対的に大きかったと想定することに無理はない」と言える (xxxiv)。とりわけ,ペインが扉に記した「議会事情,政治,農業,商業,航海,自然誌,鉱山,鉱物」を主題とする「数百」点の書籍の大半を所蔵していたのは,政治,経済,文化,歴史,地理,自然哲学,宗教等のありとあらゆる分野について論じえた英語圏最大の多作家,デフォーであったと推定することに無理はなかろう。そしてこの目録中には,マキアヴェッリの『君主論』も含まれているのである。すなわち「四折判のフランス語,イタリア語,スペイン語等の書籍」と題された分類のなかに,ジュネーヴ刊のマキアヴェッリ『著作集』*Tutte le opere*（全5部,1550年,ただし刊行年は疑わしい）を見出すことができ,「八折判ないし十二折判の雑多な書籍」中にも,『君主論』らしき書名 (*Princeps*) が見える。

ところでなぜ,これら2人の蔵書が合わせて売られることになったの

か。それはおそらく「偶然の一致」に過ぎず，両者の蔵書はたまたま同時期に，別々の方面からペインのもとに持ち込まれた可能性が高いと，ハイデンライヒは言う。ペインは，数名から蔵書を買い受けて，それらを一時にまとめて売り出すということを頻繁に行っていた (xxxv)。フェアウェルは無名の学者だが，デフォーにとっては「柵の反対側にいた人物」に当たるカンタベリ大主教ウェイク (William Wake, 1657–1737) の執筆活動を，舞台裏で手助けしていた可能性が高い (xxx–xxxiv)。デフォーは，非国教徒一般に対する複雑な感情を抱懐しつつも，イングランドないしブリテンにおける信仰の自由を確保するために奔走を続けたが，この大主教は，ハノーヴァー王位継承後の1710年代後半から20年代初めにかけて，国教反対者に対する宗教的寛容を激しく非難した。したがって，与した陣営の異なるフェアウェルとデフォーとの間に交流が持たれたとは考えにくい，というわけである。デフォーの蔵書は，彼の娘ソフィア (Sophia Defoe, 1701–62) の夫で，若き日に書籍販売業の見習いをしていた自然哲学者ベーカーを介して，ペインの手に渡ったのかもしれない (xxxvi)。

　以上より，確定的なことは言えないものの，デフォーがマキアヴェッリの書物から直接にその思想を学び取り，当時のイングランドないしブリテンの文脈に応じてその語彙を活用していた可能性は決して小さくはない。ただし，彼がその著作のなかで明示的にマキアヴェッリに言及することはきわめて稀である。ションホーンに言わせれば，デフォーはそもそも旧約聖書に多くを負っていたのだから，「君主の指導力に含まれる軍事的要素」について学び知るのに「マキアヴェッリを必要とはしなかった」のであった (Schonhorn 1991: 7)。

Ⅲ―三位一体主義

　クラークは，ションホーンの主張を引き継ぎつつ，「民主政的諸原理の擁護者からかけ離れたところにいたデフォーは，旧約聖書的な武人王の理想を抱き，彼にとっての殿堂をダヴィデやグスタヴ・アドルフのような人

物で満たしたいと考えていた」とする（Clark 2007: 6）。そして，こうした「武人王の理想」は，国王ウィリアム3世という具体的人格と分かちがたく結びつき，終末論的歴史観の枠組のなかで名誉革命体制を正当化しようという意図を，デフォーにもたらしたのだと言う。地上の人格に神性を見出しうる彼からすれば，国王ウィリアムはまさに救い主に他ならなかった。クラークは，デフォーの思想をあまりに理神論的ないしは世俗的に把握することの過ちを強調し，たとえ彼がピューリタンであったのだとしても，それは「三位一体主義（Trinitarianism）」を逸脱するものではなかったとする。つまり彼は，反三位一体主義の方向性を明確に示した18世紀後半のプライス（Richard Price, 1723–91）やプリーストリ（Joseph Priestley, 1733–1804）といった人々による「国教反対の流儀とは，かなり異なる事象としての，『古の国教反対（Old Dissent）』に忠実な」人物だったのである（2）。実のところ，デフォーは先行するジョン・ロックとも「根本的に両立不可能な」立場をとったが，それは「ロックの［ユニテリアン的な］ソッツィーニ［Fausto Paulo Sozzini, 1539–1604］主義が，デフォーの三位一体主義とは対極のスペクトル上にロックを配置した」ためであった（8）。

　従来，デフォーの思想はロックの「直系」に属するものと解されてきた（天川 1966: 149–50など）。しかしながら，「20世紀のロックではなく17世紀のロック」の掘り起こしが進むにつれて，これまでの近代的ロック像に依拠したデフォー像もまた修正を迫られつつある（Schonhorn 1991: 3）。デフォーの政治哲学を体系化した『神の掟によって』（1706年）を含む彼の全著作を通じて，ロックの思想的特徴とされる「自然状態における各人の正義執行権力」「労働価値説」「市民社会形成に際しての貨幣発明の役割」の3点への言及が見られないばかりか，同時代における彼は，論敵に対する「共和主義者，国王弑逆者，狂信者」のレッテル貼りを戦術的に展開していた「フィルマーの政綱と高教会主義」のプロパガンダ作者，チャールズ・レズリの手で，専ら強引にロックと結びつけられていたとするクラークの指摘からは（Clark 2007: 52, 55），教えられるところも多い。

　クラークはさらにこう述べる。デフォーは「社会経済的過程が政治的合

意の有効性を決定すると説く歴史的枠組を採用した」けれども，そうした世俗的，あるいは唯物的な歴史観に決して自足することはなく，時間の展開を神の意志の現れとしての「摂理」に結びつけた (93)。つまり，彼自らが経験的に観察した社会経済的事実を，三位一体原理を中核とする伝統的ピューリタニズムの持つ黙示録的，終末論的な世界観ないし時空観に親和的な進歩発展のシナリオに組み入れ，そうすることによって事実の収集から帰納される現実認識を摂理の導きという信仰に結びつけたのである。預言書を脇に抱えた伝道者としての一面を，デフォーは色濃く有していたことになる。もっとも，「人類史の摂理的解釈」を保持し続けるという意図のもとに，彼が「長期的な社会経済的発展というシナリオ」を生み出したことによって，「逆説的に，彼がまさに戦っていた相手の成長を手助けした」とも，クラークは主張している (12)。ここでデフォーが「戦っていた相手」とは，歴史の進展そのものを説明するために，もはや神を必要とはしなくなった人々，すなわち理神論者である。クラークの描き出すデフォーにとっては，ローマ・カトリックが偶像崇拝に陥っているのと同じく，理神論もまた理性礼賛という名の偶像崇拝に陥っており，そのままのかたちでは容認しえないものであった。

　よって，デフォーが著述活動を展開したのは，三位一体主義をソッツィーニ主義者や自由思想家の批判から擁護するためであったこと，彼がベーコン主義的な進歩や商業発展の観念を受容していたとしても，それは終末論的な彼の歴史観に相反しないと考えられるかぎりにおいてであったこと，さらに，このようなデフォー自身の意図に反して，彼が生み出した歴史叙述には信仰の領域にとどまらないはるかに大きな洞察が含まれていたことを，クラークは総括として提示する。そしてデフォーの伝統的信仰と新しい歴史叙述とが「連関していた」とする彼女のこの視点が，「啓蒙とは［三位一体の正統学説である］ニカイア神学から逃れ出ようとする試みであったという，また，18世紀ブリテンの歴史学は，聖と俗の時間の関係がますます重要性を失っていく流れのなかで発展していったという，一般的見解」に疑義を呈するものであると述べる (210)。

結びにかえて

確かに，デフォーに信条ゆえのモデレートとしての相貌を見出すことは可能である。彼の『コンソリデーター』(1705年)が直接の諷刺対象にしているのは，高教会派トーリとその影響を被っていた当時の下院だが，さらに，慣習の地平からあまりにも遊離していると見なされた哲学者たちも槍玉に挙げられている。次の一節を見てほしい。

> 月で獲得できるという並外れた知識について聞いた私が，月世界に昇りたいという非常に強い欲求を持ったことを，誰も不思議には思わないだろう。なぜなら，私以上に賢い者たちは知識と真理を探し求めて不当な飛行を試み，月よりもずっと高い所に赴いて，他の人々の理解を得られないどころか自身も正しく理解しえないような，暗黒の諸事象の未知なる深淵に陥ってきたからである。マルブランシュ［Nicolas de Malebranche, 1638–1715］，ロック氏，ホッブズ，ボイル殿や，ノリス，アスギル，カワード，および『桶物語』の各位その他の[1]，きわめて多くの者たちを見よ（Defoe 2003, III: 41）。

『桶物語』はもちろんスウィフトの著書だが，そのスウィフトが後年の『ガリヴァー旅行記』Gulliver's Travels (1726年) において展開するラピュータ島の諷刺の原型を思わせるこの諷刺が，ロックに対しても用いられている点に，ここで留意してほしい。デフォーが批判しているのは過度の理性崇拝であると見てよいだろう。さらに彼は，1706年9月10日付の『レヴュー』で，統治の性質について「ロック，シドニーその他の諸氏がどう述べたかを私は知っており，正直，彼らの体系が完全に論駁されたとは決して思わない。だが私は，他の人物の見識ではなく，自分の見識に従って議論している」と断ったうえで（Defoe 2005: 554），次のように説く。

> 統治とは自然の付属物であり，人間知性（understanding）による最初の理性

---

1) ノリス（John Norris, 1657–1712）は国教会牧師でマルブランシュに強く影響を受け，アスギル（John Asgill, 1659–1738）は著述家でバーボンとともに土地銀行を設立し，カワード（William Coward, 1656/57–1725）は医師で，魂の不滅を批判して物議を醸した。

的命令のひとつである。それは魂の内部で形づくられ，したがって神に起源をもつ。規則に従って生活することをやめるとき，人間は理性的であることをやめるだろう。暗中で生まれたために人や物について全く無知な20名の人間が，見習うべき人もおらず，生きるということ以外にすべきことのないような，ある島の海岸に打ち上げられたとすれば，自然的見識にしたがって食事の次に彼らが求める最初の事柄は，彼らの間に統治を設けることであろう (556)。

統治はいわば人間本性の一部であり，被造物にふさわしい生き方を人間に指し示すものである。統治なくして人間は人間たりえない。彼は続けて，自然が造物主への服従を命じたことから「家父長制原始君主政 (Patriarchal primogenial Monarchy)」が下降的に生じたとするが，その際に，神の「特別な命令ないし認可」が伴われたわけではないと説いている。それは

> 先占，父の年功の尊崇，そして時と無人の世界が差し出す，自ずと進みゆく諸状況からくるところの，理性的な自然の帰結に過ぎなかった。そのような慣習は，家族の数が増大し，野心が征服，戦争，専制，抑圧を導き入れた際にたちまち崩れ去ったことを，私たちは知っている (556)。

以上の叙述から読み取りうるのは，デフォーが統治という観念の生得性を認めて社会契約説を遠ざけると同時に，王権神授説をも明確に否定している点と，統治の原初形態は，創造者たる神や年長者への自然的敬意，ならびに先取に基づく私的所有を前提にした家父長君主政だが，人口増加と野心の成長によって有限の世界をめぐる相互の争いが生じたため，原初の自然発生的・自生的統治はやがて破壊され，人間はあらためて統治と向きあわざるをえなくなったとする歴史認識を，彼が有している点である。

したがって，ロック流の社会契約説を一方の極と見，これを高教会派の唱える王権神授説という他方の極とともに完全なフィクションとして斥けつつ，自身の終末史観にかなう範囲で自然的進歩史観を採用した，いわば

穏健なオールド・ピューリタンとしてのデフォー像には，一定の妥当性を認めることができる。とはいえ，こうした近年の研究動向のなかで，デフォーが伝統的キリスト教信仰ないし三位一体主義から少なからぬ影響を被っていた点が明らかになったのだとしても，その点をことさらに強調することは，デフォーに限らず，同時代の人々がいわば常識として保持していたもの，すなわち，すべての人々に影響を及ぼしていたという意味で，その影響関係を取り上げることにはほとんど消極的な意義しかないものに，過度の注意を引きつけることになりかねない。思想史とは，過去に生きた思想家個人のうちに確かにはらまれていながら，なお一般化しえなかった思想的展開の萌芽を，積極的にかつ果断に取り出すことによってこそ，おそらくは意義を持つものなのではなかろうか。

あとがき

　本書『デフォーとイングランド啓蒙』のもとになったのは，2011年4月に筆者が京都大学大学院経済学研究科に提出した博士学位申請論文「初期デフォーの社会経済思想」である。博士論文には，筆者が現時点ですでに公表している数点の論文，林 (2007)，林 (2008)，Hayashi (2010)，林 (2011)の内容がすべて含まれる。同年夏に京都大学「総長裁量経費による若手研究者のための出版助成」の公募がなされ，審査の結果，幸いにも博士論文は同経済学研究科の助成対象に採択された。本書はそれに加筆したものである。松本紘総長をはじめ，この画期的な出版助成制度の創設に尽力なさった方々にまずお礼を申し上げたい。そして本書の出版を引き受けてくださった京都大学学術出版会と同会の斎藤至さん，校正担当の藤原正樹さんにも，この場を借りてお礼の言葉を述べさせていただきたい。

　筆者は，20歳頃に読みふけっていた大塚久雄の書き物を通じてデフォーに興味を抱いた。それから10年の歳月が流れたが，いまなお，こうしてデフォーとその時代に向きあっていられることを幸福に思う。ごく最近，塩谷清人著『ダニエル・デフォーの世界』(世界思想社，2011年) が出版されたことを知った。本書は時間の制約から塩谷著の内容を反映できていないが，このような大著とともに本書が多くの読者に恵まれ，デフォー研究がさらに前進していくきっかけとなれば嬉しい。

　大学院における筆者の学びは，指導教授である田中秀夫先生からのつねに的確な助言とあたたかい励ましとがなければありえなかった。いい加減な論理にはしりがちな筆者に，じっくり腰を据えて原典を読み，史実を精査する姿勢を教えてくださったのは，田中先生である。先生はまた筆者の博士論文の主査として，副査の根井雅弘教授，坂出健准教授とともに，論文を増補改訂して本書にまとめ上げるに当たって非常に有益となる示唆を与えてくださった。ここに深甚の謝意を表したい。

　筆者に社会思想史という分野のおもしろさを最初に伝えてくださったの

は，慶應義塾大学経済学部の坂本達哉先生である。デフォーに興味を覚え，歴史のなかの思想に関心を抱き始めていた頃の筆者は，しかし自分の好みにたまたま合致しただけの狭い範囲でしか思想史を見ていなかった。そんな筆者に，ブリテン思想が持つ包容力とその筋金入りの自由を学ぶきっかけを授けてくださったのが，坂本先生である。

　時として惰眠をむさぼりがちな筆者に，研究生活の厳しさ，そしてそれを乗り越えていく楽しさを教えてくださっているのは，学会や研究会の場などで日頃お会いする先生がたである。非常勤講師としての勤務先に当たる関西大学を拠点にいつもご指導を受けている中澤信彦先生と，京阪経済研究会を中心に様々な場面で教えをこうている龍谷大学の小峯敦先生は，筆者の研究生活に刺激と活力を与え続けてくださっている。生越利昭先生と大倉正雄先生には大学院修士課程の頃から研究の進捗を気にかけていただき，篠原久先生にはデフォーの研究者として早くに覚えていただいた。米田昇平先生にはフランス経済思想研究者のお立場から貴重なご教示をたまわっており，大津真作先生には外国語古典読書会を通じてご指導いただいている。安武真隆先生には，1年半にわたって参加させていただいた『マキァヴェリアン・モーメント』読書会を通じて教えを受けた。ブリテン経済思想研究者である伊藤誠一郎先生や，ヒューム研究者として知られる壽里竜先生は，特に英文での論文執筆や国際学会報告に関して模範を示してくださる。マニトバ大学（カナダ）のE.L.フォルジェ先生は，筆者が初めて英語で試みた報告に対して丁寧にコメントしてくださり，数少ないイタリア経済思想研究者の奥田敬先生は，筆者が最初に経済学史学会で報告を行った際の司会を引き受けてくださった。渡辺恵一先生からは，筆者の拙い研究報告に対し厳しくも的を射た質問を頂戴している。

　この他にも，田中先生の啓蒙思想研究プロジェクトでご一緒させていただいている喜多見洋先生，後藤浩子先生，関源太郎先生，京阪経済研究会でお世話になっている近藤真司，藤本正富の両先生，経済学史研究会（関西学院大学）の井上琢智先生，竹本洋先生，原田哲史先生，近代思想研究会（慶應義塾大学）そして筆者の所属する日本イギリス哲学会，社会思想

史学会，経済学史学会（とりわけ若手育成セミナー）の場などで教示を受けている多くの先生がたがおられる。すべての方を列挙することは控えるが，池田幸弘，江頭進，久保真，竹澤祐丈，塘茂樹，松井名津，森岡邦泰，若田部昌澄の各先生のお名前を明記しておきたい。佐藤方宣先生からは，筆者を含め多くの若手が叱咤激励をいただいている。

同世代に近い方々では（失礼かもしれませんが「さん」と呼ばせてください），安藤裕介さん，生垣琴絵さん，板井広明さん，上宮智之さん，岸野浩一さん，北西正人さん，木宮正裕さん，小城拓理さん，阪本尚文さん，高見典和さん，武井敬亮さん，谷田利文さん，中野力さん，西本和見さん，林誓雄さん，原谷直樹さん，久松太郎さん，藤田菜々子さん，牧野邦昭さん，松本哲人さん，松山直樹さん，南森茂太さん，吉野裕介さん，吉原千鶴さんのお名前を挙げたい。若手そして中堅研究者にとっての研究環境は決して良好とは言えないなかではあるが，今後もお互いに切磋琢磨の関係を続けられるよう祈念する。

さらに，田中先生のゼミナールでともに学ばせていただいた方々のお名前を謝意とともに記しておかねばならない。門亜樹子さん，嘉陽英朗さん，川名雄一郎さん，太子堂正称さん，中野嘉彦さん，野原慎司さん，バブギオス・ディミトリオスさん，逸見修二さん，桝井靖之さん，村井明彦さん，村井路子さん，森直人さん，山口直樹さん，吉岡亮さん。紅茶かコーヒーを片手に風通しのよい雰囲気のなかで行われるゼミは，各自が個性を伸ばすのにとても適しているように思われる。それぞれの方がいま，ご自身の道をしっかりと歩んでおられる。

末筆ながら，筆者の落ち着かない研究生活をいつも深く心配しながらも，「自分の選んだ道ならばそれを直進せよ」とあえて強く背中を押してくれる鳥取の両親と家族に，心から感謝の気持ちを伝えたい。そして本書を，筆者の学位取得を楽しみに待ちながら昨年1月に静かに永眠した祖父，岩井博の思い出に捧げたい。

2012年春　筆者記す

参考文献

Anderson, A. 1764. *An Historical and Chronological Deduction of the Origin of Commerce, from the Earliest Accounts to the Present Time*. 2 vols. London.

Anon. 1675. *A Letter from a Person of Quality to His Friend in the Country*. London.

Armitage, D. 1995. The Scottish Vision of Empire: Intellectual Origins of the Darien Venture. In *A Union for Empire: Political Thought and the British Union of 1707*, ed. J. Robertson. Cambridge U. P.

――. 2000. *The Ideological Origins of the British Empire*. Cambridge U. P. 平田雅博・岩井淳・大西晴樹・井藤早織訳『帝国の誕生――ブリテン帝国のイデオロギー的起源』日本経済評論社，2005年．

Aubrey, J. 1999. *Aubrey's Brief Lives*, ed. O. L. Dick. David R. Godine.

Backscheider, P. R. 1989. *Daniel Defoe: His Life*. Johns Hopkins U. P.

Baker, K. M. and P. H. Reill（eds）2001. *What's Left of Enlightenment? A Postmodern Question*. Stanford U. P.

Barbon, N. 1690. *A Discourse of Trade*. London. 久保芳和訳『交易論』東京大学出版会，1966年．

Bastian, F. 1981. *Defoe's Early Life*. Barnes and Noble Books.

Baxter, S. B. 1957. *The Development of the Treasury, 1660–1702*. Longmans, Green.

Blackstone, W. 1765. *Commentaries on the Laws of England*, vol. 1. Clarendon Press.

Braddick, M. J. 1996. *The Nerves of State: Taxation and the Financing of the English State, 1558–1714*. Manchester U. P. 酒井重喜訳『イギリスにおける租税国家の成立』ミネルヴァ書房，2000年．

Brewer, J.［1988］1990. *The Sinews of Power: War, Money and the English State, 1688–1783*. Harvard U. P. 大久保桂子訳『財政＝軍事国家の衝撃――戦争・カネ・イギリス国家1688–1783』名古屋大学出版会，2003年．

Browning, A.（ed）1953. *English Historical Documents: 1660–1714*. Eyre and Spottiswoode.

Cary, J. 1700. *An Account of the Proceedings of the Corporation of Bristol, in Execution of the Act of Parliament for the Better Employing and Maintaining the Poor of That City*. London.

Chalmers, G. 1786. A Life of Daniel De Foe. In Defoe, *The History of the Union between England and Scotland, with a Collection of Original Papers Relating Thereto*. Lon-

don.
——. 1790. *The Life of Daniel De Foe*. London.
Chambers, E. 1728. *Cyclopedia: Or, an Universal Dictionary of Arts and Sciences*. 2 vols. London.
Child, J. 1690. *A Discourse about Trade, Wherein the Reduction of Interest of Money to 4 l. Per Centum, Is Recommended*. London. 杉山忠平訳『新交易論』東京大学出版会，1967年.
Clark, K. 2007. *Daniel Defoe: The Whole Frame of Nature, Time, and Providence*. Palgrave Macmillan.
Clerk, J. 1895. *Memoirs of the Life of Sir John Clerk of Penicuik, Baronet, Baron of the Exchequer*, ed. J. M. Gray. Nichols and Sons.
Colley, L. 1992. *Britons: Forging the Nation*. Yale U. P. 川北稔監訳『イギリス国民の誕生』名古屋大学出版会，2000年.
Cruickshanks, E., S. Handley, and D. W. Hayton（eds）2002. *The House of Commons 1690–1715*. 5 vols. Cambridge U. P.［HC と略記］
Defoe, D. 1697. *The Character of the Late Dr. Samuel Annesley, by Way of Elegy: With a Preface*. London.
——. 1704. *More Short-Ways with the Dissenters*. London.
——. 1706. *An Essay at Removing National Prejudices against a Union with Scotland... Part 1*. London.
——. 1713–14. *Mercator: Or, Commerce Retrieved*. London.（http: //search.proquest.com/britishperiodicals）
——. 1719. *The Life and Strange Surprizing Adventures of Robinson Crusoe, of York, Mariner*. London. 平井正穂訳『ロビンソン・クルーソー（上）』岩波文庫，1967年. 武田将明訳『ロビンソン・クルーソー』河出文庫，2011年.
——. 1719. *The Further Adventures of Robinson Crusoe, Being the Second and Last Part of His Life*. London. 平井正穂訳『ロビンソン・クルーソー（下）』岩波文庫，1971年.
——. 1720. *Serious Reflections during the Life and Surprising Adventures of Robinson Crusoe: With His Vision of the Angelick World*. London. 山本和平抄訳『世界文学全集13 デフォー』講談社，1978年.
——. 1727. *The Compleat English Tradesman*, vol. 2, in 2 parts. London.
——. 1728. *A Plan of the English Commerce: Being a Compleat Prospect of the Trade of This Nation, as well the Home Trade as the Foreign*. London. 山下幸夫・天川潤次郎訳『イギリス経済の構図』東京大学出版会，1975年.

参考文献

―.1738. *The Complete English Tradesman: Directing Him in the Several Parts and Progressions of Trade, from His First Entering upon Business, to His Leaving off*, 4th ed. 2 vols. London.

―.1745. *The Compleat English Tradesman: Directing Him in the Several Parts and Progressions of Trade, from His First Entering upon Business, to His Leaving off*, 5th ed. 2 vols. London.

―.1786. *The History of the Union between England and Scotland, with a Collection of Original Papers Relating Thereto*. London.

―.1890. *The Compleat English Gentleman*, ed. K. D. Bülbring. David Nutt.

―.1955. *The Letters of Daniel Defoe*, ed. G. H. Healey. Clarendon Press.

―.1994. *Robinson Crusoe: An Authorative Text, Contexts, Criticism*, 2nd ed., ed. M. Shinagel. W. W. Norton and Company.

―.1997. *The True-Born Englishman and Other Writings*, eds. P. N. Furbank and W. R. Owens. Penguin Books.

―.2000. *Political and Economic Writings of Daniel Defoe*, eds. W. R. Owens and P. N. Furbank. 8 vols. Pickering and Chatto.

―.［1709］2002. *The History of the Union of Great Britain*, ed. D. W. Hayton. 2 vols. In *The Writings on Travel, Discovery and History by Daniel Defoe*. 8 vols. Pickering and Chatto.［HU と略記］

―.［1704］2003. *A Review of the Affairs of France*, vol. 1, ed. J. McVeagh. 2 vols. Pickering and Chatto.［RAF と略記］

―.［1705］2003. *Satire, Fantasy and Writings on the Supernatural by Daniel Defoe*, eds. W. R. Owens and P. N. Furbank. 8 vols. Pickering and Chatto.

―.［1706-7］2005. *A Review of the State of the English Nation*, vol. 3, ed. J. McVeagh. 2 vols. Pickering and Chatto.

―.［1709-10］2008. *A Review of the State of the English Nation*, vol. 6, ed. J. McVeagh. 2 vols. Pickering and Chatto.

Dickey, L. 1995. Power, Commerce, and Natural Law in Daniel Defoe's Political Writings 1698-1707. In *A Union for Empire: Political Thought and the British Union of 1707*, ed. J. Robertson. Cambridge U. P.

Dickinson, H. T. 1977. *Liberty and Property: Political Ideology in Eighteenth-Century Britain*. Weidenfeld and Nicolson. 田中秀夫監訳『自由と所有――英国の自由な国制はいかにして創出されたか』ナカニシヤ出版，2006年.

Dickson, P. G. M. 1967. *The Financial Revolution in England: A Study in the Development of Public Credit 1688-1756*. Macmillan.

Dijkstra, B. 1987. *Defoe and Economics: The Fortunes of Roxana in the History of Interpretation*. Macmillan Press.

Downie, J. A. 1979. *Robert Harley and the Press: Propaganda and Public Opinion in the Age of Swift and Defoe*. Cambridge U. P.

Earle, P. 1977. *The World of Defoe*. Atheneum.

Fletcher, A. 1697. *A Discourse concerning Militia's and Standing Armies*. London.

――. 1698. *Two Discourses concerning the Affairs of Scotland*. Edinburgh.

――. 1703. *Speeches, by a Member of the Parliament, Which Began at Edinburgh the 6th of May 1703*. Edinburgh.

――. 1704. *An Account of a Conversation concerning a Right Regulation of Governments for the Common Good of Mankind*. Edinburgh.

Forbes, D. 1975. *Hume's Philosophical Politics*. Cambridge U. P. 田中秀夫監訳『ヒュームの哲学的政治学』昭和堂, 2011年.

Franklin, B. 1904. *The Works of Benjamin Franklin: Including the Private as well as Official and Scientific Correspondence Together with the Unmutilated and Correct Version of the Autobiography*, ed. J. Bigelow. 12 vols. The Knickerbocker Press. 松本慎一・西川正身訳『フランクリン自伝』岩波文庫, 1957年.

Furbank, P. N. and W. R. Owens 2006. *A Political Biography of Daniel Defoe*. Pickering and Chatto.

Harrington, J. 1992. *The Commonwealth of Oceana*, ed. J. G. A. Pocock. Cambridge U. P. 田中浩他訳『世界大思想全集　社会・宗教・科学思想篇2』河出書房新社, 1962年.

Hayashi, N. 2010. Defoe and the Principle of Trade. *The Kyoto Economic Review*, vol. 79, no. 1.

Hayek, F. A. 1935. *Prices and Production*, 2nd ed. Routledge and Kegan Paul. 古賀勝次郎・谷口洋志・佐野晋一・嶋中雄二・川俣雅弘訳『貨幣理論と景気循環／価格と生産』春秋社, 2008年.

――. 1960. *The Constitution of Liberty*. Routledge and Kegan Paul. 気賀健三・古賀勝次郎訳『自由と法』春秋社, 1987年.

Heidenreich, H.（ed）1970. *The Libraries of Daniel Defoe and Philips Farewell: Olive Payne's Sales Catalogue（1731）*. Berlin.

Hirschman, A. O. 1977. *The Passions and the Interests: Political Arguments for Capitalism before Its Triumph*. Princeton U. P. 佐々木毅・旦祐介訳『情念の政治経済学』法政大学出版局, 1985年.

Hobbes, T. 1651. *Leviathan, or, the Matter, Form, and Power of a Common-Wealth Eccle-*

siastical and Civil. London. 水田洋訳『リヴァイアサン（一）（二）（三）（四）』岩波文庫，1992年．

Hont, I. 2005. *Jealousy of Trade: International Competition and the Nation-State in Historical Perspective*. Harvard U. P. 田中秀夫監訳『貿易の嫉妬──国際競争と国民国家の歴史的展望』昭和堂，2009年．

Hoppit, J. [2000] 2002. *A Land of Liberty? England 1689-1727*. Clarendon Press.

Hume, D. 1763. *The History of England, from the Invasion of Julius Caesar to the Revolution in 1688*. 8 vols. London.

──. 1987. *Essays Moral, Political and Literary*, ed. E. F. Miller. Liberty Fund. 田中秀夫訳『政治論集』京都大学学術出版会，2010年．

Hutcheson, F. 1747. *A Short Introduction to Moral Philosophy, in Three Books ; Containing the Elements of Ethicks and the Law of Nature*. Glasgow. 田中秀夫・津田耕一訳『道徳哲学序説』京都大学学術出版会，2009年．

Keynes, J. M. [1936] 1961. *The General Theory of Employment, Interest and Money*. Macmillan. 間宮陽介訳『雇用，利子および貨幣の一般理論（上）（下）』岩波文庫，2008年．

Leslie, C. 1702. *The New Association of Those Called, Moderate Church-Men, with the Modern-Whigs and Fanaticks, to Under-Mine and Blow-up the Present Church and Government*. London and Westminster.

Lillywhite, B. 1963. *London Coffee Houses: A Reference Book of Coffee Houses of the Seventeenth, Eighteenth and Nineteenth Centuries*. George Allen and Unwin.

Locke, J. [1690] 1713. *Two Treatises of Government: in the Former, the False Principles and Foundation of Sir Robert Filmer, and His Followers Are Detected and Overthrown ; The Latter, Is an Essay concerning the True Original, Extent, and End of Civil-Government*, 4th ed. London. 加藤節訳『統治二論』岩波文庫，2010年．

──. 1696. *Further Considerations concerning Raising the Value of Money*, 2nd ed. London. 田中正司・竹本洋訳『利子・貨幣論』東京大学出版会，1978年．

Lowndes, W. 1695. *A Report Containing an Essay for the Amendment of the Silver Coins*. London.

Mackworth, H. 1701. *A Vindication of the Rights of the Commons of England*. London.

──. 1704. *A Bill for the Better Relief, Imployment, and Settlement of the Poor, as the Same Was Reported from the Committee to the Honourable House of Commons*. London.

Mandeville, B. 1723. *The Fable of the Bees: Or, Private Vices, Public Benefits*, 2nd ed. London. 泉谷治訳『蜂の寓話──私悪すなわち公益』法政大学出版局，1985

年．

―――. 1729. *The Fable of the Bees. Part II*. London. 泉谷治訳『続・蜂の寓話――私悪すなわち公益』法政大学出版局，1993年．

Magnusson, L. 1994. *Mercantilism: The Shaping of an Economic Language*. Routledge. 熊谷次郎・大倉正雄訳『重商主義――近世ヨーロッパと経済的言語の形成』知泉書館，2009年．

McCusker, J. J. and C. Gravesteijn. 1991. *The Beginning of Commercial and Financial Journalism: The Commodity Price Currents, Exchange Rate Currents, and Money Currents of Early Modern Europe*. NEHA.

McKim, A. 2006. *Defoe in Scotland: A Spy among Us*. Scottish Cultural Press.

Mitchell, B. R. 1988. *British Historical Statistics*. Cambridge U. P. 犬井正監訳『イギリス歴史統計』原書房，1995年．

Mizuta, H.（ed）2000. *Adam Smith's Library: A Catalogue*. Clarendon Press.

Molesworth, R. 1694. *An Account of Denmark, as It Was in the Year 1692*. London.

Moore, J. R. 1958. *Daniel Defoe: Citizen of the Modern World*. The University of Chicago Press.

―――. 1971. *A Checklist of the Writings of Daniel Defoe*, 2nd ed. Archon Books.

Morton, C. 1692. *The Spirit of Man: Or Some Meditations（by Way of Essay）on the Sense of That Scripture*. Boston.

―――. 1703. *An Essay towards the Probable Solution of This Question*. London.

North, R. 1744. *The Life of the Honourable Sir Dudley North, Knt*. London.

Novak, M. E.［1962］1976. *Economics and the Fiction of Daniel Defoe*. Russell and Russell.

―――. 2001. *Daniel Defoe: Master of Fictions*. Oxford U. P.

Ogg, D. 1955. *England in the Reigns of James II and William III*. Clarendon Press.

Oldmixon, J. 1735. *The History of England, during the Reigns of King William and Queen Mary, Queen Anne King George I*. London.

Parker, I. 1914. *Dissenting Academies in England: Their Rise and Progress and Their Place among the Educational Systems of the Country*. Cambridge U. P.

Payne, O. 1731. *Librorum ex Bibliothecis Philippi Farewell, D.D. et Danielis De Foe, Gen. Catalogus: Or a Catalogue of the Libraries of the Reverend and Learned Philips Farewell, D.D. Late Fellow of Trinity-College, Cambridge ; and of the Ingenious Daniel De Foe, Gent. Lately Deceas'd*. London.

Phelps Brown, E. H. and S. V. Hopkins. 1956. Seven Centuries of the Prices of Consumables, Compared with Builders' Wage-Rates. *Economica*, new series, vol. 23, no.

92.

Penovich, K. R. 1995. From 'Revolution Principles' to Union: Daniel Defoe's intervention in the Scottish debate. In *A Union for Empire: Political Thought and the British Union of 1707*, ed. J. Robertson. Cambridge U. P.

Peterson, S. 1987. *Daniel Defoe: A Reference Guide*. G. K. Hall.

Petty, W. 1691. *The Political Anatomy of Ireland*. London. 松川七郎訳『アイァランドの政治的解剖』岩波文庫, 1951年.

Pocock, J. G. A. 1985. *Virtue, Commerce, and History: Essays on Political Thought and History, Chiefly in the Eighteenth Century*. Cambridge U. P. 田中秀夫訳『徳・商業・歴史』みすず書房, 1993年.

——. 1995. Empire, State and Confederation: The War of American Independence as a Crisis in Multiple Monarchy. In *A Union for Empire: Political Thought and the British Union of 1707*, ed. J. Robertson. Cambridge U. P.

——. [1975] 2003. *The Machiavellian Moment: Florentine Political Thought and the Atlantic Republican Tradition*. Princeton U. P. 田中秀夫・奥田敬・森岡邦泰訳『マキァヴェリアン・モーメント——フィレンツェの政治思想と大西洋圏の共和主義の伝統』名古屋大学出版会, 2008年.

——. 2009. *Political Thought and History: Essays on Theory and Method*. Cambridge U. P.

Polanyi, K. 1944. *The Great Transformation*. Rinehart and Company. 吉沢英成・野口建彦・長尾史郎・杉村芳美訳『大転換』東洋経済新報社, 1975年.

Prebble, J. 1968. *The Darien Disaster*. Secker and Warburg.

Richetti, J. 2005. *The Life of Daniel Defoe*. Blackwell Publishing.

——. 2008. Introduction. In *The Cambridge Companion to Daniel Defoe*, ed. J. Richetti. Cambridge U. P.

Riley, P. W. J. 1978. *The Union of England and Scotland: A Study in Anglo-Scottish Politics of the Eighteenth Century*. Manchester U. P.

Robbins, C. [1959] 2004. *The Eighteenth-Century Commonwealthman: Studies in the Transmission, Development, and Circumstance of English Liberal Thought from the Restoration of Charles II until the War with the Thirteen Colonies*. Liberty Fund.

Roseveare, H. 1973. *The Treasury, 1660–1870: The Foundations of Control*. Barnes and Noble.

Ross, I. S. 2010. *The Life of Adam Smith*, 2nd ed. Clarendon Press. 篠原久・只腰親和・松原慶子訳『アダム・スミス伝』シュプリンガー・フェアラーク東京, 2000年.

Sacheverell, H. 1702. *The Political Union: A Discourse Shewing the Dependance of*

Government on Religion in General: And of the English Monarchy on the Church of England in Particular. Oxford.

Schonhorn, M. 1991. *Defoe's Politics: Parliament, Power, Kingship, and Robinson Crusoe*. Cambridge U. P.

Schumpeter, J. A. 1954. *History of Economic Analysis*. Oxford U. P. 東畑精一訳『経済分析の歴史2』岩波書店，1956年.

Scott, W. R. [1900] 1966. *Francis Hutcheson: His Life, Teaching and Position in the History of Philosophy*. Augustus M. Kelley.

Scriba, C. J. 1970. The Autobiography of John Wallis, F. R. S. *Notes and Records of the Royal Society of London*, vol. 25, no. 1.

Sherman, S. 1996. *Finance and Fictionality in the Early Eighteenth Century: Accounting for Defoe*. Cambridge U. P.

Smith, A. 1789. *An Inquiry into the Nature and Causes of the Wealth of Nations*, 5th ed. 3 vols. London. 大河内一男監訳『国富論 (I) (II) (III)』中公文庫，1978年.

―――. 1790. *The Theory of Moral Sentiments*, 6th ed. 2 vols. London. 水田洋訳『道徳感情論（上）（下）』岩波文庫，2003年.

―――. 1977. *The Correspondence of Adam Smith*, eds. E. C. Mossner and I. S. Ross. Oxford U. P.

Smith, J. W. 1954. *The Birth of Modern Education: The Contribution of the Dissenting Academies 1660–1800*. Independent Press.

Snyder, H. L. 1968. The Defeat of the Occasional Conformity Bill and the Tack: A Study in the Techniques of Parliamentary Management in the Reign of Queen Anne. *Bulletin of the Institute of Historical Research*, vol. 41, no. 104.

Speck, W. A. 1975. The General Election of 1715. *The English Historical Review*, vol. 90, no. 356.

Steele, I. K. 1968. *Politics of Colonial Policy: The Board of Trade in Colonial Administration 1696–1720*. Clarendon Press.

Steuart, J. 1767. *An Inquiry into the Principles of Political Oeconomy: Being an Essay on the Science of Domestic Policy in Free Nations*. 2 vols. London. 小林昇監訳『経済の原理――第3・第4・第5編』名古屋大学出版会，1993年. 同『経済の原理――第1・第2編』名古屋大学出版会，1998年.

Sutherland, J. 1938. *Defoe*. J. B. Lippincott Company. 織田稔・藤原浩一訳『「ロビンソン・クルーソー」を書いた男の物語――ダニエル・デフォー伝』ユニオンプレス，2008年.

―――. 1986. *The Restoration Newspaper and Its Development*. Cambridge U. P.

Swift, J. 1704. *A Tale of a Tub: Written for the Universal Improvement of Mankind*, 2nd ed. London. 深町弘三訳『桶物語・書物戦争　他一篇』岩波文庫，1968年．

———. 1708. *A Letter from a Member of the House of Commons in Ireland, to a Member of the House of Commons in England, concerning the Sacramental Test*. Dublin.

———. 1724. *A Letter to the Whole People of Ireland*. Dublin. 山本和平訳『書物合戦・ドレイピア書簡』現代思潮社，1968年．

Takeda, M. 2005. "These Men against Arbitrary Power Are the Most Absolute in Their Families": Patriarchal Challenge to Daniel Defoe.『英文学研究』第81巻．

———. 2007. "Divided Hearts, United States": Daniel Defoe, James Hodges, and the Debate on the Anglo-Scottish Union. *Poetica: An International Journal of Linguistic-Literary Studies*, vol. 68.

Toland, J. 1700. The Life of James Harrington. In *The Oceana of James Harrington, and His Other Works*, ed. J. Toland. London.

Tomlinson, H. 1979. Financial and Administrative Developments in England, 1660–88. In *The Restored Monarchy 1660–1688*, ed. J. R. Jones. Macmillan.

Trenchard, J. and T. Gordon. 1995. *Cato's Letters, or, Essays on Liberty, Civil and Religious, and Other Important Subjects*, ed. R. Hamowy. 2 vols. Liberty Fund.

Trevelyan, G. O. 1923. *The Life and Letters of Lord Macaulay*. 2 vols. Longmans, Green.

Trevelyan, G. M. 1936. *England under Queen Anne*. 3 vols. Longmans, Green.

Van Doren, C. [1938] 1991. *Benjamin Franklin*. Penguin Books.

Vickers, I. 1996. *Defoe and the New Sciences*. Cambridge U. P.

Ward, S. 1654. *Vindiciae Academiarum Containing, Some Brief Animadversions upon Mr Websters Book, Stiled, the Examination of Academies*. Oxford.

Watts, M. R. 1978. *The Dissenters: From the Reformation to the French Revolution*. Clarendon Press.

Webb, S. and B. Webb [1927] 1963. *English Poor Law History*. Frank Cass.

Wesley, S. 1703. *A Letter from a Country Divine to His Friend in London*. London.

Whatley, C. A. 2006. *The Scots and the Union*. Edinburgh U. P.

Whiston, J. 1693. *A Discourse of the Decay of Trade*. London.

———. 1695/96. *The Causes of the Present Calamities in Reference to the Trade of the Nation Fully Discoverd*. London.

Wilson, W. [1830] 1973. *Memoirs of the Life and Times of Daniel Defoe: Containing a Review of His Writings, and His Opinions upon a Variety of Important Matters, Civil and Ecclesiastical*. 3 vols. AMS Press.

Wrigley, E. A. 2004. British Population during the 'Long' Eighteenth Century, 1680–

1840. In *The Cambridge Economic History of Modern Britain*, vol. 1, eds. R. Floud and P. Johnson. Cambridge U. P.

天川潤次郎 1966. 『デフォー研究――資本主義経済思想の一源流』未来社.

今井宏編 1990. 『イギリス史 2 ――近世』山川出版社.

ヴェーバー 1980. 脇圭平訳『職業としての政治』岩波文庫.

―― 1989. 大塚久雄訳『プロテスタンティズムの倫理と資本主義の精神』岩波文庫.

―― 1998. 富永祐治・立野保男訳／折原浩補訳『社会科学と社会政策にかかわる認識の「客観性」』岩波文庫.

大倉正雄 2000. 『イギリス財政思想史――重商主義期の戦争・国家・経済』日本経済評論社.

大塚久雄 1969. 『国民経済』岩波書店.

―― 1977. 『社会科学における人間』岩波新書.

―― 1979. 『歴史と現代』朝日選書.

―― 2000. 『共同体の基礎理論』岩波現代文庫.

―― 2001. 『欧州経済史』岩波現代文庫.

岡田泰男編 1995. 『西洋経済史』八千代出版.

生越利昭 2005. 「ジョン・ロック――自律と勤勉の経済思想」坂本達哉編『黎明期の経済学』日本経済評論社.

川北稔 1983. 『工業化の歴史的前提――帝国とジェントルマン』岩波書店.

カンティロン 1992. 津田内匠訳『商業試論』名古屋大学出版会.

熊谷次郎 2002. 「重商主義帝国の経済循環」竹本洋・大森郁夫編『重商主義再考』日本経済評論社.

小林彰夫 2000. 『コーヒー・ハウス――18世紀ロンドン，都市の生活史』講談社学術文庫.

小林昇 1976. 『イギリス重商主義研究（1）』未来社.

―― 1977. 『イギリス重商主義研究（2）』未来社.

坂本達哉 1995. 『ヒュームの文明社会――勤労・知識・自由』創文社.

―― 2011. 『ヒューム 希望の懐疑主義――ある社会科学の誕生』慶應義塾大学出版会.

佐々木武・田中秀夫編 2011. 『啓蒙と社会――文明観の変容』京都大学学術出版会.

鈴木康治 2011. 「D. デフォーの奢侈論――ジェントルマン論からの再考」『経済学史研究』第52巻第2号.

ゾンバルト 2000. 金森誠也訳『恋愛と贅沢と資本主義』講談社学術文庫.

参考文献

田中敏弘 1966.『マンデヴィルの社会・経済思想――イギリス一八世紀初期社会・経済思想』有斐閣.
田中秀夫 1991.『スコットランド啓蒙思想史研究――文明社会と国制』名古屋大学出版会.
―― 1998.『共和主義と啓蒙――思想史の視野から』ミネルヴァ書房.
―― 2002.『原点探訪　アダム・スミスの足跡』法律文化社.
田中秀夫編 2008.『啓蒙のエピステーメーと経済学の生誕』京都大学学術出版会.
デカルト 2001. 野田又夫・井上庄七・水野和久・神野慧一郎訳『方法序説』中央公論新社.
中澤信彦 2009.『イギリス保守主義の政治経済学――バークとマルサス』ミネルヴァ書房.
ノーマン 1986. 大窪愿二編訳『クリオの顔――歴史随想集』岩波文庫.
野原慎司 2007.「17世紀末イングランド常備軍論争――商業と国制」『イギリス哲学研究』第30号.
林直樹 2007.「初期デフォーの社会思想（1）――1698年から1704年にかけて」『経済論叢』第180巻第5・6号.
―― 2008.「初期デフォーの社会思想（2）――1698年から1704年にかけて」『経済論叢』第181巻第3号.
―― 2011.「デフォーと合邦のレトリック――1707年合邦と『見えざる手』」『経済学史研究』第53巻第1号.
マキアヴェッリ 1998. 河島英昭訳『君主論』岩波文庫.
松園伸 1990.「ロバート・ハーレの政治理念」『イギリス哲学研究』第13号.
松永澄夫編 2007.『哲学の歴史6　知識・経験・啓蒙』中央公論新社.
水田洋 2006.『新稿　社会思想小史』ミネルヴァ書房.
―― 2009.『アダム・スミス論集――国際的研究状況のなかで』ミネルヴァ書房.
村松茂美 2004.「フレッチャーとデフォー――『常備軍論争』を中心に」小柳公洋・岡村東洋光編『イギリス経済思想史』ナカニシヤ出版.
森直人 2002.「Q. スキナーとJ. G. A. ポーコック――方法論的比較」『調査と研究』第25号.
―― 2010.『ヒュームにおける正義と統治――文明社会の両義性』創文社.
山口孝道 1960.「Defoeの政治思想と名誉革命体制」『歴史学研究』第248号.
―― 1966.「デフォー〈レヴュー〉の政論について」『世界史の研究』第48号.
山下幸夫 1968.『近代イギリスの経済思想――ダニエル・デフォウの経済論と

その背景』岩波書店.
山本範子 1996.「名誉革命体制成立期のモラル・リフォメーション運動——『道徳改革協会』(The Societies for the Reformation of Manners) を中心に」『寧楽史苑』第41号.
米田昇平 2005.『欲求と秩序——18世紀フランス経済学の展開』昭和堂.
ルソー 1972. 本田喜代治・平岡昇訳『人間不平等起原論』岩波文庫.

関 連 地 図

関　連　年　表

年	月	ブリテン社会の動き	月	デフォーとその周辺の動き
1660	2	マンク将軍（George Monck, 1608–70），ロンドン入城（3）。長期議会復活（21）。	—	ロンドンの獣脂蠟燭商フォー（James Foe, 1630–1706）の長男ダニエル誕生。
	5	チャールズ2世即位（8）。王政復古。		
	11	王立協会設立。		
1661	4	サヴォイ会議招集。国教会と長老派の合同は成らず，後者は国教会体制から締め出される。		
	5	騎士（長期）議会開会。		
	12	非国教徒弾圧法の制定始まる。自治体法。		
1662	—	大法官ハイド（Edward Hyde, 1609–74），クラレンドン伯爵位を授かる。	—	フォー一家，アネリ牧師（Samuel Annesley, 1620–96）に従い，長老派の非国教徒となる。
	5	礼拝統一法。多数の国教会牧師・学校教師が職を追われる。		
1664	7	秘密集会禁止法。		
1665	2	第二次オランダ戦争（～67年）。		
	—	ロンドンでペストが猛威をふるう。		
	10	五マイル法。		
	—	財務府出納掛ダウニング（George Downing, 1st Baronet, 1623–84）考案の信用制度導入，ならびに彼主導の大蔵部再編が進む。		
1666	9	ロンドン大火（2～5）。		
1672	3	国王チャールズ，信仰自由宣言（～73年）。第三次オランダ戦争（～74年）。	—	アネリ，ロンドン最大の礼拝堂で公式に説教を行う。
1673	3	審査法。		
1674	—	大蔵卿ダンビ（Thomas Osborne, 1st Earl of Danby, 1632–1712）の財政改革進む。	—	モートン（Charles Morton, 1627–98）の非国教徒学院に入学。聖職者を目指す。
1675		匿名著『ある高位者が在野の友人に宛てた手紙』出現。		
1679	1	騎士議会解散。下院総選挙において，シャフツベリ（Anthony Ashley Cooper, 1st Earl of Shaftesbury, 1621–83）らが強力な反王党派を形成する。同派はやがてウィッグと，対して王党派はトーリと呼ばれるようになる。	—	この頃（～遅くとも翌年初），モートンの学院を巣立つ。入れ替わりにウェズリ（Samuel Wesley, 1662–1735）が同学院に入学する。
	5	王位継承排除法案（～81年）。人身保護法。		
1681			2–9	ロンドンで独立派牧師コリンズ（John Collins, c.1632–87）の説教を継続的に聴き，説教の筆記録に『黙想』 *Meditacons* と題した小文を付す。
			—	聖職者の道を諦めて商人となり，ロンドンを拠点にメリヤス卸売商，ワイン・タバコ等の輸入商を営み始める。
1683	6	ライ・ハウス陰謀が暴露される。シドニー（Algernon Sydney, 1622–83）ら処刑へ。	—	父フォー，ロンドン市畜産同業組合長に就任（～84年）。

関連年表

年	月	ブリテン社会の動き	月	デフォーとその周辺の動き
1684			1	タフリ（Mary Tuffley, 1665–1732）と結婚する（1）。嫁資は3700ポンド。
1685	2	ジェイムズ2世即位（6）。	7	モンマスの反乱軍に参加し、セッジムアの夜戦に敗れる。逃亡。
	5	スコットランドで，アーガイル伯爵（Archibald Campbell, 9th Earl of Argyll, 1629–85）が反乱を起こす（～翌月）。	—	モートン，ニュー・イングランドへの渡航を決意し，学院を閉める。
	6	モンマス公爵（James Scott, Duke of Monmouth, 1649–85）の反乱軍，イングランドに上陸（11）。		
	7	セッジムアの夜戦（6）。モンマス軍敗北。		
1687	4	国王ジェイムズ，信仰自由宣言。	5	反乱加担の件を赦免される。商業に復帰。
1689	2	ウィリアム3世・メアリ2世即位（13）。	10	ロンドン市主催の新国王祝賀式典に義勇騎兵の一人として参列（29）。オールドミクスン（John Oldmixon, 1672/73–1742）曰く「騎兵隊員は大半が非国教徒だったが，そのなかに，コーンヒルのフリーマンズ・ヤードでメリヤス商をしていたダニエル・フォーがいた」（The History of England）。
	5	対フランス宣戦，九年戦争参戦（12）。寛容法制定（24）。		
	12	権利章典。		
1692	2	グレンコーの虐殺（13）。	—	1万7000ポンドの負債を抱えて破産。短期間，債務者監獄に入る。
	—	直接税として土地税が導入される。	—	モートン『人間の精神』，ボストンで公刊。
1693	—	国債制度導入。	—	合法富くじの支配人を務める（～数年間）。
1694	—	モールズワース（Robert Molesworth, 1656–1725）『1692年のデンマーク事情』。		
	7	財務府長官モンタギュ（Charles Montagu, 1661–1715），パタスン（William Paterson, 1658–1719）ら，イングランド銀行設立（27）。		
	12	三年議会法（3）。メアリ2世没（28）。		
1695	6	スコットランド議会，アフリカ・インド貿易会社の設立を認可（26）。		ガラス税委員トマス（Dalby Thomas, c.1650–1711）付の会計官に就任，年100ポンドの定収入を得る（～99年）。やがて王立アフリカ会社の駐在代表として黄金海岸に赴任するこのトマスから，以後，様々な便宜を与えられる。またこの頃，姓をフォーからデフォーに改める。
	7	スコットランド銀行設立（17）。		
	—	貨幣改鋳論争。大蔵委員会秘書官ラウンズ（William Lowndes, 1652–1724）が新標準，ロック（John Locke, 1632–1704）が旧標準での改鋳を主張。		
1696	1	旧標準での貨幣改鋳が決定する。	—	新たに始めていたレンガ・タイル製造業が軌道に乗り，年600ポンドの純益を生む。約百家族を雇用し，この年には少なくとも16万2500個のレンガを製造販売。
	2	ウィリアム3世暗殺計画が露見（24）。多数のジャコバイトが逮捕される。		
	4	サンダーランド（Robert Spencer, 2nd Earl of Sunderland, 1641–1702）後援の交易委員会設立法案（下院），挫折。		
	5	新交易委員会設置。ブラスウェイト（William Blathwayt, c.1650–1717），ロック両委員の主導権争い始まる。		
	8	スコットランド会社，同国内から40万ポンドの資金を調達（1）。財務府証券創設。国		

年	月	ブリテン社会の動き	月	デフォーとその周辺の動き
		立土地銀行設立案実らず。		
1697	—	サマーズ（John Somers, 1651–1716）が大法官に、モンタギュが大蔵第一卿に就任し、ジャント・ウィッグ政権が確立する。	—	『企業論』出版。冒頭の献辞はトマス宛。
			—	『故サミュエル・アネリ博士の人格』。
	9	ライスワイク条約締結、九年戦争終結（20）。		
	10	トレンチャード（John Trenchard, 1662–1723）とモイル（Walter Moyle, 1672–1721）が『常備軍は自由の政体と矛盾することの論証』を発表。常備軍論争始まる。		
	—	フレッチャー（Andrew Fletcher of Salton, 1655–1716）『民兵と常備軍に関する論説』。		
1698	7	スコットランド会社の第一次遠征隊、カーコーディからダリエンに向けて出航（19）。	1	『常備軍は自由の政体と矛盾しないことの論証』出版。同じ頃、ロンドン市長の便宜的国教会遵奉を批判する『高位公職者の場合の便宜的国教会遵奉に関する考察』出版。
	9	イングランド新東インド会社、政府に年利8パーセントで200万ポンドを貸し付けることを条件に設立を認可される（5）。旧東インド会社、新会社に31万5000ポンドをひそかに投資し、命脈を保つ。		
1699	—	インド洋における海賊行為が深刻化する。		
	—	ダリエン植民地への援助を禁じる国王布告。		
	6	スコットランド会社の第一次遠征軍、ダリエン植民地を放棄（22）。		
	8	第二次遠征隊、クライド湾を出航（18）。		
1700	—	ジャントー政権、瓦解に向かう。	11	『高位公職者の場合の便宜的国教会遵奉に関する考察』第2版で、イングランド長老派の指導的牧師ハウ（John Howe, 1630–1705）を批判。
	4	海事裁判所判事ヘッジス（Charles Hedges, 1650–1714）起草の海賊対策法、イングランド議会を通過（1）。スコットランド会社の第二次遠征隊、ダリエン植民地を放棄（12）。		
	—	タッチン（John Tutchin, c.1661–1707）が諷刺詩『外国人』を発表し、ウィリアム3世とオランダに対する排外主義的批判を展開。		
1701	1–2	下院総選挙で、名誉革命後、トーリがはじめて優位に立つ（T 248/W 220）。下院、対フランス宥和方針を採用。	1	『生粋のイングランド人』と題した詩を出版し、タッチンに応酬。ベストセラーとなり、デフォーの名を一躍高める。
	6	イングランド議会、王位継承法制定（12）。プロテスタント教徒たることを王位継承の条件として定める。	5	ケント州の請願者カルペパー（William Colepeper, d.1726）ら5名の収監（8）。5名の行動を擁護する『レギオン建白書』を公表し（14）、下院に衝撃を与える。
	9	サンジェルマン宮殿のジェイムズ2世が没し（16）、息子のジェイムズ・ステュアート（James F.E. Stuart, 1688–1766）が「ジェイムズ3世」を名乗る。	8	『ケント州請願の経緯』を発表。
			12	『イングランド国民集合体の本源的権利』。国民の権利が立法・行政・司法の三権力に先行することを説き、下院の傲岸を批判。
1702	3	ウィリアム3世没、アン女王即位（19）。女王に近い高教会派トーリ、宮廷内勢力を伸張するが、大蔵卿ゴドルフィン（Sidney Godolphin, 1st Baron Godolphin, 1645–1712）、	11	『便宜的国教会遵奉の考察、それが非国教徒に関わりのない旨の証明』を出版。誠実な非国教徒なら、便宜的国教会遵奉の行為に関わるはずもないと主張し、非国教徒内

関連年表　　　　　　　　　　　　　　　　　　　　　　　　　　　　　　　　　　　　　291

年	月	ブリテン社会の動き	月	デフォーとその周辺の動き
	4	陸軍総司令官マールバラ（John Churchill, 1st Duke of Marlborough, 1650–1722），下院議長ハーリ（Robert Harley, 1661–1724）ら穏健派トーリが政権の舵取り役となる。タッチン，ウィッグ系定期刊行誌『オブザベーター』創刊。古来のイングランド国制を重視しつつ，排外思想を保って，フランス宥和的な高教会派を批判していく。	12	の多数派から反発を招く。『最も手間のかからない非国教徒対策』出版。誇張を交えつつ，サシェヴェレルら高教会派牧師の説教口調を巧みに模倣し，非国教徒の徹底的弾圧という同派の意図を帰謬法式に諷刺した。
	5	対フランス宣戦，スペイン継承戦争参戦（4）。高教会派のサシェヴェレル牧師（Henry Sacheverell, 1674–1724），オックスフォードにおける非国教徒糾弾の説教（31）を，小冊子『政治的団結』として出版。		
	—	レズリ（Charles Leslie, 1650–1722），『現教会と現政権を蝕んで転覆するための，穏健派牧師とモダン・ウィッグおよび狂信者とのいわゆる新連合』出版。		
	6–7	下院総選挙でトーリ圧勝（T 298/W 184）。		
	7	新旧東インド会社，合併する（21）。		
	7–11	海軍副司令官ルック（George Rooke, c.1650–1709），カディス遠征。フランス・スペイン艦隊を撃滅。		
	11	高教会派トーリ，第一次便宜的国教会遵奉禁止法案を下院に提出し，非国教徒の公職放逐を狙う（〜上院と対立，廃案）。		
1703	2	女王の叔父で高教会派トーリの重鎮ロチェスター（Laurence Hyde, 1st Earl of Rochester, 1641–1711），アイルランド総督を辞任。	1	高教会派トーリに与する南部担当国務大臣ノッティンガム（Daniel Finch, 2nd Earl of Nottingham, 1647–1730），『対策』の著者に逮捕状を出す（3）。デフォー逃亡。『最も手間のかからない非国教徒対策と題された先の小冊子についての簡潔な弁明』を出版。
	8	スコットランド議会，安全保障法案を可決（13）。同法案は，女王の没後，ステュアート王家の系統でプロテスタント信仰を抱く国王をイングランドとは独立に選出することを宣言するものだった。この法案の女王裁可は翌年に持ち越されるが，この時点で，イングランド政権は北方の危機を強く意識するようになる。	2	下院，『対策』を煽動的文書とし，これを焚書に処す旨の決定を下す（25）。
			4	書簡でパタスンにハーリへの仲介を依頼。
			5	ユグノーの織工セイメン（Nathaniel Sammen）宅で逮捕され（21），ニューゲート監獄に勾留。ノッティンガム，デフォーとジャントー・ウィッグの関係を追及。パタスン，先の書簡をハーリに回送（28）。
	9	スコットランド議会，戦争と平和に関する法，ならびにワイン法を制定（16）。	6	保釈金1500ポンドを調達し一時釈放（5）。
	11	高教会派トーリ，第二次便宜的国教会遵奉禁止法案を下院に提出（25〜上院に否決）。	7	『対策』を含む21点の作品を収録した『著作集』を公刊。文書誹毀罪で起訴，収監される（5）。公判（7〜）ではカルペパーが弁護に立ち，あえて有罪答弁を試みる。さらし台刑と罰金刑の宣告。クエーカーのペン（William Penn, 1644–1718），デフォー救済に尽力。女王，ウィンザー城でデフォー自身の弁明を聴く（21）。ノッティンガム
	12	特使メシュエン（John Methuen, 1650–1706），ポルトガルと商業協定締結（27）。イングランド製織物とポルトガル産ワインの市場，相互に拡大。		

年	月	ブリテン社会の動き	月	デフォーとその周辺の動き
				の再三の追及にも沈黙を守る。さらし台刑執行（29〜31）。街頭で『さらし台頌歌』を頒布し，観衆に弁明。監獄拘禁。
			8	ゴドルフィン，政府のスコットランド対策要員としてのデフォー任用に関心を高める（13日付ハーリ宛書簡）。
			9	ハーリ，デフォーに課された罰金をひそかに立て替え，虜囚の身分から解放するよう進言（20日付ゴドルフィン宛書簡）。
			11	この頃までに，レンガ・タイル製造業が主に経営者不在のため倒産，多額の負債を生む。ゴドルフィン，女王の認可を得て機密費支出を決定し，ラウンズに150ポンドの提供を指示（5）。デフォーは友人を介してこの資金を受領し，罰金支払を済ませる。釈放（8？）。以後，恩人ハーリのもとで諜報活動に従事。
1704	4	陸軍局長ブラスウェイト，王室家政監査官シーモア（Edward Seymour, Baronet, 1633-1708），王室長官ジャージー（Edward Villiers, 1st Earl of Jersey, 1656-1711）解任（4〜），南部担当国務大臣ノッティンガム辞任（20）。高教会派トーリ，宮廷から遠ざけられる。	2	評論誌『レヴュー』創刊（19）。
			3	『レヴュー』，週1回から週2回の発行に拡張。
			4	『より手間のかからない非国教徒対策』。
			7–8	ハーリ宛書簡で，「首相」設置の利点を力説。
			8	評論誌『マスター・マーキュリ』創刊（8）。
	5	ハーリ，北部担当国務大臣に就任（18）。スウィフト（Jonathan Swift, 1667-1745）『桶物語』。	9	ハーリの命により，イングランド東部旅行に出発（〜10月初旬？）。各地で諜報網兼出版物流通網を構築。ノリッジではリネン商フランシャム（John Fransham, d. 1753）を友とする。海軍のルックに対する批判が誹毀の疑いを招き，『マスター・マーキュリ』廃刊（25）。続いて，下院を非難した小冊子配布の廉で，セイメン逮捕（27）。南部担当国務大臣ヘッジス，デフォーの逮捕をハーリに打診（28）。閣僚すらデフォーとハーリとの関係を知らず。旅先からハーリに宛てて，高教会派トーリ「地上の勝利に海上の勝利を対抗させ」，マールバラの勝利以上にルックの勝利を称揚していると警告（28日付書簡）。
	8	レズリ『リハーサル』創刊。地方で人気を博し，『オブザベーター』と『レヴュー』の強力な論敵となる。ルック率いる海軍，ジブラルタル占領（4）。スコットランドの安全保障法（5）。グリーン（Thomas Green）船長のウスター号，フォース湾内で拿捕（12）。マールバラ，ブリントハイムで大勝利（13）。フランス側の後退が始まる。		
	11	高教会派トーリ議員マックワース（Humphrey Mackworth, 1657-1727），下院に「貧民のよりよい救済と雇用と定住のための法案」を提出（2，〜上院で否決）。高教会派，第三次便宜的国教会遵奉禁止法案を土地税法案に付加するための動議を出すが，下院で否決（28）。	11	『施しは慈善にあらず』出版。
1705	3	イングランド議会，外国人法制定（14）。	1	『レヴュー』誌上で困難を極める水兵徴募問題を論じる（13, 16）。上院海事委員会，デフォーに解決策を諮問（25）。『コンソリデーター』で月世界に仮託し当世を諷刺。『レヴュー』，週2回から週3回の発行へ拡
	4	イングランド議会解散（5）。スコットランド枢密院，海賊行為の廉でグリーンを処刑（11）。		
	5–6	下院総選挙で，高教会派トーリの多数が落選（T 260/W 233）。		

関連年表　　　　　　　　　　　　　　　　　　　　　　　　　　　　　　　　　293

年	月	ブリテン社会の動き	月	デフォーとその周辺の動き
	7	匿名著『イングランド国教会の請願』The Memorial of the Church of England が現れ，激しい政権批判を展開。	6	張（20～）。『リトル・レヴュー』創刊（6）。
	10	トーランド（John Toland, 1670-1722），ハーリの命を受けて『イングランド国家の請願』The Memorial of the State of England を出版し，『国教会の請願』に応酬。また，ハーリの後任の下院議長選で，高教会派トーリの候補者ブロムリ（William Bromley, 1663-1732）敗れる（25）。	6-7	ウィッグに近いマールバラ夫人サラ（Sarah Churchill, 1660-1744），ハリファックス男爵（モンタギュ）を通じてデフォーに資金援助。
	11	イングランド議会，外国人法撤廃承認（27）。	7	大規模なイングランド旅行に出発（16）。南部（レディング，ソールズベリ，ウェーマス等），西部（ダートマス，ボドミン，トーントン等）からブリストルを経由して北上し，北部（リヴァプール，マンチェスター，リーズ等）をめぐって南下，ノッティンガム，ノーサンプトン，ケンブリッジ，コールチェスター等を通ってロンドンに帰還（～11月6日？）。前年を上回る規模の諜報網を構築。
	12	ウィッグのスティーヴンズ（William Stephens, 1649/50-1718），『イングランド国家の請願の著者に宛てた手紙』A Letter to the Author of the Memorial of the State of England を出版し，トーランドと政権を批判。		
1706	3	イングランド議会，新破産法を制定。事由が正当と認められる破産者には，投獄ではなく更生支援を行う方針に転換。	3-4	トーランドに代わってスティーヴンズ『手紙』に応酬。『国家請願の著者に宛てた手紙への所見』Remarks on the Letter to the Author of the State-Memorial を執筆し，ハーリの援助により，諜報網を通じて各地に2000部以上を無償配布。
	4	合邦条約起草委員会，ロンドンに招集（16）。		
	5	マールバラ，ラミイの戦いに勝利（23）。この頃より，対フランス戦争継続を望むゴドルフィン＝マールバラと，早期終戦を望むハーリの対立が顕在化する。	5	スコットランド商人スコット（George Scott）を介し，長兄ステア（John Dalrymple, 1st Earl of Stair, 1648-1707）以下ダルリンプル三兄弟（すべて合邦条約起草委員）に面会。『スコットランドとの合邦に対する国民的偏見を除くの論』第1部（4），第2部（28）。
	7	合邦条約案まとまる（22）。スコットランド大法官シーフィールド（James Ogilvy, 1st Earl of Seafield, 1663-1730）とイングランド国璽尚書クーパー（William Cowper, 1665-1723），両国合邦条約起草委員62名を代表して女王に条約案を提示（23）。	6	新破産法の適用を申請。この時点で，すでに1万ポンド以上の負債を償還していた。
	8	パタスン，イングランド政権の諜報員としてスコットランドに出発（26？）。	7	この頃までにデフォーと親交を深めた合邦条約起草委員のクラーク（John Clerk of Penicuik, 2nd Baronet, 1676-1755），父（John Clerk of Penicuik, 1st Baronet, 1649/50-1722）に宛てて，デフォーが近くスコットランドを訪問すると報告（13日付書簡）。『神の掟によって』を発表して政治哲学を開陳。
	10	スコットランド議会開会（3）。合邦条約案の審議開始。合邦の際にスコットランドがイングランドから受領する代償金，ならびに輸出入関連の商業条項の検討委員会設置（23）。エディンバラで，合邦反対派ハミルトン（James, 4th Duke of Hamilton, 1658-1712）の馬車に従っていた群衆が暴徒と化し，合邦条約起草委員ジョンストン（Patrick Johnston, d. 1736）邸を襲撃（23）。	8	破産委員会による適格審査をパスし，ハーリに宛てて「ついに完全なる勝利を得た」と書き送る（21日付）。しかし王座裁判所判事の最終決定によって，後日に不適格とされる。
	11	合邦条約案第1条をめぐり激論（2）。条約起草委員シートン（William Seton of Pitmedden, 1673-1744）が完全合邦か衰亡か，と力説し，合邦反対派ベルヘーヴェン（John Hamilton, 2nd lord Belhaven, 1656-1708）が「古来の母なるカレドニア」の瀕死を慨嘆した。第1条，議会を通過（4）。最大の懸	9	ハーリの諜報員としてスコットランドへ出立（13）。自らの心構えを4点にまとめて書き出し，ハーリに確認を求める（13日付書簡）。
			10	エディンバラ到着（6？）。あくまで商人として振舞い，イングランド側との接触は

年	月	ブリテン社会の動き	月	デフォーとその周辺の動き
	12	案とされたスコットランド教会問題は，エディンバラ大学長カーステアズ（William Carstares, 1649-1715）の調整により解決へ。グラスゴーでフィンリ（Finlay）の反乱。ゴドルフィン＝マールバラ＝ジャントーを後ろ盾としたサンダーランドの息子（Charles Spencer, 3rd Earl of Sunderland, 1675-1722）が，女王とハーリの反対を押し切って南部担当国務大臣に就任（3）。ゴドルフィン＝マールバラと，ハーリとの対立が深まる。	11 12	秘匿する。エディンバラ暴動を目撃（23）。自身も群衆の一人から「イングランドの犬」と呼ばれ，身の危険を感じてデ・ヴィット（Johan de Witt, 1625-72）のことを想起したと，ハーリに報告（24日付書簡）。クラーク父子を訪ねる。ダルリンプルやクラークとの親密な関係から，継続的にスコットランド議会を傍聴する。商業条項検討委員会に出席（5？～）。ハリファックスからスコットランド事情についての情報提供を求められ，ハーリに文通の可否を尋ねる（13日付書簡）。委員会で，スコットランド産エールの消費税率について条約原案の修正を提案し，受理される（28）。スコットランド頌詩『カレドニア』出版。購読者一覧には，大半のスコットランド貴族と合邦支持議員たちが名を連ねた。「合邦の歴史」執筆の企図を『レヴュー』誌上に表明（24）。
1707	1 3 5	ウェストミンスターにおけるスコットランド代表議員数を規定する第22条が議会を通過（7），全条約案の審議が終了し，スコットランド議会女王名代クイーンズベリ（James Douglas, 2nd Duke of Queensberry, 1662-1711）が伝来の笏で条約案に触れる（16）。イングランド議会，ノッティンガムらの反対にもかかわらず，迅速に合邦条約案を可決（5）。合邦条約発効，大ブリテン連合王国の成立（1）。	1 4 5 8 12	ハーリに「合邦の喜び」を伝える（9日付書簡）。エディンバラ道徳改革協会会員となる。ゴドルフィン，新設のスコットランド税関の秘書官にデフォーを任命したいが，ラウンズの反対は必至と言明（14日付ハーリ宛書簡）。デフォー「この国に税関が設置されると聞き及びました。任命可能な空席はないものでしょうか。イングランドでダヴナント［Charles Davenant, 1656-1714］博士が有しておられたような監査長の職は，この地で大いに役立つと，以前お伝えしましたが」（21日付ハーリ宛書簡）。官職就任を辞退（9日付ハーリ宛書簡）。その後もスコットランドで活発な商業投資を行う。ロンドンへの道中，ノリッジのフランシャムに宛てて，「君の昔の友人」は「スコットランドの群衆」や「暴れ者のジャコバイト」からも無事でいる，と書き送る（20日付）。
1708	2 3	穏健派トーリ政権の維持を求めるハーリと，ジャントーと結託したゴドルフィン＝マールバラの対立が決定的となる。駆け引きの末，ハーリと，陸軍局長シンジョン（Henry St John, 1678-1751）が下野（11）。ジェイムズ・ステュアート（老僭称者），スコットランド上陸を狙うが（23），ブリテン艦隊に駆逐される。	2 3	「あなたは，ともに凋落するわけにはいかないような，まさにぐらついている党派から追われたのです。……あなたはまだ上向いているとも，私は思っております」（10日付ハーリ宛書簡）。ハーリの下野に伴い，ゴドルフィンの指揮下に入る。ゴドルフィンの命で再びスコットランドへ向かう。「デフォー氏を……歳入に関し，

年	月	ブリテン社会の動き	月	デフォーとその周辺の動き
	6	下院総選挙でウィッグが勝利（T 225/W 268、ただしスコットランド選出議席は含めていない。以下同）。		スコットランドで女王の公務に従事する者として、貴下の監督に委ねます」（22日付、ゴドルフィンからリーヴェン伯爵へ）。リーヴェン（David Leslie-Melville, 3rd Earl of Leven, 1660-1728）はスコットランド軍総司令官。
			8	エディンバラからゴドルフィンに宛てて、『パリ・ガゼット』Paris Gazette 等の国外紙の「大言壮語や作り話」が、国内紙上で恣意的に翻訳紹介されていると警告（3日付書簡）。
			12	ロンドンに帰還。
1709	3	『リハーサル』廃刊。	9–10	息子ベンジャミン（Benjamin Norton Defoe）を連れて、スコットランドに赴く。
	11	サシェヴェレル、ガイ・フォークスの日に、セントポール大聖堂で「偽の兄弟たちからの難」と題した説教を行い、名誉革命体制と宗教的寛容を批判。これを活字にして出版し（25）、10万部を売る。	10	エディンバラ市議会、「合邦の歴史」執筆への報奨金としてデフォーに15ギニーを進呈（19）。
	12	下院、サシェヴェレルの説教を煽動的と判断。上院、弾劾を決定（7）。	12	『大ブリテン合邦史』、エディンバラで公刊。
1710	3	サシェヴェレル裁判、サシェヴェレル賛美者の熱狂のなかで幕引き（10）。世論はトーリ支持に大きく傾き、高教会主義再燃。	3	ベンジャミン、エディンバラ大に入学（24）。
	8	ゴドルフィン、大蔵卿を罷免される（8）。ハーリ、財務府長官に就任（10）。	8	「政府内での、あなたの名誉と信頼の幸福なご回復を、心からお祝いせずにはいられません。……摂理が私を引き戻し（喜んでこう書いています）、あなたのもとに帰したかのようです」（12日付ハーリ宛書簡）。
	10	下院総選挙でトーリ圧勝（T 329/W 168）。		
1711	3	『スペクテーター』発行開始（1）。		
	5	オックスフォード伯爵ハーリ、大蔵卿に就任。		
	6	オックスフォードの肝煎で南海会社が設立される。同社は国債を引き受けて自社株式に転換し、利子を付けて債権者の手に渡す半金融機関であった。		
	12	便宜的国教会遵奉禁止法（〜1719年）。マールバラ、陸軍総司令官を解任される（31）。		
1712			5	『蛇のごとく賢く』出版。
1713	4	ユトレヒト講和条約締結（11）。ブリテンはアシエントを獲得し（〜1750年）、これを南海会社に与える。	5	『マーケイター』発行開始（26）。
	6	対フランス通商航海条約第8条ならびに第9条の発効をめぐり下院で激論。トーリのハンマー（Thomas Hanmer, 4th Baronet, 1677-1746）がウィッグの政権批判に同調して反旗を翻し、80名近いトーリ議員が彼に従う。194票対185票の僅差で政権が敗北（18）。これを機に与党はボリングブルック子爵シンジョンら守旧派とハンマーら穏健派（ハノーヴァー・トーリ）に分裂し、首	6	『レヴュー』廃刊（11）。

年	月	ブリテン社会の動き	月	デフォーとその周辺の動き
		班オックスフォードは苦境に立たされる。		
1714	—	分離派法制定（〜1719年）。	7	『マーケイター』廃刊 (20)。
	1	下院議員スティール (Richard Steele, 1672–1729) 著『危機』 The Crisis がトーリ政権をプロテスタント王位継承の敵として糾弾。		
	2	スウィフト, 『ウィッグの公共精神』 The Public Spirit of the Whigs を著して『危機』に応酬。		
	3	スティール, 文書誹毀の廉で下院追放 (14)。		
	7	オックスフォード更迭 (27)。		
	8	アン女王没, ジョージ1世即位 (1)。ハノーヴァー王位継承成る。		
	10	ハリファックスが大蔵第一卿に就任。		
1715	1-2	総選挙でウィッグ勝利 (T 224/W 289)。		
	3	ボリングブルック, フランスに亡命。		
	9	第一次ジャコバイトの乱 (〜翌年2月)。		
1716	5	七年議会法制定。下院議員の任期が7年に延長され, ウィッグ寡頭政の基礎が築かれる。		
1719			4	『ロビンソン・クルーソーの生涯と冒険』 (25)。
1720	9	南海会社株暴落, バブル崩壊。	8	『ロビンソン・クルーソーの反省録』 (6)。
1721	4	ウォルポール (Robert Walpole, 1676–1745), 大蔵第一卿に就任 (〜42年)。	8	ベンジャミン, 『ロンドン・ジャーナル』上の南海会社批判で文書誹毀罪に問われる (14)。
1723	—	マンデヴィル (Bernard Manderille, 1670–1733) 『蜂の寓話』が世に出る。		
1724	4	スウィフト『ドレイピア書簡』(〜12月)。		
1727	2	対スペイン開戦 (〜29年11月)。		
	6	ジョージ1世没, ジョージ2世即位 (11)。		
1728			3	『イングランド経済の構図』初版。
			7	『完全なるイングランド商人』第2版。
1729	—	マンデヴィル『続・蜂の寓話』。	4	末娘ソフィア (Sophia Defoe, 1701–62), ベーカー (Henry Baker, 1698–1774) と結婚。
			9	以前フランクリン (Benjamin Franklin, 1706–90) を雇っていたことのある印刷所主ワッツ (John Watts, d. 1763) と, この頃に『完全なるイングランド紳士』の出版交渉を行う (結局未完)。
1730			1	孫 (David Erskine Baker, 1730–67) 誕生。
1731			4	ロープメーカー通りの寓居にて没。

事項索引

[ア行]

『1692年のデンマーク事情』(モールズワース) 154–55
『アイルランドの政治的解剖』(ペティ) 120
アメリカ 3, 20, 35, 184, 243
  ニュー・イングランド 95, 173
  ペンシルヴァニア 108, 184
  ボストン 87–88, 106, 108
アリストテレス主義 67–68, 72, 88
『ある高位者が在野の友人に宛てた手紙』(匿名) 154
安全保障法(案) 241, 250–51, 256–57
『一般理論』(ケインズ) 31
イングランド銀行 128–29, 142, 144, 146–47, 243
『イングランド経済の構図』(デフォー) 1, 17, 26, 41–42, 45, 48–49, 55, 232
『イングランド国民集合体の本源的権利』(デフォー) 156–58, 160–64, 193, 216
イングランド国教会 6–7, 65, 76, 82–83, 92–95, 136, 165–75, 178–180, 182, 184, 188, 207–08, 236, 240, 267
『イングランド史』(ヒューム) 224
『イングランド法釈義』(ブラックストン) 168
ウィッグ 7, 14, 39, 130, 132, 146–47, 152–55, 159–60, 165–66, 171–72, 182, 190, 194, 208, 216, 229, 259
  コート・ウィッグ／ジャントー 78, 108, 126, 128, 130, 140–41, 147, 152, 183, 220–21, 229, 243, 259
  ウィッグ急進派／真のウィッグ 147, 153
英語 67, 87, 90–91, 114, 122, 162, 175, 263
王位継承法 185, 250
王権神授説 8, 268–69
王政復古(期) 7, 17, 65, 75, 78, 81, 83, 87, 120, 129, 131, 136–38, 167, 174, 261
王立アフリカ会社 36, 140
王立協会 8, 70, 111, 168
大蔵部 129–30
  大蔵委員会 130, 142–43, 145
大蔵(第一)卿 73, 78, 124, 129–30, 145, 147, 165, 184–85, 204, 229
『桶物語』(スウィフト) 172, 176, 217, 267
『オシアナ共和国』(ハリントン) 133, 137
オックスフォード哲学協会 69–70, 86
『オブザベーター』(タッチン) 208
オランダ 1, 7, 19, 26, 28, 43–44, 49, 81, 123, 126, 129, 136, 141–42, 147–48, 151–52, 156–57, 160, 174, 182, 192, 196, 201, 209, 211–12, 217, 224, 232, 240, 244–45, 247, 249
オランダ戦争 131

[カ行]

海賊 253–54
  海賊対策法 253
科学革命 8
合邦 2, 54, 176, 217, 223–24, 226–27, 233–42, 257–60
  イングランド=スコットランド合邦条約(案) 224, 236–37, 258
  合邦条約起草委員(会) 234–35, 237–38, 242, 250, 258
  完全合邦(論) 2, 226–28, 233, 237–38, 241
  連邦制合邦(論) 227–28, 237
『カトーの手紙』(トレンチャードとゴードン) 125
カトリック 2, 7, 66, 71, 82, 120–21, 148, 154, 158, 160–61, 164, 166, 175, 188, 209, 217, 219–20, 229, 233, 240, 266
株式投機 111–13, 119, 125
貨幣 9, 21, 23, 29–34, 37–38, 45, 48, 55–56, 114–15, 126, 132, 143–44, 192, 197, 209, 216, 230, 265
  貨幣改鋳 129, 142, 145–47, 174
  貨幣数量説／連続的影響説 30, 32
  貨幣利害 132, 146, 168, 190, 215
『神の掟によって』(デフォー) 236, 265
『ガリヴァー旅行記』(スウィフト) 267
カルヴァン主義／カルヴァン派／カルヴィニズム 7, 20, 88, 219

『カレドニア』(デフォー) 237
『為替等の推移』(カステン) 129
慣習 18, 38, 53–54, 74, 89, 97, 108, 110, 114–15, 117, 119, 122, 169, 190, 213, 267–68
『完全なるイングランド商人』(デフォー) 42, 45, 49–52, 55–58, 109, 230
『完全なるイングランド紳士』(デフォー) 90, 108
カンタベリ大主教 129, 264
カントリ／在野 7, 17, 128, 130–32, 139, 146, 148, 158, 162, 209, 216, 220–21, 226, 232, 256, 259–60
　カントリ連合 147–48, 151, 153, 155
寛容 170–74, 188, 215, 218, 264
　寛容法 80, 166
議会二院制 134
企業(家) 110–14, 118, 242, 249
『企業論』(デフォー) 106, 109–10, 113–14, 118, 120
貴族 8, 44, 52, 66, 136–38, 140–41, 150, 154, 159, 166, 174, 190, 219, 237, 240, 245
　自然的貴族 133, 138
『生粋のイングランド人』(デフォー) 182, 184, 222
宮廷→コート
救貧 194–96, 200, 202, 215
　救貧法(案) 194, 196, 199–200, 209, 212, 221
教皇(制) 71, 154, 241
狂信 13, 25, 85, 172, 178, 181, 219, 265
行政(権, 府) 7, 18, 124, 129–31, 135, 139, 146, 161, 169, 172, 258
共和主義(者) 8, 121, 133, 135–36, 138, 140, 171, 220, 224, 227, 229, 235, 244, 256, 260, 265
　新ハリントン主義(者)／新共和主義(者) 133, 138, 150–52, 220, 224, 226, 260
共和政(期) 6, 70, 86, 129, 134, 137, 164, 173, 177
キリスト教(徒) 66, 84–85, 105, 115, 154, 178, 188, 204, 210, 262, 269
キリスト教知識普及会 191, 194, 208
『銀貨の改善論を含む報告書』(ラウンズ) 142–43, 145–46
近代 3, 5–6, 9–10, 13, 15, 17, 19–20, 22, 64, 74, 76, 80, 87, 112, 115, 119, 124, 127, 221–22, 261, 265
　近代人 15, 17, 128, 220, 222
　初期近代 6, 12–14, 63–64, 130, 132, 204, 251
勤勉／勤労 20, 28–31, 33–34, 38, 41–42, 46, 48–50, 58, 108, 111, 169, 198, 201–03, 205, 212, 216, 226, 228, 237, 245
禁欲 20–22, 38
クエーカー(派) 57, 82, 166, 184
『国の交易をめぐる現在の惨状の諸原因』(ウィストン) 140
九年戦争 110, 115, 129, 147, 151, 203, 209–10, 213–14, 226, 244
クラレンドン法典 65, 166
グレシャム・カレッジ 69, 76
グレンコー事件 241, 250
君主政 93–94, 96–97, 150, 170–71, 237, 261, 268
　制限君主政 164, 192
　世界君主政 126, 160, 187
『君主論』(マキアヴェッリ) 262–63
『経済の原理』(ステュアート) 144
『経済分析の歴史』(シュンペーター) 39
啓蒙 12–13, 21, 88, 106, 120, 123, 176, 266
　イングランド啓蒙 12
『月世界の発見』(ウィルキンズ) 100
『現教会と現政権を蝕んで転覆するための, 穏健派牧師とモダン・ウィッグおよび狂信者とのいわゆる新連合』(レズリ) 171, 176
減債基金 55
ケント州請願(事件) 156, 158–59, 164–65, 183–84, 193, 219, 221
『ケント州請願の経緯』(デフォー) 156–57, 159–61, 163, 193
ケンブリッジ・プラトニスト 68, 78–79, 99
権力均衡／勢力均衡 151, 192–93, 217, 227–30
『高位公職者の場合の便宜的国教会遵奉に関する考察』(デフォー) 177
交易 22, 26, 40–41, 44, 53, 110, 129, 139–40, 201, 208, 235–38, 240, 245–47, 251, 259
交易(植民)委員会 129, 139–41, 147, 210, 243, 253
『交易論』(チャイルド) 195
『交易論』(バーボン) 203
航海法 6, 240, 251

事項索引

高教会主義（者）／高教会派 7, 132, 156–58, 163, 165–67, 169–70, 172–73, 175–76, 181–86, 188–91, 194, 197, 203–04, 208–09, 211, 216–17, 220–21, 235, 257–58, 265, 267–68
公職 65, 161, 166–67, 180
公信用／信用 9, 16, 38, 43, 74, 110, 124, 132, 139, 204, 211, 214, 230, 247–49, 253, 259
コート／宮廷 7, 17, 127–28, 130–32, 138–41, 146–48, 153, 155, 158, 160, 162, 167, 184–85, 189, 209, 216, 221, 236, 240–41, 259
コーヒーハウス 36, 134, 154, 206, 218
国債／公債 55, 125, 129, 132, 138, 144, 146, 162, 258
『国富論』（スミス） 23, 25, 41, 48, 58, 141, 144, 253
『故サムュエル・アネリ博士の人格』（デフォー） 83–84
『この疑問の蓋然的解決に向けた一論』（モートン） 98, 103–06
五マイル法 65, 79
雇用 18, 24, 27–28, 30, 45–46, 50, 54–55, 58, 110, 162, 180–81, 191, 194–96, 198, 200–03, 211–13, 215, 231–32, 236, 240, 245–46
古来国制／混合国制 137–38, 151, 185, 251, 259
『コンソリデーター』（デフォー） 236, 267

[サ行]

財政金融革命 7, 129, 131, 138, 147, 259
財政軍事国家 9, 124, 131, 138, 165, 190
財務府 129
　　財務府証券 143, 146
　　財務府長官 130, 142
在野→カントリ
サシェヴェレル裁判 170, 191, 204
さらし台（刑） 14, 183–84, 186, 235
『さらし台頌歌』（デフォー） 186
産業革命 2–3, 6
三位一体（主義） 166, 265–66, 269
ジェントリ 44, 52, 66, 131, 140, 156–57, 206, 220, 245
ジェントルマン／紳士 35, 37–38, 50, 53, 84–85, 91, 137, 248
四季裁判 157

『自叙伝』（フランクリン） 106
慈善 169, 204, 212–13
自然（哲）学（者） 8–9, 67–69, 73–76, 80, 82, 86–88, 90–91, 98, 103, 105–06, 263–64
『自然哲学概論』（モートン） 87
自然法 9, 162, 185
思想史 269
自治体法 65, 166
七年戦争 3
失業（者） 195, 199, 201
『詩篇』（ブキャナン） 82
司法（権） 18, 161, 192, 238
資本主義 15, 19–21
社会契約 268
社交 29, 33, 36, 38, 107, 117–18, 124, 222
ジャコバイト 7, 57, 140, 147, 158–59, 163, 171, 209, 250
奢侈 22, 27–29, 33–34, 36, 38, 42, 47, 49–50, 52–58, 150, 201, 209, 211, 231
　　奢侈禁止法 51–56
ジャントー→ウィッグ
重商主義 6, 23, 32, 34, 39, 48
手工業（者，品） 26–31, 36, 40, 43–47, 54, 181, 194–95, 197–204, 211–13, 215, 219, 221, 230, 232, 245–46
首相 124, 187, 234, 239
出版認可法 205
巡回裁判 155, 226
商業 passim
　　商業革命 36–38
　　商業社会 55, 127, 198, 215, 221–22, 231
　　商業循環 198–200, 202–04, 213, 215–16, 220
　　商業利害 168, 215
『商業試論』（カンティロン） 32
『商業の起源に関する史的年代記的推論』（アンダーソン） 141, 144
上告禁止法 251
消費 21–23, 29–31, 33–38, 42, 44–50, 52–53, 55–58, 199, 202, 230–31, 240, 245
　　消費税 47, 131, 204, 236–38
常備軍 124, 126, 128, 138, 147–54, 219, 227, 244–45
　　常備軍論争 115, 127, 130, 147, 164, 226
『常備軍は自由の政体と矛盾しないことの論証』（デフォー） 148–49, 151–52, 164,

211, 214, 219, 221–22
『常備軍は自由の政体と矛盾することの論証』（トレンチャードとモイル）147–50, 153–54
植民地 2–3, 7, 20, 34–35, 37, 108, 139–42, 173, 184, 240, 242–44, 247–49, 251, 253, 258
 植民地行政 141
女性 18, 53, 109, 114–19, 139, 200, 218
 女性教育 109, 114–17
自律 15, 19, 22, 28, 38, 124, 138, 222, 226–27, 251, 256, 259–60
紳士→ジェントルマン
真のウィッグ→ウィッグ
新聞 36, 205–06, 208
 『デイリ・カラント』205–06
 『ポスト・マン』205–06
 『ロンドン・ガゼット』205
進歩 28, 76, 97, 111, 266, 269
『臣民の権利』（サマーズ）163
信用→公信用
スコットランド会社 243–44, 248–49, 252, 254
スコットランド議会 2–3, 185, 227, 234, 236–39, 243–44, 247, 249–51, 258
『スコットランド事情二論』（フレッチャー）244, 249
スコットランド長老教会 6–7, 235–36, 241, 258
『スコットランドとの合邦に対する国民的偏見を除くの論』（デフォー）235
スタムフォード宣誓 79, 87, 92
スペイン 35, 113, 152, 156, 217, 231, 243, 247–48, 263
スペイン継承戦争 34, 125–26, 165, 185, 209–10, 214, 218, 229, 257, 259
生活様式／作法 18, 28, 34, 36, 46–47, 49, 222
請願権 158–61
生産（者, 性, 費, 量）21–22, 24, 27–31, 35, 41, 44, 48, 50, 54, 194–95, 197, 199–200, 203, 213
 中産的生産者層 19, 22
政治算術 9
『政治的団結』（サシェヴェレル）170–71
聖書 7, 20, 82, 101, 105, 114, 161, 179, 261–62, 264
聖職（者）65–66, 73, 76, 87, 94, 110, 154, 169, 171, 174, 178, 192, 207
聖職議会 169–70
『政治論集』（ヒューム）32
 「貨幣について」29, 32–33
 「公信用について」132
 「奢侈について」29, 49
 「商業について」27–28
 「貿易の嫉妬について」28
勢力均衡→権力均衡
世俗化→脱魔術化
『善行録』（マザー）106
専制 137, 147–50, 159–60, 193, 215, 219–20, 233, 241, 258
戦争と平和に関する法 251
煽動的文書誹毀 126, 183
相互依存 15, 199, 202, 215–16, 222, 259

[タ行]

大学 13, 66–76, 78–81, 86–87, 92–93, 95–96, 166, 168–69, 258
 エディンバラ大学 81, 91, 126, 239
 オックスフォード大学 68–70, 72–76, 78–81, 83, 86, 91–93, 167–70, 173, 178, 191
 グラスゴー大学 74, 81, 120–22
 ケンブリッジ大学 13, 68–69, 78–80, 86, 96, 146, 168, 262
 東京大学 234
『大学の調査』（ウェブスター）72
『大学の弁護』（ウォードとウィルキンズ）72
『大ブリテン合邦史』（デフォー）223–24, 233–34, 239, 241–42, 256, 260
大法官 65, 129, 147, 152
 スコットランド大法官 255
脱魔術化／世俗化 10, 16
『ダニエル・デフォーへの手引』（リチェティ）13
堕落→腐敗
ダリエン（計画）242–44, 246–49, 251–52, 254, 258
知識 1, 8, 16, 29, 60, 67, 76, 105–06, 116–18, 234–36, 267
『地方の聖職者がロンドンの友人に宛てた手紙』（ウェズリ）91–93, 95–96, 98
中流（層）19, 45–47, 66, 184, 225

事項索引　301

徴税請負制度 131
諜報（員）14, 129, 187, 206–10, 213–14, 223, 234–36, 242–43, 248, 259–60
長老主義／長老派 6–7, 81–85, 87, 106–07, 121, 136, 171, 174, 176–77, 235, 241, 258
賃金 30, 33–34, 40–42, 44–45, 47–49, 127, 143, 195–97, 201
　高賃金（論）33–34, 39, 41, 44, 196–97
　低賃金（論）34, 48, 195–97
抵抗権 9, 162
帝国（化）2, 6, 52, 123, 219
定住法 202
デカルト主義 82
『デフォー著作集』（スコット）57
『デフォー伝』（リー）16
『投機的議員選挙に抗議する自由土地保有者の嘆願』220
統治 25, 37–38, 71, 94, 96–97, 126, 135, 137, 147, 154, 161–62, 173–74, 176, 178, 188–89, 193, 204, 214, 216–17, 219–20, 226–28, 232–33, 238, 261, 267–68
『統治二論』（ロック）9
道徳／倫理 20, 38, 47, 50–51, 53–55, 64, 88, 107, 221–22
　道徳改革 191, 208, 239
　道徳哲学 67, 88, 117, 120–21
　倫理学 67, 76, 79–80, 82, 87, 92
『道徳感情論』（スミス）25, 259
『道徳哲学序説』（ハチスン）122
投票 94, 135–36, 162, 172
トーリ 7, 34, 39, 130, 132, 141, 146–47, 152–53, 155–58, 163, 165–67, 169–70, 172, 186–91, 208–09, 216–18, 220–21, 235, 257–59, 267
徳 117, 119, 132–33, 147, 162–63, 207, 216, 220–21, 226, 231, 259
　悪徳 47, 50, 54, 57, 107, 231
　美徳／有徳 50, 54–55, 84–85, 107, 138, 201
『徳・商業・歴史』（ポーコック）14
独立派 82–83, 136, 177
土地 8–9, 17–18, 27–28, 35, 37, 76, 131–33, 138, 162, 164, 173, 198–99, 202–04, 213, 215–16, 219–20, 231, 259
　自由土地保有（者）138, 157, 160, 162–63, 193, 216, 220
　土地銀行 146–47, 202, 267
　土地税 129, 131–32, 190, 215, 238, 244, 247
　土地利害 44, 132, 146, 168, 215–16
富／富裕 6, 20, 23, 27, 32, 34–35, 37, 46, 48, 52, 56, 58, 66, 89, 127, 132, 150–51, 195–96, 198, 216, 222, 227, 231–32, 237, 245

[ナ行]

長い18世紀 251
南海会社 35, 113, 125–26, 144, 204
南海泡沫事件 113, 124, 144
ニュートン体系 91, 103
『人間の精神』（モートン）88, 117, 122
農業（者）6, 18–19, 23–24, 27, 31, 35, 197, 235–36, 245, 263
農業革命 35

[ハ行]

『蜂の寓話』（マンデヴィル）50–51, 107
ハノーヴァー王位継承 130, 132, 191, 264
ハリントン主義→共和主義
東インド会社 36, 140, 195, 242–43, 248–49, 252–53
非国教徒／非国教会派 13, 65, 75–76, 82, 84, 91–93, 95–96, 121, 166–67, 170–82, 184–86, 188, 190, 193, 197, 203, 205, 208, 213, 215, 220, 225, 233, 235, 264
非国教徒学院 75–76, 78–81, 86–87, 91, 93, 95–96, 120–22, 136, 166
『百科事典』（チェインバーズ）200
ピューリタン 7, 20–22, 38, 265, 269
　ピューリタニズム 20, 22, 38, 266
　ピューリタン革命 6, 53, 73, 82, 94, 115, 137
貧困 45, 89, 196, 200–01, 212, 231–32
貧民 40–42, 45–47, 50, 110, 181, 191, 194–96, 199–201, 203, 205, 211–13, 232, 246
　労働貧民 40, 212
諷刺 172, 176, 182, 219, 235–36, 267
付加動議 190–91, 193, 216
腐敗／堕落 73–74, 88, 93, 104–05, 124, 128, 130, 138, 147, 156, 162–63, 171, 180, 209, 220, 245
富裕→富
フランス 3, 7, 32, 34–35, 39–40, 42–43, 53–54,

67, 70, 110, 113–14, 117, 125–26, 129, 131, 147–48, 151–52, 156–57, 159–61, 163–65, 171, 174, 185, 187, 190, 192, 200, 203–04, 207–11, 213–14, 217–20, 224, 228–29, 232–33, 240–41, 251–52, 256–57, 259, 263
フランドル 198, 209, 217
『ブリストル救貧組合のやり方』(ケアリ) 195
『ブリティッシュ・マーチャント』(キング) 39
ブリントハイム 218, 229, 256–57
『プロテスタンティズムの倫理と資本主義の精神』(ヴェーバー) 19
プロテスタント 2, 7, 82, 120–21, 163, 166, 179, 186, 217, 251
　プロテスタンティズム 217–20, 233
分業 18–19, 24–25, 27, 32, 198–200, 202
文芸共和国 168
平和 7, 45, 118, 123, 150, 173, 178–79, 181, 215, 219, 222, 226–30, 232–33, 237, 262
ベーコン主義 16, 87, 266
『蛇のごとく賢く』(デフォー) 225
便宜的国教会遵奉 93, 166–67, 176–77, 179–81, 183, 190
　便宜的国教会遵奉禁止法(案) 166, 172, 178–79, 182, 186, 188–91, 215
『便宜的国教会遵奉に関する考察, それが非国教徒に関わりのない旨の証明』(デフォー) 177–81, 183
『弁論家について』(キケロ) 82
貿易 2, 10, 19, 23–25, 28–35, 38–40, 42, 58, 83, 110, 140–41, 143, 168, 204, 208–11, 214, 219, 230, 233, 240, 242–43, 247–49, 252–53, 258
『方法序説』(デカルト) 123
泡沫会社禁止法 113
保険 36, 110, 202
『施しは慈善にあらず, 貧民の雇用は国家の災厄』(デフォー) 196–98, 202, 212–13, 215, 217, 219, 221, 230

[マ行]

『マーケイター』(デフォー) 39–40, 42
『マキャヴェリアン・モーメント』(ポーコック) 14
『マルコ伝』 161
見えざる手 24, 50, 60, 224, 257
民主政 94, 264
民兵 137, 148–49, 192, 227, 245, 257
『民兵と常備軍に関する論説』(フレッチャー) 148–50
『名士小伝』(オーブリ) 136
名誉革命 7, 9, 17, 78, 80, 110, 121, 124, 129, 139, 147, 149, 156, 161, 166, 170–71, 180, 226, 241, 250, 261, 265
『最も手間のかからない非国教徒対策』(デフォー) 173, 175–77, 180–83, 186, 207, 216, 219, 221
『最も手間のかからない非国教徒対策と題された先の小冊子についての簡潔な弁明』(デフォー) 175

[ヤ行]

野蛮 93, 115, 175, 180
有徳→美徳
ユグノー 129, 174, 183, 203, 213, 224
ユトレヒト通商条約論争 39, 204
ユニオン・ジャック 1–2
『ヨークの船乗りロビンソン・クルーソーの生涯と奇妙奇天烈な冒険』(デフォー) 11–12, 17, 222
『より手間のかからない非国教徒対策』(デフォー) 95
世論 164, 170, 176, 181–86, 193, 205, 208, 216, 219–20, 254

[ラ行]

『リヴァイアサン』(ホッブズ) 71–73
理神論 106–07, 171, 265–66
理性(的) 99, 101, 104–05, 114, 118–19, 124, 161–64, 185, 210, 216, 220–22, 244, 266–68
立法(権, 者, 府) 2, 24, 130–31, 133, 136, 139–40, 146, 161, 168, 192, 215, 228, 230
『リハーサル』(レズリ) 208
倫理→道徳
礼拝統一法 65, 75–76, 78–79, 83, 179
『レヴュー』(デフォー) 127, 187, 189, 203, 205–10, 212–15, 218, 221–22, 229, 239, 267

事項索引

『レギオン建白書』(デフォー) 156, 158, 160–61, 182
歴史 2–6, 10–12, 14, 20, 22, 28, 40, 58–64, 66, 76, 82, 87, 90, 111, 114, 117, 130, 149–52, 154, 218, 223–25, 234, 237, 239, 241, 250–51, 256, 260, 263, 265–66, 268
  歴史学 69, 76, 80, 88, 117, 128, 266
連続的影響説→貨幣数量説
労働(者) 8, 24, 30–31, 34, 40–42, 44–50, 54, 143, 169, 195–97, 201–02, 212, 232, 265
『ロビンソン・クルーソーの反省録』(デフォー) 123
ロンドン 1, 7, 36, 52–53, 57, 68–70, 76, 78–79, 83, 86–87, 92–93, 98, 100, 107–09, 124, 126, 129, 134, 136, 140, 142, 145, 154–57, 159, 170, 173, 176–77, 182, 184, 198–200, 202, 204–07, 213, 225, 227, 230–31, 234–35, 243–44, 250, 252, 262

[ワ行]

ワークハウス 191, 194–95, 197, 199–200, 208, 211–13
ワイン法 251

人名索引

[ア行]

アーガイル（9th Earl of Argyll）174
アーミティッジ（David Armitage）217
アール（Peter Earle）197, 202
アシュビ（Matthew Ashby）155–56
アスギル（John Asgill）267
アステル（Mary Astell）116
アディスン（Joseph Addison）109
アトウッド（William Atwood）251
アネリ（Samuel Annesley）83–86, 91, 95, 107
アブニ（Thomas Abney）177, 183
天川潤次郎 15, 17, 206, 223
アリストテレス（Aristotelēs）67–68, 71–72, 82, 87, 138
アルバ（Duque de Alba）217
アン（女王）（Anne）128, 130–31, 165, 167, 170, 173, 178, 183–89, 204, 222, 229, 241, 250–51, 253–54, 256, 259
アングルシー（1st Earl of Anglesey）83
アンダースン（Adam Anderson）141–46
アンダースン（James Anderson）251
イーヴリン（John Evelyn）109
イソクラテス（Isokratēs）82
ヴィール（Edward Veal）78, 91–92
ウィストン（James Whiston）140
ヴィッカーズ（Ilse Vickers）87
ウィリアム3世（William III）7, 130–31, 140, 147, 149, 151–53, 155, 157, 159–60, 164, 165, 170–74, 176, 182, 185, 217, 222, 241, 243–44, 250, 261, 265
ウィルキンズ（John Wilkins）69–70, 72, 80, 86, 100
ウェイク（William Wake）264
ヴェーバー（Max Weber）19–22, 59–61, 64
ウェズリ（Samuel Wesley）91–98
ウェズリ（Timothy Wesley）95
ウェッブ夫妻（Sidney and Beatrice Webb）194, 196–97
ウェブスター（John Webster）72
ウェルギリウス（Vergilius）82

ウォード（Seth Ward）69, 72, 80
ウォートン（5th Baron Wharton）78, 156
ヴォシウス（G. J. Vossius）80, 82
ウォリス（John Wallis）69–70, 72, 80, 88
ウォルポール（Robert Walpole）7, 55, 124–26, 128, 222
ウッド（Anthony Wood）135–36
ウッドハウス（John Woodhouse）80, 83, 91, 122
エドウィン（Humphrey Edwin）176–77
エドワード1世（Edward I）2, 168, 240
エドワード6世（Edward VI）240
エピカルモス（Epicharmus）56
エラスムス（Desiderius Erasmus）262
エリザベス1世（Elizabeth I）2, 7, 240
オーエン（James Owen）80–81
オーエンズ（W. R. Owens）124, 200
大河内暁男 15
大塚久雄 15, 17–19, 21–22, 26, 35, 38, 58
オーフォード（Earl of Orford）155
オーブリ（John Aubrey）134–37

[カ行]

カー（John Ker）81–82, 93, 95
ガイ（Henry Guy）145
カエサル（Gaius Julius Caesar）238
カステン（John Castaing）129
ガッサンディ（Pierre Gassendi）79–80, 87, 89
カトー（大）（Marcus Porcius Cato）175
ガリレイ（Galileo Galilei）70, 100
カルヴァン（Jean Calvin）7, 20, 75
カルペパー（William Colepeper）157–59, 183
カルロス2世（Carlos II）152
カワード（William Coward）267
川北稔 34–35, 37
カンティロン（Richard Cantillon）32
キール（John Keill）90–91, 109
キケロ（Marcus Tullius Cicero）82
キリスト 172
ギルバート（Humphrey Gilbert）67

人名索引　305

キング（Charles King）39
クイーンズベリ（2nd Duke of Queensberry）236–38
グスタヴ・アドルフ（Gustav II Adolf）264
クセノフォン（Xenophōn）109
クラーク（John Clerk of Penicuik, 1st Baronet）236
クラーク（John Clerk of Penicuik, 2nd Baronet）234–36, 242, 244, 258
クラーク（Katherine Clark）14, 261, 264–66
クラドック（Samuel Cradock）78
クラレンドン（1st Earl of Clarendon）65, 167
グリーン（Thomas Green）241, 252, 254–55, 257
グルー（Obadiah Grew）78
グレゴリ（David Gregory）91
グレシャム（Thomas Gresham）69
グロティウス（Hugo Grotius）80
クロムウェル（Oliver Cromwell）6, 83, 129, 133–34, 169, 173, 177
ケアリ（John Cary）194–96
ケインズ（J. M. Keynes）31, 50
ゲール（Theophilus Gale）78–79, 92
ゴードン（Thomas Gordon）125–26
コール（Thomas Cole）78
ゴドルフィン（1st Baron Godolphin / 1st Earl of Godolphin）73, 145, 153, 160, 165, 184–89, 191, 204, 229, 234, 239, 259
ゴドルフィン（Francis Godolphin）73
ゴドルフィン（詩人）（Sidney Godolphin）73
小林昇　48, 195, 197
コペルニクス（Nicolaus Copernicus）70, 100
コメニウス（J. A. Comenius）68, 90
コリー（Linda Colley）217
コルベール（J. B. Colbert）187

[サ行]

サヴィル（Henry Savile）69
サヴェッジ（Richard Savage）126
サヴォナローラ（Girolamo Savonarola）262
サウル　262
サザランド（James Sutherland）103, 176
サシェヴェレル（Henry Sacheverell）170–73, 175–76, 178, 181–83

サマーズ（John Somers）141, 145–47, 152, 155, 159–60, 163
サルスティウス（Sallustius Crispus）82
サンダーランド（2nd Earl of Sunderland）141, 145–48
サンダーランド（3rd Earl of Sunderland）229
サン＝ピエール（Abbé de Saint-Pierre）230
ジー（Joshua Gee）39
シートン（William Seton of Pitmedden）237–38
シーフィールド（1st Earl of Seafield）237, 255
シーモア（Edward Seymour, Baronet）157, 167, 189
ジェイムズ1世（スコットランド王ジェイムズ6世）（James I）7, 168, 173, 240
ジェイムズ2世（スコットランド王ジェイムズ7世）（James II）7, 159–61, 163, 165, 174, 184, 209, 224, 241, 244
ジェイムズ4世（スコットランド王）（James IV）240
ジェイムズ・ステュアート（老僭称者ジェイムズ3世）（James F. E. Stuart）160, 171
シドニー（Algernon Sydney）109, 267
ジャージー（1st Earl of Jersey）167, 189
シャフツベリ（アシュリ）（1st Baron Ashley / 1st Earl of Shaftesbury）139, 174
シャフツベリ（3rd Earl of Shaftesbury）50, 159
シュローズベリ（Duke of Shrewsbury）139–40
シュンペーター（J. A. Schumpeter）39–40
ジョーンズ（Samuel Jones）81
ションホーン（Manuel Schonhorn）261–62, 264
シンジョン（ボリングブルック）（Henry St John, 1st Viscount Bolingbroke）189, 229
スウィフト（Jonathan Swift）13–15, 32, 109, 111, 141, 172, 217, 219, 235, 267
スキピオ（Scipio Africanus）175
スコット（Walter Scott）57
鈴木康治　37
スティール（Richard Steele）109
ステュアート（James Denham Steuart）144
ステュアート（James Steuart of Goodtrees）250
スミス（父）（Adam Smith）234
スミス（Adam Smith）15, 17, 23–28, 32, 34, 41, 48, 50, 58–59, 73–74, 120, 141, 144, 224, 234, 253, 259

ソッツィーニ（F. P. Sozzini）265–66
ソフィア（Sophia of Hanover）7, 186, 250–51
ソロモン 262
ゾンバルト（Werner Sombart）57–58

[タ行]

ダヴィデ 262, 264
ダウニング（George Downing）129
ダヴナント（Charles Davenant）139–40
タッチン（John Tutchin）182, 208
タラール（Camille Tallard, Comte de）218
ダルリンプル（ステア）（John Dalrymple, 1st Earl of Stair）235, 249–50
チェインバーズ（Ephraim Chambers）200
チャーマーズ（George Chalmers）14–15, 223, 234
チャールズ1世（Charles I）93, 173, 209
チャールズ2世（Charles II）80, 136, 158–59, 161–62, 174, 191, 209, 240
チャイルド（Josiah Child）195–96
デア（Thomas Dare）225
ディキンスン（H. T. Dickinson）128, 148, 162, 220–21
ディッキー（Laurence Dickey）127
デ・ヴィット（Johan de Witt）254
デカルト（René Descartes）68, 79–80, 82, 89, 123
デフォー（Benjamin Norton Defoe）126, 239
デフォー（Daniel Defoe）passim
　非国教徒となる 83
　非国教徒学院に入学する 86
　商人そして著述家となる 110
　ジャーナリストそして諜報員となる 186–87
デモステネス（Dēmosthenēs）82
テンプル（William Temple, Baronet）141
ドゥーリトル（Thomas Doolittle）81
トーランド（John Toland）135
トマス（Dalby Thomas）110
ドライデン（John Dryden）84, 109
トリチェリ（Evangelista Torricelli）70
トレヴェリアン（G. M. Trevelyan）16, 190
トレンチャード（John Trenchard）125–26, 147–48, 151, 154

[ナ行]

新渡戸稲造 234
ニュートン（Isaac Newton）8, 68, 90, 101, 109, 146
ネヴィル（Henry Neville）134–37
ノヴァク（M. E. Novak）56, 84, 89, 111, 128, 159
ノース（Dudley North）243
ノーマン（E. H. Norman）63
ノッティンガム（2nd Earl of Notthingham）167, 169, 183–84, 189–90, 207
ノリス（John Norris）267

[ハ行]

ハーヴィ（William Harvey）88
パーカー（Irene Parker）75–76
バーチ（Samuel Birch）78
ハートリブ（Samuel Hartlib）68, 78
バーボン（Nicholas Barbon）136, 146, 202, 267
ハーリ（オックスフォード）（Robert Harley, 1st Earl of Oxford）39, 78, 91, 155, 157, 186–87, 189, 204, 206–7, 229, 235–36, 238–39, 248, 259
ハイエク（F. A. Hayek）32, 161
ハイデンライヒ（Helmut Heidenreich）263–64
ハウ（John Howe）175, 177
バクスター（Richard Baxter）76, 80, 83
パタスン（William Paterson）185, 242–43, 247–48, 258
ハチスン（Francis Hutcheson）120–22
バッキンガム（1st Duke of Buckingham）167
パッキントン（John Pakington, 4th Baronet）156
バックシャイダー（P. R. Backscheider）158, 182
バットン（Ralph Button）76
パテルクルス（Marcus Velleius Paterculus）82
ハリントン（James Harrington）8, 14, 133–38, 226
パルマー（Samuel Palmer）81, 93, 95
ピープス（Samuel Pepys）134
ヒューム（David Hume）14, 26–33, 38, 42, 48, 58, 132, 137, 220, 224–25

人名索引

ビュルブリング（K. D. Bülbring）90
ピラト（Pontios Pilatos）172
ファーガスン（Robert Ferguson）81
ファーバンク（P. N. Furbank）124, 193
フィップス（William Phips）112
フィリップ（フェリペ5世）（Philippe）152, 156
フィルマー（Robert Filmer）8, 251, 265
フィンチ（ガーンジ）（Heneage Finch, 1st Baron Guernsey）169
プーフェンドルフ（Samuel von Pufendorf）80, 82, 109
フェアウェル（Philips Farewell）262-64
フォー（James Foe）83, 86
フォーブズ（James Forbes）81
ブキャナン（George Buchanan）82
フック（Robert Hooke）88
プライス（Richard Price）265
ブラスウェイト（William Blathwayt）141-42, 146, 189, 243
ブラックストン（William Blackstone）168-69
プラトン（Platōn）75, 262
フランクランド（Richard Frankland）79
フランクリン（Benjamin Franklin）106-09
フランクリン（Josiah Franklin）106
フランシャム（John Fransham）190, 206, 212
ブランド（Thomas Brand）81
プリーストリ（Joseph Priestley）265
ブリュア（John Brewer）124-26, 130-31
フレッチャー（Andrew Fletcher of Saltoun）148-51, 154, 224-33, 235, 237, 244-46, 249, 255-56, 260
ブレディ（Robert Brady）251
ブロムリ（William Bromley）166-67, 169-70, 190-91
ベアボーン（Praisegod Barbon［Barebone］）136
ヘイズ（Charles Hayes）109
ペイン（Olive Payne）262
ベーカー（Henry Baker）90, 108, 264
ベーカー（Sophia Defoe Baker）264
ベーコン（Francis Bacon）8, 68, 70
ヘールズ（Thomas Hales）157
ヘッジス（Charles Hedges）189, 235
ペティ（William Petty）9, 68-69, 120, 135
ベニオン（Samuel Benion）81
ペルシウス（Persius Flaccus）82

ベルヘーヴェン（2nd Lord Belhaven）237-38
ヘロデ（Hērōdēs Antipas）172
ペン（William Penn）184
ペン（子）（William Penn）184
ヘンリ（Philip Henry）81
ヘンリ7世（Henry VII）240
ヘンリ8世（Henry VIII）251
ボイル（Robert Boyle）68-69, 88, 267
ポーコック（J. G. A. Pocock）14, 17, 51, 127-30, 132-33, 137-39, 148, 151-52, 155, 162, 216, 220-21, 251
ポートランド（1st Earl of Portland）155
ポープ（Alexander Pope）13, 111, 126
ホッジス（James Hodges）251
ホッブズ（Thomas Hobbes）8-9, 71-73, 267
ホピット（Julian Hoppit）113
ホメロス（Homēros）82, 109
ホラティウス（Horatius Flaccus）82
ポランニ（Karl Polanyi）201
ホワイト（White）155-56
ホワイトロック（Bulstrode Whitelocke）169
ホワイトロック（William Whitelocke）169
ホント（Istvan Hont）25, 140

[マ行]

マーガレット（Margaret Tudor）240
マーティン（Henry Martyn）39
マールバラ（Duke of Marlborough）185-86, 188-89, 191, 207, 218, 229
マイルズ（Miles）134
マカルピン（James MacAlpine）121
マキアヴェッリ（Niccolò Machiavelli）64, 138, 221, 262-64
マクドナルド氏族（Clan MacDonald）249-50
マコーリ（T. B. Macaulay）14
マザー（Cotton Mather）106
マザー（Increase Mather）106
マザラン（Jules Mazarin）129, 187
マックワース（Humphrey Mackworth）191-96, 198, 202-03, 208-09, 212-15, 221
マルクス（K. H. Marx）19
マルブランシュ（Nicolas de Malebranche）267
マンク（George Monck）135
マンデヴィル（Bernard Mandeville）49-51,

56, 107
水田洋 15
ミルトン（John Milton）68
ムーア（John Moore）81
ムーア（John Moore, Jr）81
メアリ（Mary Stuart）240
メアリ2世（Mary II）130, 147, 171, 241, 250
モア（Henry More）79–80, 82
モイル（Walter Moyle）147–48, 151, 153–54
モーセ 262
モートン（Charles Morton）79, 86–106, 110–11, 114, 117–18, 120, 122, 136
モールズワース（1st Viscount Molesworth）121, 153–55
モンタギュ（ハリファックス）（Charles Montagu, 1st Baron Halifax）142–47, 155, 243
モンマス（Duke of Monmouth）174, 224–25

[ヤ行]

山下幸夫 17
ユウェナリス（Decimus Junius Juvenalis）82

[ラ行]

ライト（Nathan Wright）167
ライリ（P. W. J. Riley）14
ラウンズ（William Lowndes）142–45
ラムス（Petrus Ramus）67–68, 79–80

ラングリー（Henry Langley）78
リー（『デフォー伝』著者）（William Lee）16
リー（William Lee）200
リヴィングストン（Thomas Livingston）250
リカウト（Paul Rycaut）243
リシュリュー（Armand Jean du Plessis de Richelieu）114, 187, 207
リチェティ（John Richetti）13–14
ルイ14世（太陽王）（Louis XIV）126, 152, 160, 174, 187, 219, 228
ル・クレール（Jean Le Clerc）80, 82
ルック（George Rooke）207
レストレーンジ（Roger L'Estrange）173
レズリ（Charles Leslie）170–73, 181, 208, 265
レノルズ（John Reynolds）80–81
レン（Christopher Wren）69
ロー（John Law）113, 125
ロス（I. S. Ross）74
ロチェスター（1st Earl of Rochester）167, 189
ロック（John Locke）8–9, 14, 29, 68, 78, 139, 141–46, 154–55, 162–64, 243, 261, 265, 267–68
ロピタル（G. F. A. de L'Hospital）109
ロビンズ（Caroline Robbins）154, 159

[ワ行]

ワッツ（John Watts）108

著者紹介

林　直樹（はやし　なおき）

1982年　鳥取県生まれ
2005年　慶應義塾大学経済学部卒業
2010年　京都大学大学院経済学研究科博士後期課程学修認定退学
2011年　京都大学博士（経済学）
現在　　京都大学大学院経済学研究科・関西大学・京都精華大学
　　　　非常勤講師

専攻

社会思想史・経済学説史

業績

単著論文：Defoe and the Principle of Trade（*The Kyoto Economic Review* 第79巻第1号），「デフォーと合邦のレトリック」（『経済学史研究』第53巻第1号）ほか

共訳：ライオネル・ロビンズ『一経済学者の自伝』（ミネルヴァ書房，2009年）ほか

（プリミエ・コレクション19）
デフォーとイングランド啓蒙

2012年6月25日　初版第一刷発行

著　者	林　　　直　樹	
発行人	檜　山　爲次郎	
発行所	京都大学学術出版会	
	京都市左京区吉田近衛町69	
	京都大学吉田南構内（〒606-8315）	
	電話　075(761)6182	
	FAX　075(761)6190	
	URL　http : //www.kyoto-up.or.jp	
印刷・製本	亜細亜印刷株式会社	

Ⓒ N. Hayashi 2012　　　　　　　　　　Printed in Japan
ISBN978-4-87698-217-2 C3310　　　定価はカバーに表示してあります

本書のコピー，スキャン，デジタル化等の無断複製は著作権法上での例外を除き禁じられています。本書を代行業者等の第三者に依頼してスキャンやデジタル化することは，たとえ個人や家庭内での利用でも著作権法違反です。

Premiere Collection　プリミエ・コレクション

1　中国の経済発展と制度変化
　　　　　　　　　　　厳　成男

1990年代以降，中国経済は史上稀な高度成長を遂げ，世界一の経済大国への予想も高い。レギュラシオン理論による国家的調整の分析。第2回経済理論学会奨励賞受賞作　　3990円

2　問いとしてのスピリチュアリティ
　　──「宗教なき時代」に生死を語る
　　　　　　　　　　　林　貴啓

生きる意味，死後の運命といったスピリチュアルな問題。長らく宗教が扱ってきたが「問い」「答え」に分節し，誰でも語れる道を探る。　　3360円

**3　「語り合い」の
　　アイデンティティ心理学**
　　　　　　　　　　　大倉得史

人間は青年期にどのようなプロセスを経てアイデンティティを確立するのか。青年たちとの真摯な語り合いにより，質的分析から新たな知を切り拓く。　　3990円

4　デカルトの方法
　　　　　　　　　　　松枝啓至

「われ思う，ゆえにわれ在り」の結論から形而上学，自然科学を基礎づける論証に誤りはあるのか──デカルト哲学の本質にせまる。　　3360円

5　臨床教育と〈語り〉
　　──二宮尊徳の実践から
　　　　　　　　　　　中桐万里子

教育や子育てのために，マニュアル的な対応でない新しい手がかりを二宮尊徳に求めて，日常生活を再発見する臨床教育学を提唱する。　　3780円

6　先秦時代の領域支配
　　　　　　　　　　　土口史記

中国の先秦時代に独自の領域支配が存在したことを明らかにし，同時に，いわゆる郡県制に変容していくその過程を詳細にたどる。　　4410円

7　体制転換と社会保障制度の再編
　　──ハンガリーの年金制度改革
　　　　　　　　　　　柳原剛司

移行経済下で社会保障改革に成功したハンガリー。1998年以後の改革過程からその成功要因を探り，諸国際機関との比較から導かれた示唆を論じる。　　3570円

8　ツツバ語　記述言語学的研究
　　　　　　　　　　　内藤真帆

数多の消滅危機言語が点在する南太平洋。その一つツツバ島の固有語の体系全てを記述。現代言語学の使命を厳しい臨地調査の末に果たす。　　7350円

9　長城と北京の朝政
　　──明代内閣政治の展開と変容
　　　　　　　　　　　城地　孝

遊牧民族モンゴルの外圧にいかに対処したかに関して豊富な資料をもとに解明しながら，中国明代の朝政の展開のありようをいきいきと描き出す。　　4725円

表示価格は5％消費税込

プリミエ・コレクション

10 シュタイナー「自由」への遍歴
——ゲーテ・シラー・ニーチェとの邂逅
井藤　元

難解で定評のあるシュタイナーの思想について，ゲーテ，シラー，ニーチェに関する解釈を読み解くことで，その本質を明らかにする。
4620 円

11 コーポレート・ガバナンスの進化と日本経済
福田　順

日米独の企業統治システムを計量的・記述的に国際比較し，その「進化」の様相と日本経済の将来に対する示唆を多面的に考察する。
3360 円

12 近代中国と広域市場圏
——海関統計によるマクロ的アプローチ
木越義則

19 世紀末中国の世界システム参入は市場圏を変えた。本格的な海関統計の実像を初めて明らかにし，広域市場圏の興隆と形成を活写する。
4410 円

13 「姉小路式」テニヲハ論の研究
劉　志偉

「乎古止點」とは異なり，日本語独自の文体に即して発達した「テニヲハ」に関して「姉小路式」を取りあげ，その本質を明らかにする。
4620 円

14 『純粋理性批判』の方法と原理
——概念史によるカント解釈
渡邉浩一

『純粋理性批判』を「批判」「仮説」「実験」「多様」「表象」「形象」という 6 概念の分析を通じて，従来とはまったく異なる手法で読み解く。
3570 円

15 ベルクソン哲学と科学との対話
三宅岳史

エントロピー概念と非可逆性の問題など，科学が語り残した課題についてベルクソンはどのように語ったのか。最先端の科学の知見による再評価の試み。予価 3360 円

16 美と深層心理学
東畑開人

至高の美や容姿へのこだわり…。こころは美を病み，美に癒される。「表面」をまなざす深層心理学は可能か。心理療法の立場から探究する。三島由紀夫論も。
2940 円

17 「記憶違い」と心のメカニズム
杉森絵里子

外出した先で，家の鍵をかけたか不安になる…誰もが日常に経験するこうした「記憶違い」の謎に，認知科学の視点から迫る。
1995 円

18 わたしを律するわたし
——子どもの抑制機能の発達
森口佑介

子どもが自分の行動や衝動を抑える能力（抑制機能）を身につける過程とその発達的意義について，実験心理学の立場から多角的に検討する。
2520 円

表示価格は 5％ 消費税込